本书是2020年度国家社会科学基金特别委托项目“中国共产党领导下的促进男女平等和家庭建设制度机制研究（批准号：20@ZH027）”成果

构建新时代**家校社协同育人**的实践机制研究

中国儿童中心○主编

人民日报出版社
北京

图书在版编目（CIP）数据

构建新时代家校社协同育人的实践机制研究 / 中国儿童中心主编. —北京：人民日报出版社，2023.9
ISBN 978-7-5115-7993-5

Ⅰ.①构… Ⅱ.①中… Ⅲ.①小学—学校教育—合作—家庭教育—研究 Ⅳ.①G626

中国国家版本馆CIP数据核字（2023）第179367号

书　　名：构建新时代家校社协同育人的实践机制研究
GOUJIAN XINSHIDAI JIAXIAOSHE XIETONG YUREN DE SHIJIAN JIZHI YANJIU
著　　者：中国儿童中心　主编

出 版 人：刘华新
责任编辑：梁雪云　王奕帆
封面设计：中尚图

出版发行：人民日报出版社
社　　址：北京金台西路2号
邮政编码：100733
发行热线：（010）65369509　65369527　65369846　65369512
邮购热线：（010）65369530　65363527
编辑热线：（010）65369526
网　　址：www.peopledailypress.com
经　　销：新华书店
印　　刷：天津中印联印务有限公司
法律顾问：北京科宇律师事务所 010-83622312

开　　本：710mm × 1000mm　1/16
字　　数：309千字
印　　张：19.5
版次印次：2023年11月第1版　2023年11月第1次印刷

书　　号：ISBN 978-7-5115-7993-5
定　　价：69.00元

编委会

主　　　编：丛中笑

副 主 编：霍雨佳

编委会成员：王　耘　洪　明　柳铭心　陈福美　丁道勇

序

教育是一种传承文化、培养人才的社会活动，教育的目的在于促进人的发展和社会发展。教育活动，分狭义的教育和广义的教育，前者包括学校教育或正规教育，后者既包括正规教育，又包括非正规教育，即指广泛地接受教育，包括学校教育、家庭教育和社会教育，它们的共同目标是实现人的发展和社会的发展。

探索三教一体化协同育人机制是中国儿童中心一项重要的研究内容。2020年中国儿童中心又承担了“构建家庭教育中家校社协同育人的实践机制与研究”，这是该年度国家社会科学基金特别委托项目“中国共产党领导下的促进男女平等和家庭建设制度机制研究”中的一项子课题，《构建新时代家校社协同育人的实践机制研究》是这项课题的研究成果。

我赞赏《构建新时代家校社协同育人的实践机制研究》这项成果，是因为看到课题组通过理论研究、现状调研、区域性经验分析三个方面对“家校社协同育人”的实践机制进行了研究，力求做细、做深和做好，突出科学性、创新性和实践性，特别是调研工作更有价值。

第一部分理论研究——课题组关于家校社协同育人落实立德树人根本任务的理论研究，通过系统的梳理和分析，厘清了我国“家校社协同育人”机制的内涵与任务，为协同育人机制的实践调研和案例分析打下了理论基础，创设了研究内容。

第二部分现状调研——课题组围绕我国“家校社协同育人”在家庭教育中的现状，通过家长、学校和社区三个层面的调研，分析“家校社协同育人”在家庭教育方面的现状，总结经验、发现问题、提出建议，最后完成报告的撰写。

课题组采取抽样调查法，在我国东部、西部、南部、北部、中部选取8个省（自治区、直辖市）。东有江苏、福建，西有四川、宁夏，南有广东、广西，北有黑龙江，中有江西、安徽，每个省选取2个地级市或区县。在学校层面，有部分幼儿园、小学和初中的148位校长、2399位班主任、69214位家长参与调研。在社区层面，选取13412个社区（村）参与调研，其中开展家庭教育工作的社区有8806个。

在实践机制的现状方面，基于学校和社区两个层面，从“家校社协同育人”的管理保障机制、实施过程机制和评价机制三个方面对实践机制现状进行了考察，获得这三个方面的内涵和外延，形成了研究成果的重要章节，体现了“只唯实”的思想。

第三部分典型案例研究——课题组通过案例对“家校社协同育人”区域性经验的实践机制的研究，又形成了研究成果中的一大特色。整个研究取样来自妇联系统、教育主管部门、社会组织、学校四大系统。12个案例取自不同系统：中山市妇联、上海市嘉定区、静安区妇联、江苏省妇联等来自妇联系统；成都市青羊区人民政府、北京市海淀区紫竹院学区管理中心、杭州市上城区教育局、湖州市安吉县人民政府等来自教育主管部门；联合国儿童基金会、中国儿童中心、海南晨阳社会工作发展中心等来自社会组织；四川成都市成都华德福学校、四川凉山彝族自治州盐源县达祖小学等来自学校。由此可见，该研究取样全面、客观。

对每一个案例的研究，主要采取田野调查与文献研究相结合的方法。其中，在田野调查部分，通过座谈会、现场走访、焦点小组访谈等手段，完成对相应案例的文本、影音资料收集，完成对相应案例管理者、教师以及相关家长和社区工作人员的访谈。在文献研究部分，在收集案例方提供的项目计划、总结、研究报告、宣传手册等材料的同时，也系统性地收集、整理相应案例的网站、公众号等公开信息。借助于时间轴方法，记录重要人物、事件、形态的信息。根据横向比较和理论分析的手段，总结各实践案例的关键经验，总结、提炼其背后的运行机制。由此可见，该研究方法多样、新颖。

《构建新时代家校社协同育人的实践机制研究》是上述研究之集成。我于此推荐给广大读者，希望大家能和课题组一起围绕“家校社协同育人”机制做深入的研讨。

是为序。

林崇德

2023年3月30日于北京师大

目　录

第一部分　研究概况

一、研究背景　1

二、研究现状　4

三、研究设计　7

第二部分　以家校社协同落实立德树人根本任务的理论研究

一、协同育人的必要性与必然性　15

二、家校社三大教育形态的内在关系　21

三、家校社协同育人的内涵与主要类型　31

四、家校社协同育人机制释义　36

五、学校牵头的协同育人机制　47

六、社区牵头的协同育人机制　59

第三部分　我国家校社协同育人现状调查及问题分析

第一节　家庭教育现状　74

一、家长的家庭教育观念　74

二、家长的家庭教育行为 80
三、家长的抚养感受 89
四、结论 92
第二节 基于家长视角的家校社协同育人现状 93
一、家长对家校社协同育人的态度理念 93
二、家校社协同育人活动的参与现状 99
三、家长对家校社协同育人活动的需求及影响因素 119
四、结论与建议 128
第三节 学校牵头的家校社协同育人实践机制 132
一、学校开展家校社协同育人工作中的保障机制 132
二、学校开展家校社协同育人工作中的实施过程机制 160
三、学校开展家校社协同育人工作中的评价机制 179
四、学校开展家校社协同育人工作的困难与需求 181
五、结论与建议 186
第四节 社区牵头的家校社协同育人实践机制 193
一、社区开展家校社协同育人工作的保障机制 193
二、社区开展家校社协同育人工作的实施过程机制 209
三、社区开展家校社协同育人工作的评价机制 228
四、社区开展家校社协同育人实践的困难和家长需求 231
五、结论与建议 239
第四部分 家校社协同育人的区域典型案例
一、家校社协同育人的保障机制 251
二、家校社协同育人的过程机制 254
三、家校社协同育人的评价机制 258

第五部分 构建新时代家校社协同育人实践机制的对策建议

一、加强政策引领，落实立德树人，明确家庭教育指导的根本方向 260
二、进一步加强家庭教育指导专业队伍建设 261
三、构建社区主导下家庭教育指导服务的供给机制 263
四、完善家庭教育学校牵头的协同育人实践机制 265
五、进一步优化妇联部门在家庭教育指导工作中的功能 266

附件：家校社协同育人的区域性案例

一、来自妇联系统的区域性经验 269
二、来自教育主管部门的区域性经验 276
三、来自社会组织的区域性经验 285
四、来自学校的区域性经验 292

后 记

第一部分　研究概况

教育是国之大计、党之大计。培养什么人、怎样培养人、为谁培养人是教育的根本问题。习近平总书记在全国教育大会上，围绕“培养什么人、怎样培养人、为谁培养人”这一根本问题作出了战略部署，明确提出：“办好教育事业，家庭、学校、政府、社会都有责任。”党的二十大报告中也再次明确提出“健全学校家庭社会育人机制”。开展协同育人机制研究，其目的就是要让学校、家庭、社会教育回归本位，既符合全面发展、立德树人的根本方向，又符合人成长的根本规律。实现全员育人、全程育人、全方位育人，是贯彻落实党的二十大精神的重要举措，也是党的十九届五中全会作出的重要决议和《中华人民共和国国民经济和社会发展第十四个五年规划和2035年远景目标纲要》的重要内容。构建家校社协同育人机制，需要贯彻落实党和国家的教育方针，遵循教育基本规律，注重厘清不同教育主体的权责边界，充分发挥不同教育主体的育人功能。

一、研究背景

（一）加强协同育人是落实立德树人根本任务的必然要求

改革开放以来，我国出台一系列有关注重家庭教育、开展协同育人的文件。在协同育人的政策重心上，从一开始侧重于让家长履行教育责任，配合学校完成工作，逐步走向构建家校社协同育人战略。[①]其一，强调家长履行监护与教育职责。《宪法》第49条规定：“父母有抚养教育未成年子女的义务，

① 张广斌，陈朋，王欢. 我国学校家庭社会协同育人的政策演变、研究轨迹及走向［J］. 北京教育学院学报，2021（6）.

成年子女有赡养扶助父母的义务。”《民法典》规定：“父母有教育、保护未成年子女的权利和义务。”（第1068条）“夫妻双方平等享有对未成年子女抚养、教育和保护的权利，共同承担对未成年子女抚养、教育和保护的义务。”（第1058条）《未成年人保护法》第15条规定：“未成年人的父母或者其他监护人应当学习家庭教育知识，接受家庭教育指导，创造良好、和睦、文明的家庭环境。共同生活的其他成年家庭成员应当协助未成年人的父母或者其他监护人抚养、教育和保护未成年人。”《中华人民共和国教育法》第50条规定：“未成年人的父母或者其他监护人应当为其未成年子女或者其他被监护人受教育提供必要条件。未成年人的父母或者其他监护人应当配合学校及其他教育机构，对其未成年子女或者其他被监护人进行教育。学校、教师可以对学生家长提供家庭教育指导。”《义务教育法》第5条规定：“适龄儿童、少年的父母或者其他法定监护人应当依法保证其按时入学接受并完成义务教育。”

其二，强调家长配合学校德育工作。立德树人是我国教育的根本任务，这一思想体现在《义务教育法》、《公民道德建设实施纲要》（2001）、《中共中央国务院关于进一步加强和改进未成年人思想道德建设的若干意见》（2004）以及《关于培育和践行社会主义核心价值观的意见》（2014）等诸多政策法律之中。《新时代公民道德建设实施纲要》中更明确指出：“家庭是社会的基本细胞，是道德养成的起点。要弘扬中华民族传统家庭美德，倡导现代家庭文明观念，推动形成爱国爱家、相亲相爱、向上向善、共建共享的社会主义家庭文明新风尚，让美德在家庭中生根、在亲情中升华。”

其三，强调构建家校社协同育人体系。1999年，中共中央、国务院公布的《关于深化教育改革全面推进素质教育的决定》中指出：“实施素质教育应当贯穿于幼儿教育、中小学教育、职业教育、成人教育、高等教育等各级各类教育，应当贯穿于学校教育、家庭教育和社会教育等各个方面。”（第2条）“各级各类学校必须更加重视德育工作……形成学校、家庭和社会共同参与德育工作的新格局。”（第3条）“全面推进素质教育……学校、家庭和社会要互相沟通、相互配合，共同开创素质教育工作的新局面。”（第26条）该文件表明家庭教育是素质教育的一部分，实施素质教育必须加强家校社协同的思想。党的十八大首次明确将立德树人作为教育工作的根本任务，习近平总书记就家庭教育与协同育人工作多次作出重要论述。他在2018年全国教育大会上指出，“办好教育事业，家庭、学校、政府、社会都有责任”，要求“教育、妇联等部门要统筹协调社会资源支持服务家庭教育。全社会要担负起青少年成长成才的责任”。2019年发布的《中共中央国务院关于深化教育教学改革全面提高义务教育质量的意见》明确提出：“重视家庭教育。”“加快家庭教育立法，强化监护主体责任。加强社区家长学校、家庭教育指导服务站点建设，为家长提供公益性家庭教育指导服务。充分发挥学校主导作用，密切家校联系。”同年公布的《中国共产党第十九届中央委员会第五次全体会议公报》提出了“构建覆盖城乡的家庭教育指导服务体系”“建立健全学校家庭社会协同育人机制”目标要求，并在2021年3月12日发布的《中华人民共和国国民经济和社会发展第十四个五年规划和2035年远景目标纲要》、2021年10月颁布的《中华人民共和国家庭教育促进法》和2022年10月党的二十大报告中得以明确体现。

（二）研究协同育人机制是优化教育生态提升育人质量的现实需要

一方面，加强协同育人机制研究是学校实现自我变革的迫切需求。现代学校的普及极大地提高了人口素质和促进了社会进步，但学校的快速发展难以掩盖自身固有弊端，诸如：一些学校仍抱持“闭门办学”的态度，以学校围墙为界，将学校与外界社会隔离开来，成为“教育孤岛”；学校管理主体单一，学校只看重校长和领导班子的力量，无视教师、学生、家长等的主体作用，将他们排斥在学校管理的框架之外；校长仅重视自上而下的命令式的层级管理，造成学校成员处于听命状态，缺乏创造和创新的热情、动力和思路；学校管理效能低下，只注重硬件的高投入，忽视“软实力”建设和内涵发展，教育浪费现象严重。面对这些问题，打开校门，“让教师、家长和社区成员广泛参与学校管理与决策，是建设现代学校的关键”①。

① 陈如平. 现代学校管理创新的五大基本命题［J］. 中小学管理，2012（8）.

另一方面，加强协同育人机制研究也是优化家校社关系，提升协同育人工作效果的需要。近年来，作为家庭教育指导服务的牵头单位，妇联部门先后联合相关部门研制并颁布了《关于进一步加强家长学校的指导意见》（2011年）、《家长教育基本行为规范》（2020年修订）、《全国家庭教育指导大纲》（2019年修订）、《关于指导推进家庭教育的五年规划》等一系列文件。作为主责部门，教育部门注重家长学校建设和家长参与学校工作，工作重点逐步从注重家长参与转移到全面推进家校社协同育人上来。2015年，教育部印发《关于家庭教育工作指导意见》，提出强化学校家庭教育工作指导的若干举措；2019年，教育部将“强化家庭教育”纳入年度工作要点；2021年，教育部在年度工作要点中进一步提出“研究建立学校家庭社会协同育人体系”；2022年教育部工作要点提出，全面推进依法治教，落实家庭教育促进法，会同相关部门研制构建家校社协同育人的指导意见，推动学校提升家庭教育指导能力等。可见，协同育人是素质教育基本理念之一，是党和国家教育方针的应有之义。在相关部门的共同努力下，我国已经初步构建了教育、妇联等部门牵头多部门协同的家庭教育指导服务工作体系。但同时我们应该认识到，家庭教育指导服务实效性和协同育人质量有待提高：一是家庭教育指导服务内容较为零散，缺乏系统性；二是保障机制有待进一步落实与完善；三是服务在对象上、主体间供给不均衡；四是服务规范性不足，质量把控困难。[①]

二、研究现状

（一）发达国家家校社协同育人机制研究概况

鉴于家庭在教育中的重要作用以及儿童权益在人的发展中的核心地位，主要发达国家均认识到家庭教育的重要性和必要性，通过宪法、教育法和其他有关儿童保护、照管、教育及福利的立法，对家庭教育问题进行规范。美国、法国、日本等国家不同程度地承担起政府对家庭教育的责任，构建协同

---

① 边玉芳，张馨宇. 新时代我国家庭教育指导服务体系：内涵、特征与构建策略［J］. 中国电化教育，2021（1）.

机制，从公共政策层面对家庭教育进行支援。[①]协同教育组织作为协调家庭、学校和社会之间关系的机构，在倡导“儿童立场”、促使三方在儿童教育目标上达成共识、发挥教育的整体功能方面起着重要的作用。[②]国外发达国家协同育人的重点是改善家庭教育资源状况，提升家庭教育能力，因此在各国立法中主要侧重于帮助弱势家庭改善条件以及普遍提高父母及其他监护人家庭教育能力，进而保护未成年人健康发展权。

在具体协同育人机制建设方面，有人研究了美国家庭教育指导师资培养问题，从流程、内容、师资、经费等方面分析了指导师的培育模式和认定模式。[③]美国推动家校社合作的几种具有代表性的研究机构——政府机构、民间志愿者组织和专业研究机构。正是这些研究机构聚集了大量的专业研究人员、校长、教师、家长和社区工作人员，有力地推动了家校社合作的理论研究和实践工作的开展。[④]美国民间力量比较发达，近些年许多人专注于研究约翰斯·霍普金斯大学创建的“学校、家庭及社区合作研究中心”（Cent on School, Family and Community Partnerships）及其领导下的“全国合作学校关系网”运行模式，这个模式要求地区领导积极促进合作关系，建立以学校为基础的行动研究团队，并且用一种关于家长和社区的参与六类型的框架，即家长教育、沟通交流、志愿服务、在家学习、参与决策、社区教育。[⑤]上述六种家校社合作模式成为我国开展家校社协同育人的重要理论参照。

目前，多数国家都成立了专门的家庭教育服务机构，并形成了两种基本协同育人的运行模式：一种是第三部门模式，资金来源通常包括服务收费、民间捐款和政府拨款等多种渠道，由教育行政部门或其他相关部门牵头主管家庭教育工作，成立了专门的家庭教育服务机构，负责家庭教育指导、家长

① 和建花. 法国、美国和日本家庭教育支持政策考察［J］. 中华女子学院学报，2014（4）.

② 赵澜波，赵刚. 学校、家庭、社会协同机制与体制研究——基于美国、日本、新加坡协同教育组织的比较［J］. 外国教育研究，2021（12）.

③ 袁淑英. 美国家庭教育指导师的申请、培训与资格认定研究［J］. 教育评论，2015（8）.

④ 马赵阳. 当前美国家校社合作初步研究［D］. 华东师范大学，2013.

⑤ 李彩雯. 美国学校、家庭、社区合作的实践模式研究——以全国学校合作关系网（NNPS）为例［D］. 华东师范大学，2010.

培训、家庭咨询与援助、相关课程研发等事项；另一种是政府部门模式，通常由政府拨付专项经费保障运行，这种模式以挪威为代表。①

（二）我国家校社协同育人机制研究概况

家校社协同育人一直是教育实践中的重要问题，我国家校社协同育人研究成果较多，以“家校合作”为主题，在中国知网上就有7700多篇论文，但以“家校社合作”或“家校社协同”为主题的论文仅有100多篇。研究重点集中在家校合作（配合、沟通、合育等）、家长参与等方面，家校社合作以及构建家校社协同育人机制研究不足，既有理论研究、比较研究、政策研究等，主要集中在现状研究、问题研究、经验研究等方面，当前社会已经普遍认识到协同育人的重要意义，在传统的家长学校、家长会、家访基础上已经摸索出家长开放日、家长义工、家长互助协会等新合作模式。总体来说，理论研究不能跟上实践需要，虽然实践过程中非常热闹，但效果不尽如人意，缺乏系统性和连贯性，家校合作的水平低、效果差，家长主体性缺失。②与“家校合作”相比，“家校社三结合”的实践探索并没有那么丰富，真正意义上的“家校社合作”往往缺乏相关的理论和实践素材的支撑。目前，在内容上以“家校社三结合”为主题的学术著作主要有《教育合作论：学校、家庭、社会“三位一体”育人体系研究》（杨雄、刘程等著）、《“家校社”共同参与学生综合实践研究》（丁光辉著）、《合育论：学校家庭社会合作共育的理论与实践》（洪明著）等。

鉴于我国的政治体制、教育制度和基本国情，就什么是协同育人机制、如何构建协同育人机制等问题，有人认为我国的家校社协同育人体制应该是政府主导、学校组织、家长参与、社会支持③；或者是以政府为主导、家庭为基础、学校为主体、社会为平台，多元化多层次的合作体制和工作机制，其实

① 余雅风，姚真. 论家庭教育立法的宗旨及规范重点——基于国外立法的思考［J］. 华南师范大学学报（社会科学版），2021（3）.

② 李家成，王培颖. 家校合作指导手册［M］. 北京：北京大学出版社，2016.

③ 步德胜. “家校社”协同育人的理论阐释及实践路径［J］. 社会科学报，2021-9-10.

施要点是建立健全政策法规、发挥学校的主体作用、建立专业化家庭教育指导队伍。还有人认为要建立党委领导、政府统筹、妇联和教育部门主管、学校主体实施、相关部门配合、社区支持、市场有效介入、社会广泛参与的家校社合作育人的管理制度和相应工作机制。①在各自育人体系建立方面，有人认为家庭、学校、社会三类不同的教育均要有独立的课程体系和教育模式。家庭教育要回家，学校教育要回课堂，社会教育更要落实到政府主导的社区去，而非校外培训机构，要根据现代社会管理的特征，有效增强社区的教育功能。②

三、研究设计

（一）核心概念

1. 立德树人。培养什么人，是教育的首要问题。习近平总书记在全国教育大会上指出："我国是中国共产党领导的社会主义国家，这就决定了我们的教育必须把培养社会主义建设者和接班人作为根本任务，培养一代又一代拥护中国共产党领导和我国社会主义制度、立志为中国特色社会主义奋斗终身的有用人才。这是教育工作的根本任务，也是教育现代化的方向目标。"

2. 协同育人。又称为家校社协同育人，或者是家校社合作共育，是指学校、家庭、社会三大教育主体为完成立德树人根本任务而开展的合作行为。合作是手段，育人是目标，立德树人是任务。

3. 协同育人机制。家校社协同育人机制是指在立德树人根本任务下，学校、家庭和社会在各自的职责范围内和时间段，结合自身优势和特征，围绕立德树人根本任务所开展的各类教育活动以及以此为目的的相互配合行为，包括家庭如何立德树人，学校和社会如何帮助家庭；学校如何更好地立德树人，家长和社会如何协同学校；社会如何立德树人，学校和家庭如何协同社会。

4. 家庭教育指导。类似于家长教育或亲职教育。家庭教育指导是指相关机构和人员为提高家长教育子女能力而提供的专业性支持服务和引导。

---

① 单志艳. 家校社合作育人协同机制初探［J］. 少年儿童研究，2021（2）.

② 毕诚. 家校社协同育人的文化思考［J］. 人民教育，2021（11）.

（二）研究内容与方法

1. 研究目标与内容

聚焦家庭、学校和社会在落实构建“覆盖城乡的家庭教育指导服务体系”重要任务中的作用，梳理总结各自的角色、优势和职责，分析其在实践中存在的重点、难点问题并探索有效的作用机制，回答“育什么人”、“为谁育人”以及“如何育人”的问题，使“家校社协同育人”机制更有效地推进“覆盖城乡的家庭教育指导服务体系”的建设。

研究内容主要包括以下三个部分。

（1）以“家校社协同”落实立德树人根本任务的理论研究。以习近平新时代中国特色社会主义思想为指导，全面贯彻党的教育方针，深入揭示立德树人根本任务在家庭、学校、社会中的具体体现，厘清家庭、学校、社会在协同育人中各自的角色和职责边界，概括总结协同育人实践机制和运行模式。

（2）我国学校牵头和社区牵头的“家校社协同育人”在家庭教育中的现状调查及问题分析。主要从四个方面考察分析：一是“家校社协同育人”保障机制，主要包括制度保障、人员保障和资源保障；二是“家校社协同育人”过程机制，主要包括家校社协同育人的组织形式、主题内容、信息沟通、资源协同和家长参与；三是“家校社协同育人”评价机制，主要包括不同评价方对家庭教育指导服务工作的评价；四是“家校社协同育人”工作的困难与需求、家长对协同育人活动的需求及影响因素。

（3）我国“家校社协同育人”区域性经验及其实践机制研究。选择党的十八大以来区域性实践案例，总结梳理其主要实践经验，进一步总结提炼“家校社协同育人”运行机制。

2. 研究方法

从理论、调研与实践的不同进路，回顾、梳理、探索和总结在党的领导下，“学校—社会—家庭”协同，“育什么人”“如何育人”“为谁育人”思想发展的历史进程、理论依据和实践创新，彰显中国特色社会主义的制度优势，为进一步构建覆盖城乡的家庭教育指导服务体系，推进坚持和完善中国特色社会主义制度、推进国家治理体系和治理能力现代化提供智力支持。本研究通过文献研究法、问卷调查法、访谈法、个案分析法等多种研究方法进行量化、质化分析，保证研究结论的科学性。

在现状调研和问题分析部分，主要通过梳理家校社协同育人实践工作，结合对家长、学校和社区相关管理者和工作者的访谈，分别设计面向家长、校长、班主任和社区工作者的调研问卷。家长问卷主要涵盖家长的家庭教育现状和家校社协同育人现状两部分，其中家庭教育现状包括：家长的家庭教育观念、家庭教育行为和家长的抚养感受；家长视角的家校社协同育人现状包括：家长对家校社协同育人的态度和理念、家校社协同育人的参与现状以及家长对协同育人活动的需求及影响因素。校长、班主任和社区工作者问卷的题目主要基于学校牵头和社区牵头两个层面，涵盖家校社协同育人的管理保障机制、实施过程机制、评价机制、困难与需求四个方面，其中管理保障机制包括：工作者对家校社协同育人的目标认识、制度保障、人员保障和资源保障；实施过程机制包括：家校社协同育人的组织形式、主题内容、信息沟通、资源协同和家长参与；评价机制包括不同评价方对学校/社区家庭教育指导服务工作的评价；困难与需求包括影响学校/社区开展家庭教育工作的各类因素的情况。

在区域经验研究方面，主要采取田野调查与文献研究相结合的办法。在田野调查部分，通过座谈会、现场走访、焦点小组访谈等方法，完成对相应案例的文本、影音资料收集，完成对相应案例管理者、教师以及相关家长和社区工作人员的访谈。在文献研究部分，系统收集、整理相应案例的网站、微信公众号等公开信息，同时也收集案例方提供的项目计划、总结、研究报告、宣传手册等。借助于时间轴方法，记录重要人物、事件、形态的信息。重视各案例相关人员的感受与评价，进而根据横向比较和理论分析的手段，总结各实践案例的关键经验，总结、提炼其背后的运行机制。

（三）研究对象

1. 学校牵头的协同育人机制调查对象情况

本次调研采取抽样调查法，在东、中、西、东北部共选取8个省（自治区、直辖市），其中东部选取福建、广东、江苏，中部选取江西和安徽，西部选取四川和广西，东北部选取黑龙江。每个省选取2个地级市或区县，选择城市中的部分幼儿园、小学和初中，邀请学校校长、学生的班主任和家长参与调研。

（1）校长及班主任情况。如表1-1所示，在参与调研的149位校长中，有女性校长89人，占校长整体的59.7%，男性校长60人，占校长整体的40.3%；校长的年龄以30—50岁为主，占校长整体的72.5%。其中，小学校长占比相对较多，占校长整体的44.3%；有一半以上的校长教龄在15年以上，占校长整体的62.4%。

在参加调研的2399位班主任中，女性有2011人，占班主任整体的83.8%，男性有388人，占班主任整体的16.2%；班主任的年龄以20—40岁为主，占班主任整体的77.0%。其中，小学班主任占比相对较多，占班主任整体的43.4%；班主任教龄分布较为平均，占比最多的是“1—5年”，达31.2%。

表1-1　校长与班主任基本信息情况

基本信息	类　别	校　长		班主任	
		N	百分比	N	百分比
性　别	男	60	40.3%	388	16.2%
	女	89	59.7%	2011	83.8%
年　龄	20—30 岁	8	9.4%	862	35.9%
	31—40 岁	49	32.9%	985	41.1%
	41—50 岁	59	39.6%	453	18.9%
	50 岁以上	27	18.1%	99	4.1%
所教学段	幼儿园	38	25.5%	533	22.2%
	小　学	66	44.3%	1042	43.4%
	初　中	45	30.2%	824	34.4%
教　龄	1—5 年	19	13.8%	748	31.2%
	6—10 年	16	8.1%	535	22.3%
	11—15 年	25	16.8%	288	12.0%
	15 年以上	93	62.4%	726	30.3%
总　计		N = 149		N = 2399	

（2）家长情况。如表1-2所示，在参加调研的69214位家长中，父母年龄均主要集中在31—40岁，分别占比55.9%和68.0%；父母学历均主要集中在“初中”，分别占比28.9%和29.8%。主要参测群体是城镇儿童父母，占比58.4%；小学学生占比最高，为48.0%。

表1-2　家庭基本信息情况

基本信息	类　别	N	百分比
父亲年龄	20—30 岁	2365	3.4%
	31—40 岁	38663	55.9%
	41—50 岁	25625	37.0%
	50 岁以上	2270	3.3%
父亲学历	小学及以下	2621	3.8%
	初　中	19976	28.9%
	高中 / 职高 / 技校 / 中专	15560	22.5%
父亲学历	大　专	12444	18.0%
	本　科	15412	22.3%
	硕士及以上	3201	4.6%
母亲年龄	20—30 岁	5004	7.2%
	31—40 岁	47056	68.0%
	41—50 岁	16140	23.3%
	50 岁以上	723	1.0%
母亲学历	小学及以下	4200	6.1%
	初　中	20598	29.8%
	高中 / 职高 / 技校 / 中专	14826	21.4%
	大　专	12525	18.1%
	本　科	14669	21.2%
	硕士及以上	2396	3.5%
孩子户口类别	城镇户口	40446	58.4%
	农村户口	28180	40.7%
	其　他	588	0.8%
孩子所在学段	幼儿园	10252	14.8%
	小　学	33252	48.0%
	初　中	25710	37.1%
总人数	N = 69214		

2. 社区牵头的协同育人机制调查对象情况

社区协同育人调查对象涵盖东、中、西、东北部8个省（自治区、直辖市），其中东部选取福建、广东、江苏，中部选取江西和安徽，西部选取宁夏和广西，东北部选取黑龙江。每个省选取2个地级市，选中市中的所有社区（村）参与调研。社区基本情况和社区工作者的基本情况如下。

（1）社区基本情况。本次调研共收到来自福建、广东、江苏、江西、安徽、宁夏、广西、黑龙江等省共13412个社区的数据，其中，福建1857份、广东1053份、江苏869份、江西2423份、安徽1199份、宁夏645份、广西1859份、黑龙江3237份、其他省市270份。在参与此次调查的社区中，城市社区占33.6%，农村社区占66.4%。

按照社区是否开展家庭教育工作将社区划分为“开展家庭教育相关工作”和“目前还未开展家庭教育相关工作”两类。从表1–3中可以看到：城市社区中开展家庭教育工作的社区占86.4%，农村社区中开展家庭教育工作的社区占55.2%，还有接近一半（44.8%）的社区目前没有开展家庭教育相关工作。由此可以看出，在家庭教育指导服务工作方面，农村社区和城市社区相比还有较大差距，农村社区的家庭教育工作还有较大提升空间。

表1–3 社区家庭教育工作开展情况

	开展家庭教育工作	未开展家庭教育工作	总计
整 体	8806（65.7%）	4406（34.3%）	13412
城市社区	3895（86.4%）	614（13.6%）	4509
农村社区	4911（55.2%）	3992（44.8%）	8903

为了考察社区是否具有协同学校、社会公共教育资源的优势，对社区中是否具有幼儿园、中小学、高校、图书馆／博物馆、体育馆、家庭教育服务站等情况进行了考察，从表1–4中可以看到：（1）一半以上的社区中建有幼儿园和中小学，其中城市社区中的幼儿园建设率达到78.2%，高于农村社区21.4个百分点；（2）家庭教育服务站在社区的建设率达到30.8%，其中城市社区中的建设率高于农村社区8.4个百分点；（3）高校、图书馆、体育馆的社区建设率较低，其中城市社区中有高校的社区占比高于农村社区6.4个百分点，农

村社区中的图书馆和体育馆的建设率略高于城市社区，但是图书馆的建设率也仅为21.5%，体育馆的建设率为5.6%。可见，社区公共资源还有较大建设空间，未来可以进一步加强社区居民活动场所的建设，增加图书馆、体育馆、家庭教育服务站等社区公共教育资源的数量。

表1-4 社区中学校和部分社会公共教育资源情况

	幼儿园	中小学	高 校	图书馆	体育馆	家庭教育服务站
整 体	64%	58.7%	5.9%	20.5%	8.5%	30.8%
城 市	78.2%	58.9%	10.1%	18.5%	4.1%	36.4%
农 村	56.8%	58.6%	3.7%	21.5%	5.6%	28.0%

（2）社区工作者基本情况。在参加调研的13412名社区工作者中，女性工作者有12693人，占工作者整体的94.6%，男性工作者有719人，占工作者整体的5.4%。其中，从事家庭教育的女性工作者有8339人，占家教工作者的94.7%，男性家教工作者有467人，占家教工作者的5.3%。社区家庭教育工作者的年龄以30—50岁（1971—1990年生人）为主，占工作者整体比例的72.1%，如表1-5所示。

表1-5 社区家庭教育工作者的年龄分布

	1950—1960	1961—1970	1971—1980	1981—1990	1991—2000	总 计
整 体	106	1979	4806	4819	1702	13412
	0.8%	14.8%	35.8%	35.9%	12.7%	100%
家教工作者	66	1117	3021	3326	1276	8806
	0.7%	12.7%	**34.3%**	**37.8%**	14.5%	100%

如表1-6所示，社区工作者的学历基本平均分布于初中、高中／职高／技校／中专、大专及本科，小学及以下学历的工作者和研究生学历的工作者占比均不超过1%；社区家庭教育工作者的学历分布略有不同，主要集中于大专和本科学历，占到62.2%。在社区工作者中，有40.3%的工作者接受过家庭教育相关专业（如教育学、心理学、社会工作等）的学历教育；从事社区家庭教育的工作者中，有45.8%的工作者接受过家庭教育或相关专业的学历教育。

表1–6 社区从事家庭教育工作人员的学历分布

学　历		小学及以下	初　中	高中 / 职高 / 技校 / 中专	大　专	本　科	研究生	总　数
整　体		129	2981	3143	3953	3126	80	13412
		1%	22.2%	23.4%	29.5%	23.3%	0.6%	100%
家教工作者		65	1447	1752	2850	2628	64	8806
		0.7%	16.4%	19.9%	32.4%	29.8%	0.7%	100%

3. 区域经验研究对象选取情况

选取党的十八大以来我国具有典型性和代表性的“家校社协同育人”的区域性经验，按照以下原则进行案例选择：一是不同主体，如妇联系统、教育主管部门、社会组织、学校等；二是典型性，每个案例都产生了很大的影响，有广泛的社会声誉；三是侧重性，不同案例既有共同性，更有侧重性（见表1–7）。

表1–7 “家校社协同育人”区域性经验案例分布情况

类　型	名　称
来自妇联系统的区域性经验	中山市妇联
	上海市嘉定区妇联、静安区妇联
	江苏省妇联
来自教育主管部门的区域性经验	成都市青羊区人民政府
	北京市海淀区紫竹院学区管理中心
	杭州市上城区教育局
	湖州市安吉县人民政府
来自社会组织的区域性经验	联合国儿童基金会
	中国儿童中心
	海南晨阳社会工作发展中心
来自学校的区域性经验	四川成都市成都华德福学校
	四川凉山彝族自治州盐源县达祖小学

第二部分　以家校社协同落实立德树人根本任务的理论研究

培养什么人、如何培养人、为谁培养人，这是教育的三个根本问题，集中体现在党的十八大提出的立德树人这一教育的根本任务上。落实立德树人，需要回答“立什么德、树什么人”，还要回答如何落实立德树人。家庭、学校、社会是教育的三大基本形态，构成一个复杂的教育生态，三大教育主体基于对育人的期许、理解、方式差异，自然会产生各种张力。落实立德树人，需要健全学校家庭社会协同育人机制，统一三者的目标，充分发挥三者的功能，优化三者的关系。健全学校家庭社会协同育人机制，落实立德树人根本任务，是当前乃至相当长时期内教育领域十分迫切的重大战略任务，也是教育理论亟待回答的一个重大战略问题。

一、协同育人的必要性与必然性

教育是人类最基本的实践活动，是教育者对受教育者施加的各种教育影响，以期受教育者朝着自己预设的方向发展。教育主体不同，自然会存在各种差异，协同育人就是要尊重三者的差异。但开展教育活动，认清教育发展的大趋势，注重教育发展中存在的根本问题，最终要落实到教育的根本目的和根本任务上来。

（一）加强协同育人是落实立德树人根本任务的必然要求

教育变革的根本动力来自社会大变革，教育变革也是引领社会朝着更好方向发展的力量源泉。改革开放以来，我国社会主义市场经济体制逐步确立，极大地解放了生产力，释放了社会发展的巨大能量，物质条件发生了翻天覆地的改变，人与社会的思想观念也随之发生巨大变革。一方面，富强、民主、文明、和谐，自由、平等、公正、法治，爱国、敬业、诚信、友善等社会主义核心价值观逐步确立。另一方面，“随着我国日益扩大开放、日益走近世界舞台中央，我国同世界的联系更趋紧密、相互影响更趋深刻，意识形态领域面临的形势和斗争也更加复杂”①。面对世界百年未有之大变局，面对西方国家从来没有放松的文化侵蚀，面对伴随着市场经济而潜滋暗长的个人主义、自由主义、消费主义、实用主义、金钱至上、唯我独尊等消极观念，面对“意义失落的感受、非人性的倾向、戡天役物的措施、普遍商业化的风气和集团人主宰的趋势”②，这种改革开放初期的现象并没有随着社会的发展而自我消退。市场经济所带来的巨大物质财富和精神财富，极大地促进了人的解放，但功利化的价值追求以及实用主义的价值原则在慢慢地异化人的内在精神。虽然功利是市场机制的内生动力，但当市场力量无节制地被放大之后，“经济人”的人性假设也随之蔓延到精神领域，人性的价值之维难免被经济利益所侵蚀，金钱的强大功能迫使人的主体意志退让，“有钱能使鬼推磨”之类的简单逻辑在许多人心中慢慢扎下根来。这样，人的主体精神慢慢地被金钱、利益所吞噬，为了名利，人们已不愿将自己的“自由意志”与崇高精神挂钩，时常感觉自己的精神自由被高冷的道德“绑架”了，纷纷希望社会给自己进行道德“松绑”，力求让精神从“高大上”的世界中挣脱出来，以至于让自己在“利欲”面前变得轻松起来。为此，“人各有志”为这种思想给予了合理的解释，多元为异化找到了理想的借口，“我的地盘我做主”成为很多人的行为准则。所以，在社会发展过程中需要回到人的本身，需要注重“德”是人的核心，成人树人才是人的目的。

青少年是社会的晴雨表，时代对青少年的影响是双重的。青少年本身思维活跃，对新生事物十分敏感，具有批判意识，但他们缺乏批判精神与能力，

① 习近平. 思政课是落实立德树人根本任务的关键课程［J］. 求是，2020（7）.

② 景海峰. 儒家思想与现代化——刘述先新儒学论著辑要［M］. 北京：中国广播电视出版社，1992：188.

很容易走极端、"任性"。他们崇尚独立，欣赏自我，反对束缚，但很容易陷入个人主义。他们富有理想，渴望实现自我，注重务实，反对虚伪，但容易忽视他人与社会，容易陷入物质主义和功利主义，从而成为"精致的利己主义者"。他们对这个世界抱有幻想，对社会的某些现象喜欢批判，喜欢用个人的眼光看待世界，反对传统和正统，但是很容易理想化，思维偏激，缺乏理性精神和辩证看问题的能力。他们喜欢时尚，表现个性，标新立异，但容易受到同辈影响，容易我行我素，与主流价值、世俗世界形成对立，很容易陷入虚无主义。他们渴望精神自由，表达自己的观点，希望得到成人世界的认同，但是他们的实际认知能力、社会经验都明显不足，缺乏历练，心智不足，自我约束能力较低，经济上还需要依赖他人，因此容易受挫，从而陷入自我否定之中。

立德树人是教育的根本任务，而真正要落实这一任务需要家校社协同育人。教育界一直流行"5+2=0"这样一句话，其大意是指学校的5天学校教育（常常指德育）抵不上学生离开学校之后2天的家庭和社会教育。这个命题背后反映出两个十分尖锐的问题：一是目前许多学校的德育是低效的，难以经得起走出校门后的实践检验；二是许多学校的德育是孤立的，忽视与家庭和社会协同开展德育工作，忽视整个德育环境的建设。因此，加强家校社协同育人是学校应对外部挑战，提升教育品质，落实立德树人根本任务的必然选择。

（二）加强协同育人是理顺家校社内在关系、形成育人合力的必然要求

首先，加强协同育人是学校变革的需要。虽然现代学校得到了快速发展，但管理僵化、活力不足等问题仍影响着办学质量。一些学校仍抱持"闭门办学"的态度，以学校围墙为界，将学校与外界社会隔离开来，成为"教育孤岛"；学校管理主体单一，学校只看重校长和领导班子的力量，无视教师、学生、家长等的主体作用，将他们排斥在学校管理的框架之外；校长仅重视自上而下的命令式的层级管理，造成学校成员处于听命状态，缺乏创造和创新的热情、动力和思路；学校管理效能低下，只注重硬件的高投入，忽视"软

实力”建设和内涵发展，教育浪费现象严重。面对如此痼疾，开放办学，“让教师、家长和社区成员广泛参与学校管理与决策，是建设现代学校的关键”①，也是世界教育发展的重要趋势。石中英教授认为，现代学校发展都将参与原则视为民主化的重要原则，主张“在教育实践的各个环节——决策、咨询、制定目标、课程改革、教学组织、发展评价、学校管理等方面，最大限度地调动各个社会机构、组织、家庭以及个人的积极性，使更多的人成为教育改革、发展和评价的主体”②。

其次，加强协同育人是满足现代家长参与权利的需要。家长教育意识的自觉是现代学校面临的一个巨大变化：其一，家长对教育的重视程度越来越强。尊师重教是中国的传统，其最直接表现在教育投入的增长上。调查显示，我国城市家庭义务教育阶段教育总支出占儿童养育总支出的76.1%，占家庭总收入的30.1%，家庭教育投入的增长主要是用在学校教育之外的发展性和选择性教育支出。③教育支出的增长意味着教育期待的提高，家长希望通过教育投入使子女获得更多更好的教育产品，以便在竞争中处于优势位置。其二，家长的教育主体意识、权利意识不断增长。当今家长的文化程度不断提高，他们主动参与教育的意识在不断增强。一方面，家长们通过各种方式学习教育观念，增长教育知识，提高教育能力；另一方面，他们对于学校教育有着越来越强烈的参与意识、合作意识。其三，伴随着家校联系越来越密切，家校矛盾也越来越多。部分家长对学校的信任度开始降低，还有一些家长的价值观念与教育理念与学校存在明显分歧，尤其是一些深受西方价值观和教育理念影响的家长，经常用自己的教育观念影响着孩子，也反作用于学校和教师。

最后，加强协同育人是优化办学环境的需要。改革开放以来，我国教育事业的变化是巨大的，全球化、本土化、民主化、现代化、信息化等是教育变革背后的深层原因。在世界性教育变革浪潮的影响下，在改革创新宏观社会环境的推进下，自下而上的区域性教育改革与自上而下的全国性改革不断

① 陈如平. 现代学校管理创新的五大基本命题［J］. 中小学管理，2012（8）.

② 石中英. 教育哲学［M］. 北京：北京师范大学出版社，2007：244.

③ 洪明. 我国城市家庭教育支出研究报告［M］. 天津：天津社会科学院出版社，2012：18.

推出。但是，从效果来看，有些改革并没有达到理想的效果，甚至不了了之，原因很复杂，其中得不到支持配合是问题的关键，而“减负”就是一个典型问题。众所周知，中国儿童学业负担重，“减负”是新中国成立以来一直在努力解决的教育顽疾。但是，如果仅从学校的角度强行减少作业、考试，不能从全社会的角度综合考虑，“减负”是难以真正达成预期效果的。苏霍姆林斯基说过：“儿童只有在这样的条件下才能实现和谐的全面的发展，就是两个教育者，即学校和家庭，不仅要有一致的信念，始终从同样的原则出发。无论在教育目的上，过程还是手段上，都不要发生分歧。可见，家长和学校相互配合，分工合作才是促使学生勤奋学习的根本途径。家长是否有效地配合学校对子女进行教育，直接决定着学校教育的效果。缺乏家长参与，对学校教育是一个‘严重的威胁’。”[①]在整个教育改革过程中，家庭教育往往是“最后一公里”，能否打通这一段路，往往决定改革的成败。

（三）走向协同：教育历史发展的必然趋势

理清家校社关系也应将其纳入教育历史之中来分析。从教育发展史上看，家校社之间一开始是一种“合”的状态，教育以广义的家庭教育的方式呈现。现代学校崛起后，家校社出现了明显的分化，学校逐步成为教育的主渠道。随着社会经济文化的发展，家长教育意识的再度增强，家校社关系再度呈现演变“合”的趋向。

家庭教育是人类早期教育的主要形态，也是每个人最早接受的教育形式。孩子诞生于家庭，教育活动最早也就发生在家庭之中，发生于亲子之间和代际之间，与日常生活混杂在一起。人类早期的教育其实就是家庭教育，没有学校教育形态，社会教育也是融入家庭之中的，家庭教育涵盖了所有的教育内容，教育完全融合在生活之中；奴隶社会之后学校教育才真正诞生，工业革命之后学校教育才得以普及。从根源上看，教育之所以始于家庭，是因为家长（父母）天然地拥有对子女的教育权，教育权是亲权的一部分。亲权指

① ［苏］苏霍姆林斯基. 帕夫雷什中学［M］. 北京：教育科学出版社，1983：5.

的是“父母对子女教育的决定权和支配权。从法律意义上讲，它既是一种自然权利，又是一种私权利（民事法律关系）”[①]。

学校的诞生意味着专门的教育机构的出现，极大地推动了教育的发展，现代学校的诞生保障了每个人的受教育权。私有制的出现，国家政权的诞生，瓦解了传统的氏族、部落组织，传统平等的氏族成员演变为奴隶主和奴隶两个对立的阶级。在奴隶社会里，社会管理日趋复杂，国家不仅需要完成物质再生产和社会再生产的人，还需要专门的人才，尤其是国家和社会治理人才，传统的融合式的“家庭教育”以及寓教育于生产劳动和生活实践之中的教育形式明显不能满足社会的需要，教育实践需要从日常生活中剥离出来成为独立系统，教育活动需要更加精细化、专门化和系统化的组织形式；与此同时，文字的产生和知识的系统化为正规的学校教育创造了条件。学校的出现和发展，标志着教育走向制度化、规范化、科学化、系统化，极大地拓展了家庭教育和社会教育的功能。工业革命、现代科学技术的巨大进步、民族国家的兴起以及资产阶级革命，极大地推动了现代学校教育体制的建立，学校教育逐步从精英走向大众，逐步普及。

学校成为教育的主渠道很大程度上推动了教育的进步和人的发展。但学校的“野蛮生长”并不能掩盖自身弊端，学校教育的根本问题就是科层化模式使得教育越来越偏离教育的根本方向，学校变得越来越缺乏活力，推进教育的有效性和民主化成为全社会共同关注的问题。消除传统学校教育弊端，让教育变得高效并且符合其自身目标，注重家庭和社会走向协同便成为一种趋势。在教育比较发达的美国，探索让教育适度回归家庭的努力早已显现，其典型表现为100多年前的“在家上学”运动（Homeschooling）——学龄儿童不通过公立的或私立的学校，而以家庭为基础与地点，通过家庭的管理与实施而接受教育[②]。后来这股思潮逐步推及加拿大、英国、泰国等国家以及我国台湾、香港等地区。伴随着“在家上学”运动，美国还兴起了以思想家伊里

① 郑新蓉.试析父母教育权的起源、演变和特征［J］.教育研究与实验，2000（5）.

② 杨启光.当代美国家庭学校教育运动的学术研究与政策分析［J］.比较教育研究，2003（8）.

奇（Ivan Illich）为代表的“非学校化”思想。其理由是，当代学校教育过于组织化和趋同化，而这种高度制度化、组织化、赋予无限价值观的学校已经成为教育发展的羁绊，应废除现代学校，代之以“学习网络”。

美国的“在家上学”运动和“学习网络”设想，折射出对父母教育权的尊重和对家校社关系的重新认识，但其真意并不是要否定学校，让教育简单地回到家庭教育，而是实现以家庭为核心的家校社合作共育，因为没有学校和社会的支持，单纯依靠父母的力量基本上是无法完成学业的。上述思潮和行动在我国教育普及化过程中也不断出现，并引起广泛关注。2013年8月，来自全国各地以及国外“在家上学”运动的实践者和研究者在北京举行“学在民间：在家上学与多元教育国际研讨会”，会议就在家上学的性质、缘由、法理基础、事实依据等达成了《中国“在家上学”北京共识》①，这是“在家上学”运动的自我辩护。当然，在现实中“在家上学”还没有如此简单，但梳理中外家庭教育与学校演变历史不难发现，尽管当今学校教育依旧是教育的主导形式，注重家庭教育以及加强家校社的协同育人也已经成为教育发展的基本趋向，这种趋向符合辩证唯物主义之“否定之否定”规律。2020年以来，大多数学校实施“停课不停学”，其实也是在考验协同育人的可能途径。

二、家校社三大教育形态的内在关系

家庭教育、学校教育和社会教育是人类社会发展和教育自身发展过程中演变的三种形态，三者之间既有共性，又有很大的差异，甚至存在一定的张力。开展协同育人工作，不仅要基于和弥合三者之间的差异，还要明确三者在育人工作中的角色和职责分工。

（一）家庭、学校、社会教育的基本特征

1. 家庭教育的基本特性

研究家庭教育，首先要研究家庭。家庭是人类社会最早的社会组织形式，

① 佚名. 中国“在家上学”北京共识［M］. 北京：社会科学文献出版社，2014.

“是以一定的婚姻关系、血缘关系或收养关系组合起来的初级社会群体，是人类自然关系与社会关系的统一”[①]，家庭也是“社会最微小的细胞”[②]。作为社会的细胞、社会的缩影，社会所具备的许多基本功能都能在家庭中找到影子，教育便是其中之一。家庭是一个人最早接受教育的地方，“家庭对孩子从婴儿到青春期的养育和保护负有主要的责任。向孩子们介绍其社会的文化、价值观和行为准则的工作始于家庭”[③]。

从狭义上说，家庭教育是“父母或其他年长者在家庭内自觉地、有意识地对子女进行的教育”[④]，具体来说，“家庭教育是在家庭中发生的，以亲子关系为中心，以培养社会需要的人为目标的教育活动，是在人的社会化过程中，家庭（主要是父母）对个体（一般指儿童青少年）产生的影响作用”[⑤]。从广义而言，家庭教育就是家庭中发生的教育行为和教育现象，是“家庭成员之间的相互教育”[⑥]，教育对象不仅是未成年人，还包括成年人，不仅是代际之间的教育，还包括同一代际内部的教育，是“家庭成员之间的双向沟通、相互影响的互动教育”[⑦]。狭义的家庭教育是基于前喻文化的教育，而广义的家庭教育包括并喻和后喻文化下的教育。这里所说的家庭教育主要指的是狭义角度的家庭教育，是指家庭中的长辈（主要指父母）对子女（或其他年幼者）施加影响，使其身心朝着长辈期待的方向发展，不断促进子女在知识技能、道德品质、行为方式、价值观念、生活能力等方面健康发展。这与《中华人民共和国家庭教育促进法》中对家庭教育的界定是一致的。

比起学校教育，家庭教育最明显的特征是非正规性，尽管许多人呼吁和

---

① 关颖. 家庭教育社会学［M］. 北京：教育科学出版社，2014：27.

② 赵忠心. 家庭教育学［M］. 北京：人民教育出版社，2001：2.

③ 赵中建编. 教育的使命——面向二十一世纪的教育宣言和行动纲领［M］. 北京：教育科学出版社，1996：68.

④ 中国大百科全书编委会. 中国大百科全书·教育［M］. 北京：中国大百科全书出版社，1985：140.

⑤ 邓佐君. 家庭教育学［M］. 福州：福建教育出版社，1995：7.

⑥ 顾明远. 教育大辞典［M］. 上海：上海教育出版社，1990：11.

⑦ 李天燕. 家庭教育学［M］. 上海：复旦大学出版社，2007：15.

期待家长需要教育的“执照”，但我们无法像规范学校那样，要求家长必须具备什么样的文化程度、经济条件、教育水平才能生儿育女，一位文盲也有当家长、开展家庭教育的权利。同样，我们无法约束家长在什么时间对子女施加什么样的教育、用什么样的方式进行教育（只要家长不违法）。除非正规性之外，家庭教育还具有如下特征：（1）天然性，或者是血缘性，这是由亲子关系决定的；（2）私密性，家庭是一个天然的利益共同体，许多教育内容带有家庭自身特征，不宜外传；（3）多样性，教育内容丰富多彩，教育形式多种多样，不像学校那样被许多制度所拘牵；（4）生活性，家庭教育是基于真实生活的教育，也是为了改进家庭生活的教育；（5）无选择性或固定性，一个孩子不能像选择学校一样选择家庭或父母，因此素质对孩子来说具有极其重要的作用；（6）潜移默化性，家庭教育往往是一种无意的教育，孩子在不知不觉中受到教育。

中国传统是“家国同构”的社会，中国自古就有重视家风、家教的风气，家庭教育高度发达。但是，在工业化时代到来之后，这种状况发生了很大的改变。家庭教育地位的降低不仅是教育本身的问题，也与整个家庭功能变化相关。在经济上，家庭手工劳动逐渐被机器和工厂所取代，农业和手工技术让位于机器化大生产；在治理方式上，村落、宗族等农村治理方式被现代的政权和基层组织所取代。这对家庭教育产生了重大影响。一方面，家庭中的重要成员必须离开家才能生存，家庭对人的控制减少，家庭成员之间的联系减少，共同的经济活动、文化活动减少，过去那种在田间地头、手工作坊中的亲子之间共同劳动、传授技艺、耳濡目染已经变得越来越少。家庭在经济活动中教育孩子的机会变少，家长白天要外出上班，不得不把子女送到公办的教育机构接受教育。另一方面，随着现代国家制度的诞生，国家需要越来越多具备公共意识、学会参与公共生活的公民，由此也导致教育的目的发生根本性变化。过去家庭教育的直接目的是培养“家中人”，子承父业、血脉传承、共同维系，现在家庭教育越来越关注“社会人”和“国家人”了。由此，现代教育留给家庭的空间越来越小，尽管家庭还承担着教育子女的重要职能，但面对现代化大生产和现代公民的培育，教育的主渠道不得不变成学校这样的专门机构了。

尽管受高度发达的学校和社会教育的影响，家庭教育必须让渡相应的空间，但比较起来，家庭教育对人的发展仍然具有极其重要的作用：其一，家庭是第一所学校，父母是第一任老师，家庭教育是儿童入学之前最主要的教育，而这一时期正处于儿童成长的关键期，因此家庭教育奠定了学校和社会教育的基础。其二，儿童入学之后，家庭教育是否与学校和社会保持一致，决定了教育的成败。其三，比较来看，家庭教育具有用亲缘关系对子女产生影响的优势，可以利用亲子之爱的感化作用、家庭生活的渗透作用和父母言行的示范作用，对子女进行教育。①

2. 学校教育特征分析

学校是一种社会组织，是一项社会事业，现代学校的形成是工业革命和民主化运动的结果。学校教育指教育者按照一定的社会或阶级要求，有目的、有计划、有组织地对受教育者在知识、技能、情感、态度、价值观等方面产生影响，使其身心等素质朝着教育者期待的方向发展的过程。简言之，学校教育是“有意识地以影响人的身心发展为直接目的的社会活动”②。相对于其他形式的教育，学校教育是教育的正规形态和主导形态，是制度化教育。学校教育具有如下主要属性：首先，学校是一种社会组织，具有社会属性，反映社会关系；其次，学校是专门的教育机构，目的明确、工作专业、方法科学、时间固定；再次，学校具有民族性或者文化性；最后，学校具有变动性，随着社会经济、政治、文化的发展和要求而处于不断变革之中。③

学校的上述性质决定其具有以下鲜明特征：（1）正规性，学校是制度化产物，有正规的教育形式或模式，以教育法律和制度做保证，有比较严格的教育行为标准和行业规范。（2）强制性，国家通过相关法律制度对教育实践活动进行严格的规定，教育者、受教育者都应该按照规定履行相应的义务，

① 张庆守. 论家庭教育与学校教育协作的误区和模式重构［J］. 三明学院学报，2006（1）.

② 叶澜. 教育概论［M］. 北京：人民教育出版社，1991：8.

③ 石中英. 公共教育学［M］. 北京：北京师范大学出版社，2008：8-11.

服从教育行为和受教育行为方面的规定。（3）主导性，学校教育所确立的培养目标代表国家和社会的利益和要求，影响家庭和社会教育方向。（4）阶段性，根据学制安排，学校教育一般将学生的学习分为若干阶段，每个阶段有一定的学习内容和考核标准，而家庭教育和社会教育没有学制之说。（5）基础性，教育是一个国家基础性工程，优先发展。（6）专门性，学校只做教育不做其他，而家庭和社会的职能要丰富得多。

学校是正规的教育机构，又是专门的教育机构。正规，说明有教育法律和制度作保证，有比较严格的教育专业标准和行业规范。专门，说明它只做教育不做其他，依据对教育基本规律的科学性把握，对教师的教育行为、学校的设置标准是有严格要求的。正是因为其正规性和专门性，学校才能得到国家和社会的支持，从而迅速发展并成为教育的主渠道。理想的学校既要代表国家意志，也要代表家庭意愿；既要保证为国育人，也要保证为家育人，只有这样才能健康发展。

3. 社会教育特征分析

社会是因分工与合作而引起的，是在社会实践过程中形成的，由共同维系的规则组成的群体（团体）。不同群体又按照一定关系构成更上位的大群体。家庭、社团、学校、政府、政党、军队、国家、国家集团等都属于社会组织系统。作为一种教育形态，社会教育自古就有。虽然家庭和学校都是一种社会组织，但是为了区别于学校和家庭教育，这里的社会教育主要是指学校和家庭之外的一切教育形式。

社会教育也可分为广义和狭义两种。广义的社会教育，是指有意识地培养人，并使人身心和谐发展的各种社会活动，如青少年宫、博物馆、科技馆、大众传媒、剧院、公园、艺术节、文化作品等。可以说，社会教育是指除了学校和家庭之外的教育形式、教育内容和教育影响，其外延包括“社会传统教育、社会制度教育、生活活动或事件的教育”[①]，其内涵类同于“社会环

① 全国十二所重点师范大学. 教育学基础［M］. 北京：教育科学出版社，2002：9.

境"[①]。狭义的社会教育，是指由政府、公共团体或私人所设立的社会文化教育机构对社会全体成员所进行的有目的、有系统、有组织、独立的教育活动。[②]狭义的社会教育是以公共生活为基础，以社会作为主体实施的，有目的、有计划、有组织的教育实践活动，不同于社会照顾、青年帮助和公民教育。与家庭、学校教育对比起来理解，狭义的社会教育需要强调以下内涵：第一，社会教育实施的主体，即社会文化教育机构，无论其创办者是政府、团体或私人，只要它是对社会成员实施了影响的教育活动，就是社会教育的实施者；第二，社会教育实施的客体，是对社会全体成员，而不是针对其中的某个特殊群体；第三，社会教育实施的机构和场所，包括公私立学校和社会文化机构；第四，社会教育是有目的、有系统、有组织的、独立的教育活动。[③]很显然，无论是广义的社会教育，还是狭义的社会教育，教育对象都是社会公众。由于本研究主要是针对儿童、青少年及他们的父母，因此这里论及的社会教育除特别说明外，就是指青少年社会教育以及以家长教育素养提升为目的的成人教育。

与家庭教育和学校教育相比，社会教育在内容、形式上要复杂得多。探索社会教育的本质，不能光从字面或逻辑上进行，而"必须在历史层面上展开，必须明确由谁、在何时、持有何种目的来组织社会教育"[④]。（1）从教育主体看，社会教育具有多元性，比如政府、单位、公司、公益组织、个人等；（2）从教育形态看，社会教育具有多样性，它既可以是正规的教育也可以是非正规的教育；（3）从教育体系看，社会教育具有分散性，无论如何努力，很难建设一个涵盖全部的社会教育系统；（4）从实施的主要形态看，社会教育具有实践性，它与社会生活实践和生产实践息息相关；（5）从功能看，社会教育具有补充性，常常充当家庭教育和学校教育补充和延伸角色。与家

① 方建移，胡芸，程昉. 社会教育与儿童社会性发展［M］. 杭州：浙江教育出版社，2005：2.

② 侯怀银. 中国社会教育的若干问题［J］. 教育研究，2008（12）.

③ 侯怀银，张宏波. "社会教育" 解读［J］. 教育学报，2007（4）.

④ ［日］千野阳一. 关于理解社会教育本质的研究方法［J］. 华东师范大学学报（教育科学版），2007（1）.

庭相比，社会教育更属于公共教育；与学校相比，社会教育更注重个体体验；在促进个体社会化过程中，社会教育更注重通过适应真实社会来促进个体的社会化。[①]很显然，社会教育既有可控的一面，也有不可控的一面。社会教育的优势在于，它时时刻刻都在影响着儿童成长，尤其要大力构建能够整合各种资源的社区教育，因为“社区教育是社会教育的缩影，是有明显地域性的社会教育，是学校教育与社会教育的连接体，是将教育置于一定区域的社会政治、经济、文化背景中所形成的学校、家庭、社会一体化的教育体系和活动”[②]。

（二）三大教育系统之间的张力

1. 三大教育系统之间的差异

首先，从教育立场与教育目标角度看。教育是国之大计，我国是人民当家作主的社会主义国家，把教育置于优先发展地位，在教育上国家期待培养能够堪当民族复兴大任的时代新人，期待把受教育者培养成德智体美劳全面发展的社会主义建设者和接班人。国家提倡素质教育，减轻不必要的学业负担，目的是让儿童、青少年能够生动活泼地发展。国家是每个公民利益和意志的代表者，国家的教育方针政策对所有教育主体都应该具有指导性、约束性。

现代公立学校教育的主体是学校和教师，国家通过各种制度对各级各类学校在办学目标、内容、评价等方面进行严格规定；同时通过对教师的培养、选拔和考核，将国家教育意志渗透到教师的身上。家庭教育的主体是家长，来自社会各行各业。家长作为与儿童直接利益相关者，对教育结果最为关切，关注儿童在现实和未来社会中是否处于有利的竞争位置。为了让孩子在未来社会发展中获得最大利益和发展空间，家长在兼顾儿童身心健康的同时很容易将教育引向竞争的道路上。社会教育是一个庞大的系统，主体多元、复杂，甚至异质，因其具体主体不同而代表不同社会集团的意志，有的代表国家利

---

① 佘双好. 青少年社会教育的本质与内涵［J］. 中国青年研究，2007（12）.

② 吴磊，杨琳，汤锦春. 社区教育与学校教育协同发展策略探析［J］. 江西社会科学，2007（5）.

益，有的只能代表部分社会群体的利益，有的是依附于家庭满足家长需求，有的则依附于学校育人需求，也有的有其自身的需求和目标。

其次，从教育观念上看。理论上说，学校主要代表国家执行教育政策，家庭主要从自身利益和需求出发，因此二者在目标上常常不一致，但现实中学校与家庭有时候又会形成利益共同体，尤其会在应试教育方面成为同盟军。究其原因，虽然说学校和教师代表国家利益，以促进全体儿童的全面发展为目标，但是不代表没有“私利”，它在执行国家教育方针政策过程中可能会因为自己的利益而发生扭曲。每个地区的学校为了在区域内的教育竞争中处于优势，往往会背离国家教育方针政策要求，按照“市场”的规律教育孩子。为什么很多学校会与家长一起绑在应试教育的战车上？主要原因是应试教育会给他们带来回报。

教育观念反映教育者对培养什么人、如何培养人等问题的系统认识，教育观念主要包括儿童观、师生观、内容观、亲子观、人才观、评价观、过程观等。教育观念的不同从根本上还是反映教育主体立场和认识上的差异。对儿童的认识与态度所形成的儿童观是衡量教育观念的基础，将儿童培养成为什么样的人是教育观念的关键，是否遵循素质教育的规律成为区分当今教育观念的综合表现。从宏观上说，国家举办的正规教育机构和学校所持的教育观念深受国家的教育方针政策影响；从中观上说，教育观念直接受校长的办学经验和思想以及学校办学传统的影响；从微观上说，教育观念体现在教师的教育实践活动中。

影响学校教育观念形成还有一个重要的因素，那就是家长和社会。也可以说，学校、家长和社会所秉持的教育观念始终处于相互影响之中，学校教育观念影响着家庭和社会，而家长和社会对学校教育观念和办学行为的认可、选择、评价深刻地反作用于学校；同时，社会教育观念通过舆论时时刻刻影响着家庭和学校。

最后，从教育内容与形态上看。学校是正规的教育机构，学校教育是制度化教育。尽管学校教育方式在不断变革，但其基本教育形态仍然以班级授课制和集体活动为主，教育内容以经得起实践检验的人类基本知识、技能和社会共同遵守的基本价值观为主，学科课程是其最主要的表现形式，评价方式以考试、考察、档案记录等形式为主，比较注重科学的教育方法和评价方法；有正式的师生关系，国家对教师和学生的角色与行为有明确的规范；教师在教学上主要采取讲授式、启发式、合作式、探究式等相结合的方法，强调教学的针对性、艺术性、情境化、个性化；在空间上，有教室、实验室、操场、图书馆等正式的教育场所。而家庭教育主要是非正规教育，没有固定的场所，在哪里都可以教育孩子；家庭教育没有固定的形态，主要围绕生活展开，家庭日常生活是主要形式，看场电影是教育，吃顿饭是教育，出门旅游是教育，过好的生活就在开展好的教育，过不好的生活就在开展不好的教育。家庭教育属于个别化教育，主要在亲子之间展开，在独生子女家庭里，教育往往是“多对一”“一对一”的教育。家庭教育尽管也传递文化课知识，但主要扮演学校的辅助者角色；归根结底，家庭教育是教导孩子做人的教育，家庭教育最主要的内容是日常生活知识、经验与常识，家长所信奉的个人知识、经验、道德、价值观等。家庭教育的方法很多，包括显性方法和隐性方法。显性方法主要包括家长的言传身教、合理的期望、日常沟通、生活指导等，隐性方法主要包括家庭生活方式、家庭关系、邻里关系、沟通方式、问题处理方式、人格影响等。

2. 家校社之间的可能冲突

一是价值观念冲突。人是价值的存在，任何人都是价值的主体，价值观是一个人对价值问题的根本看法，在人格系统中起着统领作用。价值观包括政治价值观、品德价值观、人生价值观、生活价值观、职业价值观、婚恋价值观等。家校之间总体价值观念是一致的，但是由于价值立场不同，家校之间在价值观教育方面可能存在未必一致的地方。一般而言，学校代表国家，应该将社会主流价值观传递给学生。当前我国主流价值观是社会主义核心价值观，学校应该注重培养学生的理想信念，帮助学生树立“四个自信”，继承与弘扬优秀传统文化，培育法治意识和生态文明观念等。而广大家长在价值观方面可能会有自己的理解，对传递主流价值观会有各种各样的想法，甚至会对主流价值的某些方面产生抵触。比如，学校主张爱国、诚信、节俭、文明、友善、包容等价值品质，但家长在日常生活中很可能会传递个人主义、享乐主义、虚无主义、利己主义的思想观念。价值冲突既表现在教育内容上，也体现在教育目标上。

二是教育观念冲突。一般来说，学校和教师贯彻执行国家素质教育的方针，在学习正规的、科学的教育知识基础上形成自己的教育观念。但现实中许多家长从自身成长经验或者受教育经历出发，对于培养什么样的孩子以及如何培养孩子有自己的看法。在教育目标认识上，家长们更希望自己的孩子学业优秀，出类拔萃，取得好名次，考上好学校；在方法上，家长们有的依然信奉苦学，有的信奉快乐学习，忽左忽右。有位父亲给孩子报了很多课外班，老师问孩子平时累不累，孩子说："我不仅累，而且生活没意思。"当老师将孩子的这番话告诉家长时，家长若无其事地说："如今你看看谁不累，现在连学习的苦都吃不了，长大了怎么能适应社会？有了幸福的童年哪来幸福的成年？"这种观念在许多家长心中普遍存在，违背儿童心理发展规律，违背教育规律。

三是利益冲突。教育过程也是教育资源分配的过程，学校和教师是教育资源的拥有者和供给方，学生是教育资源的使用方和消费方，二者形成一种利益（教育资源）的供给关系。学校教育资源有很多种，其中最大资源就是师资配备，每个家长都希望自己的孩子能够进入他们认为的师资最好的班级。除了师资之外，还有其他方面的教育资源。其中有的是有形的，如校服的选择、座位分配、表扬奖励、学习机会、活动机会；有的是无形的，如师生关系，教师对学生的耐心程度、关注度、情感投入（偏爱），教学过程中的隐性机会等。学生在学校受教育时应该受到公正合理的对待，应该平等享受各种教育资源。但是，学校教师在教育利益分配过程中很可能会出现这样那样让家长和学生不满的地方。

四是责任冲突。教育孩子是家校双方共同的事业，但到底怎么分配任务呢？一直无法清晰界定。《中华人民共和国教育法》第50条规定，义务教育阶段父母和其他监护人有义务配合学校和其他教育机构完成教育任务。根据这一条，许多学校教师鼓励家长参与到学校教育教学活动之中。从道理上说，家长参与学校教育教学活动对融洽家校关系，提高家长素质，减轻学校和教师负担，提高教学效果会有很大帮助。但是，如果教师出于利己的动机或者简单化操作，将本来应该教师完成的任务推诿给家长，就会引起家长的普遍反感。相反，如果家长认为入学之后的教育是学校的事，自己只管孩子的生活，养而不教，把教育孩子的责任一股脑推卸给学校教师，也自然会引起教师的不满。

五是权利冲突。家校围绕权利的冲突集中在家长是否有权干预学校办学和教师教学上。现代学校制度体现在“依法办学，自主管理，民主监督，社会参与”上，许多家长根据民主监督和社会参与的规定，对学校办学进行干预，集中体现在三个方面：一是学校的办学理念和教育管理方式。最典型的就是河北省涿鹿县“三探三疑”教育改革被叫停事件，反映出学校教育改革与家长意愿之间的矛盾。二是课程设置。课程设置是学校教育的载体，课程是学校教育的根本，课程权应该归于国家和学校，但有些家长对学校课程设置并不太满意，现实中就发生过家长抵触学校开设的传统文化课程、性教育课程等事件。三是教师配置。教师是最大的教育资源，由于教师在教育能力上存在差异，每个家长都希望自己的孩子进入理想的班级。事实上，教师配置是学校的管理自主权，家长不能以不适合孩子为由干预学校管理。

三、家校社协同育人的内涵与主要类型

由于教育主体不同，开展教育活动的目的、内容、方式等方面就不尽相同，甚至还有矛盾和冲突。但是，教育是培养人的活动，从人的发展角度应该落实立德树人根本任务，促进人的全面发展。因此，家庭、学校、社会需要相互沟通、相互配合、相互支持、相互补充，最终达成同向、齐心、协力的状态。开展家校社协同育人，固然需要遵循协同的普遍性规律，但由于家庭教育、学校教育和社会教育的复杂性，甚至在某种意义上三者不是纯粹的对等关系，因此与一般意义上的政治协作、商业协作等不完全一致，家校社协同有其特殊的内涵。

（一）什么是协同

什么是协同？协同（Synergy/Collaboration/Cooperation/Coordination）一词来自古希腊语，协同概念在英文中有多种表述，它与协和、同步、和谐、协调、协作、合作等同义。《说文》：“协，众之同和也。同，合会也。”《汉语大词典》将协同解释为齐心协力、互相配合之意。所谓协同，就是指两个或两个以上的不同资源或者个体，协调一致地完成某一目标的过程或能力；或者说是为完成共同目的，不同子系统之间相互配合、协作从而最终达成和谐一致的状态。1971年，德国学者赫尔曼·哈肯（Haken）创立了协同学（Synergetics），他认为协同指系统中各子系统的相互协调、合作或同步的联合作用及集体行为，结果是产生了“1+1>2”的协同效应。协同学认为，系统是在外参量的驱动下和子系统之间的相互作用下以自组织的方式运行的，在诸多描述系统状态的参量中，能够决定系统宏观行为和系统变化程度的参量被称为序参量，它决定系统中变化较快的参量。①

协同理论在社会治理和科学研究等方面有着广泛应用。20世纪90年代以来，世界各国开始探索政府与企业、社会组织、公民之间跨部门协同的机制与模式，以解决政府、市场及第三部门单部门失灵的难题，从而产生了协同治理理念。协同治理理念的关键可理解为多元主体之间的良性互动，目前已成为公共管理在新的历史阶段的基本方式，基本适用于“国家事务管理、社会事务管理、公共服务供给”等领域。②协同治理的基本要义就是，为最大限度地统筹政府系统的公共资源以及全社会一切积极因素以应对公共问题，政府在制度上作出相应的设计和安排，以更好地发挥公民和社会组织、市场主体在社会公共事务管理以及公共服务供给中的作用，通过协商、协调、协作、协同等方式，为社会有效提供公共产品和公共服务。协同理论在我国另一个重大实践运用就是2012年启动的协同创新工程，通过国家意志的引导和机制安排，促使各要素整体性安排和动态性平衡，使得企业、大学、研究机构发

① Synergetics H H. Instruction and advanced topics［M］. 3nd ed. Berlin: Springer，2004：24–45.

② 徐嫣，宋世明. 协同治理理论在中国的具体适用研究［J］. 天津社会科学，2016（2）.

挥各自的能力优势、整合互补性资源、实现各方的优势互补，从而加速技术推广应用和产业化。而协同创新有效执行的关键在于协同创新平台的搭建，使得各个创新主体要素内实现创新互惠知识的共享，资源优化配置，行动最优同步、高水平的系统匹配度。①

与协同密切相关的概念是合作，人们之前习惯用家校社合作代替家校社协同育人。合作与分工相对，在社会化大生产过程中二者发挥着重要的作用，“分工条件下的合作与合作基础上的分工，推动着人类文明一步步走到今天”②。著名心理学家多伊奇认为：“合作是个体为了实现共同的目标而表现出来的协同行为。”③《心理学大辞典》将合作定义为：“合作是为了共同的目标而由两个以上的个体共同完成某一行为，是个体间协调作用的最高水平的行为。”④这是从个体心理角度出发定义的。《辞海》的定义要更加全面，认为合作是“社会互动的一种方式”，是“个体或群体之间为达到某一确定目标，彼此通过协调作用而形成的联合行动”；其特征为：“行动的共同性，目的的一致性，甚至合作本身也可能变为一种目的。”⑤ M. 阿吉勒（M. Argyle）提出了合作的两个基本假设和六个意涵。假设方面：（1）合作会导致正面性的影响。（2）合作会导致参与者之间的人际互动。意涵方面：（1）人类具有合作的本性。（2）在正确的条件下，让冲突双方全然直接接触（sheer contact）。（3）合作中的友谊关系，需要透过社会技能训练才能有效能。（4）合作可以带来短期、长期及多元化的利益。（5）对合作团体提供支持力量。（6）合作本来就具有道德的影响力。⑥美国学者弗里恩德和库克（Friend & Cook）对合作的定义是：“人际的合作是至少两个相互平等的当事方之间的直接互动方式，他们因为有一个共同的工作目标而自愿地参与共同决策。”具有如下特征：

---

① 陈劲，阳银娟. 协同创新的理论基础与内涵［J］. 科学学研究，2012（2）.

② 郭梓林. 图解合作［M］. 北京：朝华出版社，2005：7.

③ 转引自：靳玉乐主编. 合作学习［M］. 成都：四川教育出版社，2005：1.

④ 朱智贤. 心理学大词典［M］. 北京：北京师范大学出版社，1989：265.

⑤ 夏征农. 辞海（缩印本）［M］. 上海：上海辞书出版社，1999：389.

⑥ Argyle M. Cooperation: the basis of sociability. Routledge, 1991. //黄河清. 家校合作导论［M］. 上海：华东师范大学出版社，2008：35.

（1）合作是出于自愿的（voluntary）。（2）合作是建立在平等（parity）基础上的。（3）合作者之间有一个共同的目标（a shared goal）。（4）合作者共同参与重大问题的决策（shared responsibility for key decisions）。（5）合作者共同为决策后果承担责任（shared accountability for outcomes）。（6）合作者共享源（shared resources）。（7）有突出的特性（emergent properties）。即合作者之间必须相互信任与尊重。①

比较而言，协同与合作的意义大体上是相同或相近的。协同是目标，合作是手段；协同在于整体，合作更在于局部。协同主要是指系统在外参量的驱动下和在子系统之间的相互作用下，以自组织的方式在宏观尺度上形成空间、时间或功能有序结构的条件、特点及其演化规律。而合作是指个人与个人、群体与群体、个人与群体之间为达到共同目的，相互配合的一种联合、协同行动。协同强调有机体内部关系，更多的是把不同主体视为一个整体；而合作主要是指行为层面，目标的一致性和合作方的互惠性是合作得以开展的根本。家校社协同代替合作，主要是指仅凭合作已经无法解决教育问题，协同更适合立德树人这一根本任务的落实。

（二）家校社协同育人的基本内涵

家校社协同育人的过程是发挥各自优势最终实现育人这一根本目的的过程。家庭、学校、社会虽然都属于“教育机构”，但三者在属性、目标、任务、内容、方式上不完全一致：学校是制度化的教育产物，是专业专门的教育机构，是教育的主渠道；家庭是最基本的社会细胞，是兼具教育功能的社会组织，家校合作的根源在于它们有共同的教育对象；社会教育是一个笼统的概念，是学校和家庭之外一切对青少年发生教育影响的教育形态和主体，社会教育中不同的教育主体在合作上有着不同的诉求。所谓家校社协同育人是指家校社为实现育人目标而开展的合作行为。作为教育实践的重要内容，家校社协同过程是通过教育子系统相互作用，不断优化内在关系，最终促进

① Friend, M. & Cook, L. . Interactions: Collaboration Skills for School Professionals［M］. White Plains, NY: Longman, 1992：5.

育人功能的实现，逐步使得家校社在共同育人目标之下形成有机整体。通过家校社协同行为，家庭、学校、社会三大教育主体通过一定的制度性安排使三者能够以全面发展为根本目的，以互利互惠基本机制，最终使得教育能够成为一个有机的整体。

在构建协同育人体系中，有两个非常关键的变量——国家相关政策和学校。国家相关政策属于外参量起驱动作用，学校在实践过程中起着关键性序参量作用。具体而言，国家的外参量作用体现在以立德树人为根本任务的教育政策之中，通过政策的引导和规范促使家校社的教育行为都回归到以人为本、全面发展的正确轨道之中。凡是不能落实立德树人这一根本任务的协同行为都不属于本研究意义上的协同育人。在推进家校社协同育人过程中有诸多主导因素，但综合起来而言，学校在协同育人实践机制中起着主导性作用。一是因为学校是专门的教育机构，是教育的主渠道，全国有53万多所学校和1730多万名专业教师，紧密地联系着每一个儿童和家庭，有着强大的专业影响力和组织调动力。二是因为学校在一个区域中一般是文化的中心，聚集着丰富的教育资源，对所在社区具有一定的资源调动能力和整合能力，能够达成协同完成教育任务和系统指导家长的目的。三是学校协同意愿强大，家校社比较起来，家长协同育人的意愿强大但主要针对自己的孩子；社会教育机构（如社区、博物馆）尽管有协同的职责需要，但是动力并不强劲；而学校的协同意愿强烈，因为协同育人不仅是其职责所在，而且通过协同，学校也是直接受益者。

（三）家校社协同的主要类型

首先，根据协同育人内容可以将协同育人分为五种类型：一是协同开展德育教育。主要包括家校社协同开展习惯养成教育、核心价值观教育、优秀传统文化教育、心理健康教育、理想信念与爱国主义教育、生态文明教育、民主法治教育、少先队工作，与德育相关的还包括协同开展手机管理、安全教育与管理、反邪教反吸毒教育、自我管理能力提升等内容；二是协同开展智育教育。主要包括协同培养学生的按时完成作业、学会预习、时间管理等学习习惯，协同培养学生的观察能力、想象力、严整思维品质、反思能力与创新能力等学习品质，协同培养学生的收集信息、总结与反思等学习技能；三是协同开展体育教育。主要包括运动习惯养成，体育精神培养，各类体育运动项目技能培养等方面的协同培养；四是协同开展美育教育。主要包括在学习生活中培养孩子感受美、体验美、理解美、创造美的能力，树立正确的审美观等方面的协同培养；五是协同开展劳动教育。主要包括劳动观念、劳动习惯、劳动技能培养，珍惜劳动果实，热爱劳动人民，立志成为一名服务社会、奉献国家的劳动者等方面的协同培养。

其次，根据儿童不同发展阶段的协同，可以将协同育人分为：社区主导下的孕期的家长育儿知识技能培育，婴儿时期（0—3岁）家庭教育的协同指导与合作共育，幼儿时期（3—6岁）家庭教育指导与合作共育，小学时期（6—12岁）的家庭教育指导与合作共育，初中阶段（12—15岁）的家庭教育指导与合作共育，高中阶段（15—18岁）的家庭教育指导与合作共育，大学阶段及以后（18—）的家庭教育指导问题。

最后，根据协同教育的对象，可以将协同育人分为正常儿童协同教育，特殊儿童协同教育，特殊儿童如学困生、心理健康问题儿童、习惯和品德发展滞后儿童、残障儿童、智障儿童、超常儿童等。还可以将协同育人分为正常家庭和特殊家庭的协同教育，特殊家庭的协同育人主要包括留守儿童、流动儿童家庭、重组家庭、离异家庭、服刑（役）家庭、其他特殊家庭等。

四、家校社协同育人机制释义

机制是系统为维持其潜在功能并使之成为特定的显现功能而以一定的规则规范系统内各组成要素间的联系、调节系统与环境的关系的内在协调方式及其调节原理。[①]简单地说，就是系统的构造及其运行。探索家校社协同育人机制就是要回答家校社协同起来干什么，如何协同，以及为什么要协同等问题。家校社协同育人机制就是为了实现育人目标，学校、家庭与社会的相互

① 马维野，池玲燕. 机制论［J］. 科学学研究，2015（4）.

关系及运行规则。总体而言，家校社协同育人机制紧紧围绕一个目标，即育人为本、立德树人；三个着力点，即通过协同，使得学校、家庭和社会教育功能越来越优化；两个实践平台，即学校牵头，协同社会相关资源支持家庭平台，社区牵头，协同学校和其他社会教育机构支持家庭平台。该机制可简称为“1–3–2”模型，即以落实立德树人为根本目的，以优化家校社育人功能为主要路径，搭建好学校牵头和社区牵头两个重要实践平台，全力推进构建覆盖城乡家庭教育服务体系。

（一）以落实立德树人为根本目标

1. 立德树人的由来及其科学内涵

中华民族自古以来就将德作为人的核心，最早将“立德”作为一个完整概念出现在儒家经典《左传》中：“太上有立德，其次有立功，其次有立言。虽久不废，此之谓不朽。”《左传》把立德作为人生最高追求。“树人”一词，最早出现在《管子》一书中：“一年之计，莫如树谷；十年之计，莫如树木；终身之计，莫如树人。一树一获者，谷也；一树十获者，木也；一树百获者，人也。”这段话道出两个道理：一是育人如同树谷、树木一样，要按照规律来做；二是树人是一个漫长的过程，不能一蹴而就。

中国共产党是中华优秀文化代表者，在制定教育方针过程中高度重视立德树人工作。当然，把立德树人作为教育的根本任务历经了一个过程。1957年，毛泽东在《关于正确处理人民内部矛盾的问题》中提出：“我们的教育方针，应该使受教育者在德育、智育、体育几方面都得到发展，成为有社会主义觉悟的有文化的劳动者。”此论将社会主义觉悟作为“立德”的核心，将培养劳动者作为“树人”的目标，突出了教育的政治属性，后来又发展成为“又红又专”的表述。这成为我党长期坚持的教育方针。2002年，党的十六大报告中提出：“坚持教育为社会主义现代化建设服务，为人民服务，与生产劳动和社会实践相结合，培养德智体美全面发展的社会主义建设者和接班人。”报告首次将“为人民服务”写入党的教育方针之中，并且将“建设者”和“接班人”作为育人目标。2007年8月31日，胡锦涛同志在接见全国优秀教师时发表的讲话提出："要坚持育人为本、德育为先，把立德树人作为教育的根本任务。"[①]这是第一次将立德树人作为完整概念用在阐述党的教育根本任务上。

党的十八大以来，习近平总书记高度重视立德树人工作。就立德树人科学内涵，习近平总书记在2014年视察北京大学时的师生座谈会上、2014年上海考察时、2019年纪念"五四运动"100周年大会上等不同场合，进行过阐释，概括起来就是"明大德、守公德、严私德"。2014年9月9日，习近平总书记同北师大师生代表座谈时指出："好老师应该懂得，选择当老师就选择了责任，就要尽到教书育人、立德树人的责任，并把这种责任体现到平凡、普通、细微的教学管理之中。"2018年全国教育大会上，习近平总书记将"坚持把立德树人作为根本任务"作为教育改革发展的九大"新理念新思想新观点"之一。2021年新修订的《中华人民共和国教育法》明确将立德树人写入我国的教育方针。《教育法》第5条规定："教育必须为社会主义现代化建设服务、为人民服务，必须与生产劳动和社会实践相结合，培养德智体美劳全面发展的社会主义建设者和接班人。"第6条规定："教育应当坚持立德树人，对受教育者加强社会主义核心价值观教育，增强受教育者的社会责任感、创新精神和实践能力。"

习近平总书记高度关注立德树人工作，他在2019年3月18日学校思想政治理论课教师座谈会上发表重要讲话："2014年，我在上海考察期间说过，培育和践行社会主义核心价值观要在落细落小落实上下功夫，特别是要抓好青少年等重点人群；在北京市海淀区民族小学考察时提出，学校要把德育放在更加重要的位置，努力做到每一堂课不仅传播知识、而且传授美德，让社会主义核心价值观的种子在学生们心中生根发芽。2016年，我在北京市八一学校考察时强调，基础教育是立德树人的事业，要旗帜鲜明加强思想政治教育、品德教育，加强社会主义核心价值观教育，引导学生自尊自信自立自强。在全国高校思想政治工作会议上，我强调思想政治理论课要坚持在改进中加强、

① 把立德树人作为教育的根本任务［N］. 人民日报，2008-02-18.

在创新中提高，及时更新教学内容、丰富教学手段，不断改善课堂教学状况，防止形式化、表面化，等等。2018年五四前夕，我在北京大学专门考察了马克思主义学院。今年年初，我去南开大学时也强调了思政课建设。”[①]习近平总书记关于立德树人工作的相关论述，是我们理解立德树人的钥匙，也为开展好立德树人工作指明了方向。

2.“立德”是育人核心

关于立德树人的内在关系，虽然理解不尽相同，但内涵和要求是一致的。总体来说，立德树人中，人是核心，树人（育人）应该是根本目的，育什么样的人是教育的第一个问题。这就是说要在立德上下功夫，因为“立德”是“树人”的前提和基础，“立德”是为了“树人”，“树人”要求从“立德”做起，德是人的核心，立什么样的德决定着树什么样的人。德和人是一体关系，“德是人之德，离开人，德无寄生之地；德是人之魂，人无德不立，非人也。因此，立德与树人是一体的，立德树人是‘立育人之德’与‘树有德之人’的有机统一”[②]。

“德”的内容非常丰富，总体而言包括六个方面。一是理想信念教育，二是社会主义核心价值观教育，三是中华优秀传统美德教育，四是民族精神和时代精神教育，五是人类命运共同体观念和生态文明意识，六是法治意识。学校、家庭、社会都应该对照落实上述所列举“德”的内容。就学校教育而言，“思政课是落实立德树人关键课程”，从义务教育阶段的思政课（称之为道德与法治）课程标准关于该课程的核心素养表述来看，该课程培养目标主要包括政治认同（政治方向、价值取向、家国情怀）、道德修养（个人品德、家庭美德、社会公德、职业道德）、法治观念（宪法法律至上、法律面前人人平等、守法用法意识和行为、生命安全和自我保护能力）、健全人格（自尊自信、理性平和、积极向上、友爱互助）、责任意识（主人翁意识、担当意识、有序参与）。就家庭教育而言，《中华人民共和国家庭教育促进法》明确了

① 习近平. 思政课是落实立德树人根本任务的关键课程［J］. 求是，2020（17）.

② 冯建军. 立德树人的时代内涵与实施路径［J］. 人民教育，2019（18）.

“立德”的主要内容：“（一）教育未成年人爱党、爱国、爱人民、爱集体、爱社会主义，树立维护国家统一的观念，铸牢中华民族共同体意识，培养家国情怀；（二）教育未成年人崇德向善、尊老爱幼、热爱家庭、勤俭节约、团结互助、诚信友爱、遵纪守法，培养其良好社会公德、家庭美德、个人品德意识和法治意识。”

3.“树人”是促进人的全面发展

“立德”强调的是人之为人的根本，“树人”强调的是人才培养目标的全面性，将两者结合在一起，才能形成符合现代社会需求的人才培养目标体系。这一体系的内在逻辑可以概括为：“树人为本，立德为先。”[①]所谓的树人，就是要培养德智体美劳全面发展的社会主义建设者和接班人，从功用来看是能够堪当民族复兴大任的时代新人，是那些有理想、能担当、有本领、能拼搏、会奉献、善创新的奋进者、开拓者、奉献者。为了实现这个伟大目标，习近平总书记在全国教育大会上提出了九方面具体要求。

要在坚定理想信念上下功夫，教育引导学生树立共产主义远大理想和中国特色社会主义共同理想，增强学生的中国特色社会主义道路自信、理论自信、制度自信、文化自信，立志肩负起民族复兴的时代重任。

要在厚植爱国主义情怀上下功夫，让爱国主义精神在学生心中牢牢扎根，教育引导学生热爱和拥护中国共产党，立志听党话、跟党走，立志扎根人民、奉献国家。

要在加强品德修养上下功夫，教育引导学生培育和践行社会主义核心价值观，踏踏实实修好品德，成为有大爱大德大情怀的人。

要在增长知识见识上下功夫，教育引导学生珍惜学习时光，心无旁骛求知问学，增长见识，丰富学识，沿着求真理、悟道理、明事理的方向前进。

要在培养奋斗精神上下功夫，教育引导学生树立高远志向，历练敢

① 刘娜，杨士泰. 立德树人理念的历史渊源与内涵［J］. 教育评论，2014（5）.

于担当、不懈奋斗的精神，具有勇于奋斗的精神状态、乐观向上的人生态度，做到刚健有为、自强不息。

要在增强综合素质上下功夫，教育引导学生培养综合能力，培养创新思维。

要树立健康第一的教育理念，开齐开足体育课，帮助学生在体育锻炼中享受乐趣、增强体质、健全人格、锤炼意志。

要全面加强和改进学校美育，坚持以美育人、以文化人，提高学生审美和人文素养。

要在学生中弘扬劳动精神，教育引导学生崇尚劳动、尊重劳动，懂得劳动最光荣、劳动最崇高、劳动最伟大、劳动最美丽的道理，长大后能够辛勤劳动、诚实劳动、创造性劳动。

上述九项要求是新时代“立德树人”的具体体现，是全面发展明确要求，突出体现了对培养学生“爱国情怀、社会责任感、创新精神、实践能力”等核心素养的价值追求。“立德树人”根本任务的确立，确保党的教育方针的落实，为我国学校、家庭、社会整个教育事业指明了发展方向。

（二）以优化学校、家庭、社会育人功能为主要任务

1. 家校社协同育人的三大着力点

协同育人机制中，协同是手段，育人为目的，家校社协同育人工作，不是在学校、家庭、社会之外寻找新的育人途径，而是不断优化学校、家庭和社会育人功能，具体表现在三方面：其一，协同提高家长（家庭）教育水平，改进和优化家庭教育的育人功能，主要路径是学校和社会相关资源单位配合开展，为家长成长和需求提供支持。其二，协同提高学校教育水平，主要是通过家长和社会参与，丰富学校教育资源，密切沟通合作，提升学校管理水平和业务能力。其三，协同提高社会（社区）教育水平，主要是通过学校支持和家长参与，提高相关社会教育机构的教育意识、教育能力和教育资源。

上述工作任务中，家校社协同提升家长育人水平至关重要，也是本研究

的重点内容之一，原因主要有三：一是家庭教育在教育系统中具有基础性和奠基性作用，提高家长的育人水平，对儿童成长的影响最为直接和关键；二是当前儿童青少年教育问题往往与家庭教育相关，解决该问题属于迫切需要；三是家庭的配合也是学校和社会教育成功的关键。

2. 家校社协同工作的借鉴

家校社协同工作内容与路径比较复杂，实践中有许多尝试值得借鉴。美国学者戴维斯（D. Davies）①将家校合育活动加以归纳并分为以下四种基本类型：一是解决目前教育中存在的问题，如约见家长、成立家教咨询委员会等；二是促使家长参与其子女的教育，如开展家庭教育指导、家长开放日等；三是利用社区教育资源来丰富学校教育，如参观博物馆、开辟校外教育基地等；四是吸收家长参与教育决策，如家长委员会、家长—教师协会等。简而言之，就是化解家校矛盾、指导家庭教育、利用社区资源、参与学校决策等。

美国约翰斯·霍普金斯大学学者爱泼斯坦（Joyce Levy Epstein）提出在学校、家庭、社区之间发展一种新型伙伴关系的思想，将家校社协同育人定义为六大类活动②：一是当好家长（Parenting）——帮助所有家庭建立视孩子为学生的家庭环境；二是相互交流（Communicating）——构建家校双向沟通的有效形式，交流学校教学和孩子的进步；三是志愿服务（Volunteering）——招募并组织家长志愿者和支持学校工作；四是在家学习（Learning at home）——向家长提供如何在家帮助学生的信息和观念，包括帮助孩子做家庭作业、完成课程相关活动、进行学习决策和计划；五是参与决策（Decision making）——让家长参与学校决策，培养家长领导者和家长代表；六是与社区协作（Collaborating with community）——识别和整合社区资源与服务，改善学校教学、家庭实践以及学生的学习和成长。爱泼斯坦交叠重合域理论对我国家校社协同育人研究有很大的影响，从某种程度上可以说，其实质就是要通过协同行为不断优化家校社三大主体育人功能。其中，当好家长与在家学

① 刘衍玲，臧原，张大均. 家校合作研究述评［J］. 心理科学，2007（2）.

② 吴重涵，王梅雾，张俊. 国际视野与本土行动：家校合作的经验和行动指南［M］. 南昌：江西教育出版社，2012：28–29.

习类似于推进家庭功能优化；相互交流、志愿服务与参与决策类似于促进学校发展变革；与社区协作类似于促进社区教育功能优化。

3. 协同工作的具体任务与角色定位

为优化家校社育人功能，使家校社更好履行立德树人职责，结合我国具体情况，以立德树人为根本任务的家校社协同育人应包含以下四方面工作内容。第一，明确职责，合理分工。国家应该按照家校社各自法定和应然的职责做好分工，进一步明确家校社各自职责，做好分内的育人之事，自觉履行教育职责。第二，相互支持，相互配合。家校社应该各自发挥自身优势支持帮助对方，尤其是学校，作为教育的主渠道，专业化的主阵地，应该发挥自身优势，依法支持帮助家庭和社会开展工作。第三，相互参与，民主监督。家庭、学校和社会作为教育的相关者，应该参与到教育的各个领域，监督相关主体的教育行为，重点是民主监督学校教育。第四，相互沟通，化解矛盾。家校社教育主体之间既有共同诉求，也有具体分歧，甚至可能会产生矛盾，尤其家校之间，需要化解矛盾，协调利益。通过各种协同行为，最终要完成两个任务，一是家校社教育目标都统一在立德树人根本任务上，二是家校社的教育功能得到优化。

推进家校社育人功能的优化，需要彼此助力，因此家校社在协同过程中要扮演教育者和合作者两种基本角色。其一，家校社都有各自的育人职责定位，应该采取各种方式，不断优化各自的功能。学校主要通过课程实现育人目标，家庭主要通过生活实现教育任务，社会主要通过氛围和实践活动实现育人功能。其二，家校社都有相互支持的职责，当好配合者角色。学校和社会支持家庭履行好家庭教育应有责任，家庭与社会支持配合学校完成好学校教育任务，家庭与学校支持配合社会完成好社会教育职责。

（三）家校社协同育人机制分解

根据协同发生的领域，可以将家校社协同育人分为宏观管理层面协同、中观领域协同以及实际工作层面的协同（又可以称为微观层面协同），前两者都可以称为外部保障机制。宏观管理层面协同是指在政府主导下不同部门、社会相关机构、企事业单位、社会组织、自然法人等协同主体如何组织分工、协同资源，最终支持服务家校社开展协同工作。中观领域协同是指作为协同育人的主责部门，教育、妇联系统如何统筹协调社会资源，在各自工作范围内开展工作，支持学校、社区等相关部门开展协同工作。实际工作层面的协同是指作为协同育人的具体组织实施者，家校社协同目标在共同目标下相互支持、相互合作、资源共享、优势互补的过程。

1. 协同育人的宏观机制

家校社协同是指三个教育主体围绕育人问题展开的一致性行为，协同合作行为是具体的，但这需要政策上的支持，需要相关部门之间开展政策整合，打破部门之间的政策壁垒。英国学者希克斯把跨界协同合作划分为四个层次：一是政策制定中的协同或政策协同；二是项目管理中的协同或项目协同；三是服务供给（包括管制）中的协同；四是面向个体的服务协同，即几个部门围绕特定客户的需求与偏好，协同提供综合而又个性化的服务。①家校社协同育人意味着三者相应的主管部门之间的协同合作，相关政策协同涉及下述四个层面：一是政策制定协同问题，就是围绕家校社协同育人政策的制定而采取的协同；二是政策运行过程中围绕具体工作而开展的协同，如家庭教育指导师专业化建设问题；三是服务过程中的协同，如家庭指导中学校、社区、资源单位等教育资源协同工作；四是面向具体服务对象的协同，比如围绕一个家庭具体需求而开展的协同。

为协调相关部门力量，政府应成为管理统筹层面的主导者，发挥宏观管理的作用，做好“顶层设计”，建立协同育人组织管理体系，明确职责分工。所谓的宏观管理，主要是指组织或机构在本组织或机构范围内，对本组织或者机构内的资源进行调整和改善，以促进组织或机构的良性运行和健康发展为目的的管理过程。那么政府的宏观管理，就是将影响青少年教育的各个机构进行合理资源配置，落实目标责任，进行任务分工，加强考核评价，以促

① 周志忍，蒋敏娟. 整体政府下的政策协同：理论与发达国家的当代实践［J］. 国家行政学院学报，2010（6）.

进教育目的的达成。具体体现在三个方面：一是纳入计划、保障资源，政府应该将协同育人工作和效果纳入政府年度工作计划。二是完善制度、落实责任主体，教育和妇联应是主责部门，其他部门是相关部门。三是监督评估、确保完成，政府在督政及部门考核中应该将该项工作列入考核范畴。2022年开始实施的《中华人民共和国家庭教育促进法》，以法律形式明确政府（包括中央政府、地方政府和政府不同部门）应该承担的家庭教育指导责任，这是制度设计的具体体现。

2. 协同育人的中观机制

（1）教育系统协同育人机制

教育行政部门是指一个国家的各级政府对教育事业进行组织领导和管理的机构或部门，分中央教育行政部门和地方教育行政部门。教育行政部门执行党和国家教育方针政策，根据教育方针政策制定教育实施各项制度，制订各项制度的实施标准，领导中小学教育工作等。开展家校社合作共育是教育工作的应有之义，也是落实国家立德树人的基本要求。教育行政部门开展系统内部的协同育人工作主要体现在以下四个方面：一是将立德树人作为教育的根本任务来抓，层层落实；二是打造教育系统内部的协同育人资源体系，如家校社协同育人中心、资源中心；三是联系社会，丰富学校教育资源；四是将家庭教育指导与服务视为应尽职责，组建专门队伍，提高服务家长能力。

近些年，以教育行政部门为主导，开展了各种协同尝试，北京市社会大课堂就是其中一例。北京市社会大课堂建设就是实行了“在进一步巩固‘市级统筹、区县管理、学校实施’的管理方式基础上，逐步向‘市政府宏观指导、部门合力推动、区县统筹管理、资源单位和学校共同实施’的常态化运行机制过渡”①。依托青少年校外教育工作联席会议机制，建立市、区两级社会大课堂议事制度，定期研究社会大课堂重大事项。市、区县、资源单位和学

① 中共北京市委教育工作委员会，北京市教育委员会. 关于进一步加强中小学生社会大课堂工作的意见（京教工〔2011〕68号）[EB/OL].（2011-12-16）[2023-3-25]. http://jw. beijing. gov. cn/xxgk/zfxxgkml/zfgkzcwj/zwgzdt/202001/t20200107_1564580. html.

校要有主责部门和专人负责社会大课堂的日常管理工作。

（2）妇联系统的协同育人机制

妇联是各界、各族广大妇女联合起来的群众组织，争取妇女解放，维护妇女权益，服务妇女儿童是其基本职责。协同育人要围绕育人，人在哪儿，协同在哪儿；学校和家庭是协同的主战场、主渠道，协同最终要服务和完善家庭和学校的育人功能。家庭教育是妇联的重要职能，其主要是从服务家庭教育和妇女儿童工作出发，开展家庭教育工作。妇联等社会组织主导下的协同育人包括以下内容：首先，将儿童青少年教育问题纳入自身整体工作之中，对自身主管下的青少年校外教育机构进行科学评估，不断提高其教育能力和教育影响力。其次，吸纳社会教育资源，包括优秀家长资源、学校教育资源和社会其他领域的教育资源，组建教育专家库。再次，面向学校和家庭教育需要，开发相应的教育产品，延伸学校教育，满足家庭教育需求。最后，将问题解决式教育模式与专题式教育模式相结合，使其课程体系化、专门化。当然，妇联部门并非专门的教育机构，应该在联系、服务、引领上下功夫，应该在发挥妇女优势、传承优良家风、建设美好家庭，进而提升家庭教育能力上下功夫。

3. 协同育人的两大实践机制

如果说政府能够通过制定政策的方式为协同育人实践提供外部环境的话，那么真正落实家校社协同育人工作还是要依靠家校社自身。作为机制有三个基本要素，第一是动力，第二是目标，第三是路径，即过程；而且机制形成过程中最关键的便是使人们趋向于制度目标的动力问题。①比较而言，由于家庭是私人领域，单独的家庭相比于学校和社会而言力量单薄，没有推动家校社协同育人的法定职责义务，虽然有一定的参与意愿，但主要是基于自己孩子成长需求，对协同育人机制缺乏全面理解。因此，在现实中开展协同工作落到了学校和社会两个主体上。

前文有所交代，学校在协同育人工作中起着“序参量”的作用，是关键

① 李景鹏. 论制度与机制［J］. 天津社会科学，2010（3）.

因素，这一点比较容易理解，因此实践中大量协同育人工作是由学校发起或参与的。社会力量虽然庞大，但成分非常复杂，有的属于社会文化教育机构，直接担负文化教育功能；有的属于文化教育资源单位，不承担直接育人的法定义务；而且在专门的社会教育机构中，多数只是条块分割承担着部分育人功能。比较而言，在诸多社会教育机构中，如果从专门教育职责、固定的对象、综合的教育内容等因素来看，社区无疑是开展社会教育的主阵地，它的服务群体固定、内容全面、职责明确，是协同育人的重要依靠。因此，本研究着重探讨家校社协同育人实践机制中学校主导下的协同育人机制（简称学校牵头的协同）和社会主导下的协同育人机制（简称社区牵头的协同），而社区牵头的协同育人又以社区为主。学校牵头的协同就是将学校作为协同的主导者，学校协同社会和家庭资源共同支持家庭和其他社区，形成以校为核心，其他资源单位积极参与的格局。社区牵头的协同主要是指以社区或其他社会教育机构为主导，学校、相关机构和家庭积极参与的协同育人格局。以下将会对学校牵头和社区牵头的两大实践机制进行详细阐释。

五、学校牵头的协同育人机制

学校牵头的协同育人机制是指学校、家庭在科学的合作与教育理念指导下，围绕素质教育的基本目标，整合各种教育资源，为最大限度地开发学生的潜能，实现德智体美全面发展而开展的各种合作共育方法、策略、途径、机制等要素的优化组合，主要表现在学校与家庭相互配合、协调一致而形成的行之有效的制度设计安排、行动方案、工作模型、操作流程。其核心是立德树人，两个基本维度是优化家庭和学校。学校牵头的协同育人机制工作任务包括了解读懂家长、教育引领家长、支持服务家长、引导家长参与学校教育活动等内容。

（一）学校牵头家校协同的基本定位

1. 学校职责

根据主观愿望、客观条件、法定责任来看，学校无疑是协同育人的主导者，在协同育人中起着发起、组织、培训、指导等作用。未来的学校教育必须承担起教育学生和教育家长的双重责任。[①]协同育人本质上要求构建起一个以学生为中心，以学校主导、家庭与社会共在共生为样态的交互式合作体系。[②]不仅如此，“现代社会中学校内涵的变化以及学校教育的基本价值，决定了学校教育在学习型社区中仍应发挥主导作用”[③]。当然，学校的主导者地位主要是从其发挥的职责角度确立的，其主导性体现在对家庭和社会的组织、影响、引导、融合、转化、整合等方面。但学校的主导性并不意味着学校可以随便超越家长和其他教育主体而为所欲为，家校之间不是管理与被管理、控制与被控制的关系，它们之间应该相互尊重、相互配合、相互促进。

学校在协同育人中担负主导职责是学校应该承担的法定义务。《中华人民共和国未成年人保护法》规定：“未成年人的父母或者其他监护人依法对未成年人承担监护职责。”（第7条）“未成年人的父母或者其他监护人应当学习家庭教育知识，接受家庭教育指导，创造良好、和睦、文明的家庭环境。”（第15条）《中华人民共和国教育法》第50条规定：“未成年人的父母或者其他监护人应当配合学校及其他教育机构对未成年子女或其他被监护人进行教育。学校、教师可以对学生家长提供教育指导。”这就意味着，家长在开展家庭教育的同时应主动配合学校教育工作，学校有权利对家长进行指导。《中华人民共和国家庭教育促进法》也明文规定：“教育行政部门、妇女联合会统筹协调社会资源，协同推进覆盖城乡的家庭教育指导服务体系建设，并按照职责分工承担家庭教育工作的日常事务。”（第5条）“未成年人的父母或者其他监护人应当树立正确的家庭教育理念，自觉学习家庭教育知识，在孕期和未成年人进入婴幼儿照护服务机构、幼儿园、中小学校等重要时段进行有针对性的学习，掌握科学的家庭教育方法，提高家庭教育的能力。”（第18条）“未成年人的父母或者其他监护人应当与中小学校、幼儿园、婴幼儿照护服务机构、

---

① 高书国.“旋转门”：构建家校协同育人体系［J］. 教育发展研究，2020（7）.

② 唐汉卫. 交叠影响阈理论对我国中小学协同育人的启示［J］. 山东师范大学学报（人文社会科学版），2019（4）.

③ 王卫东，陈敏坚，余少华. 学习型社区建设中三教合作问题初探［J］. 教育学报，2006（1）.

社区密切配合，积极参加其提供的公益性家庭教育指导和实践活动，共同促进未成年人健康成长。”（第19条）“中小学校、幼儿园可以采取建立家长学校等方式，针对不同年龄段未成年人的特点，定期组织公益性家庭教育指导服务和实践活动，并及时联系、督促未成年人的父母或者其他监护人参加。”（第40条）这些法律规定意味着，指导家长不仅是学校的权利，还是学校的义务。

虽然说学校牵头的协同育人包括家校协同育人和校社协同育人两类，但家校协同育人是最常见、最重要、最根本的协同育人形态，因为“儿童的教育是父母与国家共同的权限和责任，缺少其中任何一方都不利于儿童最大利益的实现”①。正是由于家庭与学校对儿童发展的攸关性，二者协同育人动机最为强烈。但是，由于家庭与学校在教育立场、需求、目标、观念、方法上既有一致性和互补性的一面，也有对立性和矛盾性的一面，在开展家校协同工作时，就要尽可能地扩大一致性与互补性，化解可能存在的矛盾和冲突，形成同向、同心、同力的关系格局。家校协同是学校工作的重要组成部分，为有效开展家校协同工作，学校需要明确目标、建立制度、掌握方法、借助平台、构建符合本校实际的工作机制。

2. 工作机制

首先，应理清学校牵头协同机制的内在机理。学校牵头的协同机制是学校开展家校协同工作时表现出来的一系列活动和组织形式，包括制度设计、行动方案、操作流程、工作模型等。这种实践机制被证明是行之有效的，是从实践中来又经过实践检验的，机制的构建过程是科学的，需要系统解释和论证协同的目标、方法、过程、结构的理论基础、内涵、依据、效果及可行性等，其中理论是基础，目标是灵魂，结构和方法等是重点。理论问题着重回答该机制的理论起点是什么，是在什么样的理论指导下提出和开展的；机制所体现的程序性知识是个理论过程，是在对实践经验进行梳理、提升、抽象等基础上形成的。目标是协同工作的灵魂，一种机制首先要清晰地说明要

① 申素平. 父母，国家与儿童的教育［J］. 比较教育研究，2009（3）.

达到什么目的，为什么要确立这样的目标；协同的总体目标是什么，目标是如何分解的；协同目标具体要转化成可以执行的任务，落实这些任务需要的基本条件。实施过程、步骤和操作程序其实是对理论的展开，需要对具体协同情境进行客观描述和分析，最终提供一套为了完成某一协同目标和任务的操作流程；或者说，根据目标与任务，结合实践场域所具备的软硬件条件，提出一整套行之有效的操作方法和程序，主要包括制度设计、技术条件等。

其次，紧紧围绕促进学生健康发展目标和落实立德树人这一中心任务来开展。人的发展是持续的、终身的、全面的过程，人的发展在程度上和速度上是有差异的，但最终的目标和方向是一致的，那就是以促进人的全面发展、培养社会主义建设者和接班人为根本目的，以落实立德树人为根本任务。从具体工作角度看，需要将人的全面发展分解为若干具体目标，不能空谈口号，如家校协同培养学生好习惯，家校协同提升学生学习品质机制，家校协同培养儿童的抗逆力机制，等等。但无论如何，协同是为了育人，违背育人目标的，尽管开展了许多合作工作，都不能算是协同育人。比如，有些学校为了提高升学率，减少学生休息时间，减少体育课，违背学生健康成长规律，违背教育的根本宗旨，尽管得到家长的积极响应，也不能算是协同。有的学校虽然成立了家委会，但只是为了方便学校工作而不是为了育人，这都不是协同育人。

最后，构建协同育人机制的关键是提升教师的专业素质。学校的使命固然是教书育人，服务对象自然是学生，但为了实现教书育人的目的，必须让家庭发生相应的变化，与学校保持一致；同时，学校也要主动地适应家庭的变化，认真听取合理吸收家长在育什么人、如何育人等问题上的意见，将家长资源转化为学校资源。有的教师认为自己就是一个老师，把课上好就行了，没有必要懂得家庭教育。这种认识是错误的。因为，如果家长不发生转变，学校教育效果将大打折扣，有时候甚至是徒劳，特别是在做人方面，家长的影响往往大于学校。既然教育引导家长是学校教师分内的事情，那么家校社协同能力自然应该纳入教师的专业能力之中。2013年，美国教育部联合SEDL

非营利教育组织提出了“建构家校关系的能力框架”[①]，其目的是设计家长参与活动，培养学校与家长成功参与学生学习的合作能力。这个框架对教师家校合作能力提出了相应的要求：能够尊重家长所具有的知识、技能与参与过程；能够创造并保持一种促进家长参与的学校和社区文化；能够举办家长参与活动，将家长与孩子的学习与发展紧密联系起来。相应地，作为家长也应该在和学校或社区建立教育合作伙伴关系的过程中扮演好以下几种角色：学生学习和发展的支持者，学生积极意识的鼓励者，学生行为与习惯的监督者和模范者，学生学习活动的组织者，学生、学校和社区学习的决策者；此外，家长还应该与教师或社区成员一起成为学校改革的建议者。

3. 基本形态

综合以上分析，我们可以将学校牵头的协同机制概括为“一个目标，两个维度，四项任务”。“一个目标”是指以育人作为根本目标，以立德树人作为根本任务。“两个维度”是指学校指导家长，提高家庭教育水平；家长参与，优化学校功能。“四项任务”简单来说是指读懂家长，教育培训家长，指导服务家长，引导家长。

“育人为本、立德树人”，这是协同育人的关键，是区别真正协同和虚假协同的标准，凡是不以孩子健康发展为目的的合作行为都不属于协同范畴。“育人为本、立德树人”是让每个孩子都能成长，让每个孩子都能成功，让每个孩子都能获得发展，其真实内涵包括：促进学生全面发展，而不是片面发展；促进学生的主动发展，而不是被动发展；是以提升核心素养为目的的素质教育，而不是以单纯追求文化课知识、提高应试能力为目的而展开的应试教育。促进每个孩子发展，就是要让孩子学会学习、学会做事、学会共同生活、学会生存，培养具有创新精神、实践能力和社会责任感的人。促进每个孩子发展其实还有一个潜台词，那就是站在儿童的立场，尊重儿童的权利，在涉及儿童问题时，家校都要充分遵循孩子的意愿，保护好儿童的权益，发挥儿童在儿童发展中的主体作用。

---

① 蒋世萍. 美国建构家校关系的能力框架［J］. 现代教育科学·普教研究，2015（6）.

“两个维度”，就是为完成协同目标而确定的两个工作方向：一是学校更好地服务家长，优化家庭教育，提高家长家庭教育水平，让家庭变得更好；二是引导家长更好的参与，优化学校教育，提高学校教育水平和效果，让学校变得更好。协同育人，不是创设新的育人路径，而是对原有育人渠道的优化。

“两个维度”体现在“四项任务”之中，“四项任务”主要是学校协同育人的四方面的任务清单：一是读懂家长，学校教师要整体、全面、针对性地了解研究每位家长；二是教育培训家长，学校教师能够根据家长特点和育人要求设计家长教育课程，采取适当方式，提升家长教育观念和能力；三是指导服务家长，学校教师能够根据教育需要和家长的实际情况，为家长设计适合的家庭教育项目，解决家庭教育具体问题；四是引导家长参与，学校教师能够调查家长资源，调动家长参与学校教育管理的积极性，吸引家长有效参与，融洽家校关系，优化学校功能。

（二）家校协同任务分解

1. 读懂家长

读懂家长包括了解家长、沟通家长与研究家长。过去教育实践中也非常重视对家长信息的了解，但重点关注的是家庭的常规状况，如家庭成员、家庭住址、家庭类型、家长文化程度、经济状况等，这种设计是单纯从学校教育角度出发的，忽视了家庭教育和家校协同的重要性。因此，要实现真正高效的家校协同，必须从“育人为本、立德树人”的角度在完整意义上了解家庭状况，尤其是教育状况，诸如亲子关系，家教观念与方式，教育现状、特点、经验、问题等。要深入了解这些状况，简单靠过去的登记家长信息的办法是远远不够的，需要通过科学的方法，全面、深入地研究每个孩子的家庭及家庭教育状况。

首先要做到全面。读懂家长，既要了解研究家庭的常规信息，如人口、住址、类型、文化程度、经济状况、家长特点等，也要研究家庭教育的基本状况，如亲子关系、观念、方式、问题、教育特点等。家庭是儿童成长的环境和条件的总和，包括物质条件、社会关系和文化资本。社会关系中包括家庭内部关系和外部关系，内部关系包括夫妻关系和亲子关系；文化资本中的家风极其关键，是无形的教育。办好一所学校，必须了解校情，了解校情不仅仅要充分了解师情、生情，还要了解家情，了解家情是学校教育的基础性工作。学校如此，对于一个班级也是一样；全体学生如此，每一个学生也是一样。

其次要深入。读懂家长需要深入研究家庭和家长，不能浅尝辄止、大而化之。深入，需要有问题意识，主要是围绕育人产生的问题。学校尤其要关注特殊教育需求或处于困境中的儿童的家庭及其教育状况，比如，要想解决“后进生”问题，不充分了解造成“后进”的家庭因素，单靠学校力量往往事倍功半。只有学会研究家庭，调动家庭积极因素，减少来自家庭的消极因素，学校的教育才能有的放矢、事半功倍。提高研究的深入度，需要关注家庭教养方式，教养方式是教育观念和教育行为的具体模式。了解教养方式，才能知晓学生问题行为背后的原因；了解教养方式，才能有针对性地提出解决对策。

最后要科学。读懂家长、了解与研究家庭需要运用科学的态度与方法，掌握科学的工具，不能凭主观经验。教师要掌握问卷调查、个别访谈、综合调研、问题追踪等基本方法，注重广开与家长沟通交流的渠道，学会通过家访、网上交流、家长会交流、家长信箱等方式收集家长信息。值得注意的是，除了进行基本调查和访谈之外，用“问题”找人是最常见的方法，也就是通过学生日常问题表现，寻找其问题产生的家庭背景，寻找合适机会与家长沟通，分析原因，寻找对策。与家长沟通过程中，要学会尊重家长，保护孩子与家长的隐私。

读懂家长不仅起到摸底作用，更重要的是起到诊断作用。充分了解与研究家长、及时沟通，既是协同育人的一个独立环节，也是协同育人其他三个环节的基础，如果没有充分地了解、研究和沟通，后面的家长教育、家庭教育指导和家长协同学校工作都会存在问题。

2. 教育培训家长

教育培训家长是协同育人中心工作之一，几乎每个学校都会开展，大多数学校都成立了家长学校组织，以便开展家庭教育指导服务。但从现实状况来看，家长对学校所开展的教育培训的满意度不高，家长教育的有效性亟待加强。提高家长教育培训的有效性是非常复杂的工作，关键要懂得家长教育的基本规律。总体而言，家长是成人，家长教育属于成人教育范畴，成人学习的最大特点是基于问题的学习。家长教育之所以出现问题，是家长已有的经验导致的，因此要通过深度参与，总结出现教育问题的“经验”，引发家长反思。为提高家长教育的有效性，关键要做好以下三点。

一是要正确定位。家长教育不是为了获得某种资质，也不是为了获取家庭教育知识技能，而是为了提高家长的角色胜任力，解决家长在育儿过程中存在的各种问题。家长来自千家万户，各自的经济、社会、文化背景不同，存在的家庭教育问题也会千差万别，家长教育者必须知道你的听众是谁，他们到底需要什么。因此，在选择主题时，要做到既要有普遍针对性，解决教育中的共性问题，又要有个别针对性，解决每个家长的困惑；既要讲为什么和是什么，更要讲怎么办；所讲的东西要有一定的理论高度，能够科学地解释心中的疑惑，但说出来要通俗易懂，接地气。基于胜任力的家长教育培训内容主要包括四大方面：一是国家教育方针政策，比如“双减”政策、《未成年人保护法》、《家庭教育促进法》；二是学校的办学理念，这是寻求家长配合非常重要的内容；三是关于家庭教育对象（儿童）的知识，让家长读懂孩子，因材施教；四是关于家庭教育的知识，家庭教育是生活教育，因此要帮助家长掌握正确的生活理念，学会在生活中教育孩子，帮助孩子建立规矩，形成良好的学习习惯和生活习惯。

二是要形式多样。从教育形式看，过去更多的是课堂教学式的，实践证明这种单一方式已经过时了，需要开辟更多更有效的方式，如家长论坛、家长沙龙、家长经验分享、家长参观、家长育儿心得交流、家长阅读工程、典范家长评选等活动。互联网和全球化时代给家长教育工作带来很多便利，也提出了一定的挑战，媒体上出现许多关于家庭教育的言论，有的正确，有的错误，有的片面，需要今天的家长教育工作有的放矢，也需要今天的教师和家长教育者有定力、有判断、有自信。因材施教，就是要求家长培训工作做到从培训者中心到受训者中心的转变，充分考虑到重点家长与一般家长之别。一般而言，多数家长的培训与引导工作是比较简单的，问题的关键是个别家长，尤其是在其教育观念与主流观念不一致时，培训难度是很大的。还有就是面对特殊家庭，如流动家庭、留守家庭、单亲家庭、隔代教育家庭等，要有针对性的培训方式。

三是要注重调动家长的积极性。家长在接受教育过程中的角色很微妙，不仅是受教育者，更是一个自我教育者。家长教育培训的好坏，关键在于如何利用家长。从总体上说，家长教育中一定要注重发挥家长的榜样作用，通过榜样示范作用让家长影响家长；此外，家长教育中一定不要忽视家长过去的经验，从某种程度上说，家长教育就是家长经验的重组与改造的过程。当然，遴选培训者也非常重要。一般是通过学校教师培训和专家培训相结合的方式，在条件允许情况下，也可以选择一些优秀家长、往届的成功家长进行培训。当然，培训的内容需要事先把关，不能将个人的不成熟的、极端的案例、错误的观念教给家长。一般来说，家长培训有讲座式培训和参与式培训两种。前者为大家所熟知并常用，优势在于能够在较短时间内将培训者希望传授的知识传递给受众，问题在于不能做到因材施教，不能解决每个家长心中的困惑。在条件允许情况下，越来越多人主张参与式培训，调动每个参与者的积极性，满足每个人的需求，通过头脑风暴、案例分析、角色扮演、辩论等方式，进行充分交流，促进家长反思，最后得出有针对性的对策建议或改进方案。

3. 指导服务家长

指导服务家长其实就是尽可能地满足家长教育需求，帮助家长开展好家庭教育，解决家庭教育中存在的问题。现代家庭教育其实包括两方面内容：一是家庭教育本身，其目的、逻辑是由家长提出、设计并围绕家庭生活而产生的；二是配合学校教育在家庭实现的，即指导学生在家学习。家庭教育是非正规教育，教育的意图由家长提出，但未必清晰、正确；家庭教育内容主要围绕孩子的生活而展开，合理的生活就是最好的家庭教育；家庭教育方法是生活指导法，随着生活的展开、生活中的困惑和问题日渐暴露，家长的这些问题会逐步渗透其教育意图与要求。而在家学习主要是围绕学校学习任务和要求而展开，教育的意图和要求是老师提出的，需要孩子在家中完成，有时候需要家长予以配合、协作共同开展。这两方面对于大多数家长而言都需要学校指导。

服务家长大致涵盖两方面，一是服务家庭教育，二是服务家长自身成长。主要包括五方面主要任务：第一，为家长开展家庭教育提供建议。这是指导和服务家庭的主要任务，常规的教育建议主要包括：帮助孩子学会制订学习计划，合理安排学习内容，科学完成学校任务，养成良好学习习惯，学会解决学习过程中出现的问题。指导儿童在家学习，既包括完成学校布置的学习任务，也包括适度拓展学校学习任务，甚至包括课外班的选择等。

第二，家庭教育咨询。家庭教育咨询服务是家庭教育服务的重要内容，家庭教育咨询与一般的心理咨询不同，心理咨询往往会把被咨询者视为心理疾病“患者”，咨询师开出的是“药方”，治疗的是“疾病”，教育咨询则更多是把家长看成合作者，与家长一起分析问题表现及原因，寻找可能的对策，整合优化方案。

第三，专门设计以服务家庭教育和亲子活动为目的的课程与活动。目前，家庭的闲暇时间比以往更多了，将闲暇转化为有意义的亲子活动课程十分必要，学校可以通过发出倡议或者以课外作业的方式予以实施。比如，举办亲子运动会，策划亲子研学旅行，倡导亲子义工，启动亲子共读等活动；为在假期与儿童相关的家庭生活提出建议；为家长提供孩子在校的某些信息。

第四，为家长开放相应的教育资源。学校可以在适当时间开放图书馆、体育馆、运动场、科技馆等活动设施为家庭服务，也可以联系社会资源（既包括博物馆等教育资源，也包括企业、国家机关等机构）为家庭开展相应的活动或项目创造条件。

第五，推动家庭文化建设。比如，配合妇联、精神文明部门等开展“寻找最美家庭”活动，与社区合作开展学习型家庭建设等。家庭文化集中表现为家风，良好的家风对子女有着潜移默化的作用，如北京市某学校开展“家风、家训比比看”的活动，要求孩子与家长将家庭的家风、家训写下来，进行解释，围绕家风、家训讲述家庭故事。这是一种行之有效的家庭文化建设方式。

当然，指导服务家长还包括学校联合其他部门和社会资源，为诸如留守儿童等特殊家庭提供专门帮助。

4. 引导家长参与

根据现代学校制度的相应规定，家长应该具有知情权、监督权和参与权等权利。引导家长参与是指家长在学校的引导下，配合与协同学校的课程、教学、活动及管理等各种活动。家长参与是学校主导下协同育人的重要内容，是家校之间的一种深度合作。家长参与在西方实践历史比较悠久，也相应成熟，比如美国加利福尼亚州1994年制定的《家庭学校伙伴关系法案》（1997年加以补充）明文规定：在校学生家长和监护人有权参与教育过程，并代表其子女介入教育系统。其参与权具体包括：课堂观察、请求（教师及校长）召开会议、志愿服务、了解学生的出席情况、了解学生的考试情况、选择学校、要求保障安全的学校环境、了解课程内容、了解学生的课业进步、查询并对学生的档案质疑、了解学生评价标准、了解学校规章制度、了解学生心理试验的结果、作为顾问或管理委员会的成员、参与政策制定等。①上述这些规定有的涉及家校协同的全部内容，当然家长参与是其核心内容，其基本精神与我们所倡导的“依法办学、自主管理、民主监督、社会参与”的现代学校制度相吻合。家长参与在我国主要通过家长委员会等形式实现，《教育部关于建立中小学幼儿园家长委员会的指导意见》（2012）规定，家长参与主要包括“参与管理”“参与教育”和“沟通家校关系”等方面内容。从具体事务看，家长参与学校从程度上划分由低到高依次为：

其一，引导家长配合完成学校日常工作。学校教育教学需要外部条件和环节，学校需要指导家长接送、照看孩子生活，检查、督促孩子完成学校课

① 黄河清. 家校合作导论［M］. 上海：华东师范大学出版社，2008：224.

业。这类活动最为基础，对于学校日常工作来说也极为重要。其责任清楚、目的明确、要求严格，是每个家庭必须完成的规定性动作，无须学校特别的教育引导，绝大多数家长能够完成得极好，当然，特殊家庭另当别论。当前，许多学校组建了各种家长义工队伍，帮助学校维护校园外部秩序，有效解决了学校人手不足的问题，也有效帮助家长了解学校，加强双方沟通。

其二，引导、鼓励家长参与学校教育教学活动。教育教学是学校的主要工作，是教师专业化的体现，但是并不是说家长就不能发挥其作用了，学校可根据需要有条件地引导家长参与。从低层次看，要求家长参与学校开展的与家长密切相关的活动，如单独沟通、学校开放日、亲子活动、各种典礼（开学、毕业、少先队、节日）等各种活动。这是家长必须完成的任务。从中层次看，家长可以充当教师的教学助手，协助教师管理课堂、监考、值班（勤）、准备教具和教学素材等，这些工作与正规的教学息息相关，但还不是教学的本身。从高层次看，引导部分家长适度参与到教学和相关课程的开发中。课程编制、开发与实施是专业化活动，对家长的要求非常高，不是家长具有志愿精神和一技之长就能胜任的，需要经过专业训练和指导。因此，对于部分有意愿和一技之长的家长，可以根据需要鼓励他们参与课程开发和教学活动，但学校必须进行系统管理和科学安排，并对家长开设课程进行评估，防止出现无效教学的情况。

其三，引导家长参与学校管理活动。现代家长对于学校教育应该享有知情权、监督权和参与权，尤其是事关子女切实利益的相关决策，学校应该广泛征求家长的意见，甚至吸收家长参与到决策之中。引导家长参与学校管理，可以体现在三方面：相关决定出台之前，应该广泛听取家长意见；决策制定之中，可以让家长不同程度地参与进来；相关规定出台之后，可以吸纳家长参与监督、评估。为更好地吸纳家长参与到学校管理之中，学校应该加强相应的家长组织建设，如成立家长咨询委员会、家长委员会等。除此之外，学校还可以根据需要引导家长参与完成学校教育工作的其他工作，如根据自身条件帮助联系社会服务、组织孩子进行社会体验与实践等。近些年，越来越多的学校开始注重家长参与，创新许多形式，取得可喜成效。江苏省昆山市培本小学是当地一所优质学校，学校为了密切家校关系成立了家校“议议吧”，这是一个以“民主”理念主导开展家校合作的平台。家委会以每月征集各方意见为内容，召集大家参与“议议吧”，以沙龙形式进行探讨，听取家长、老师、孩子和社会各界对这些问题的看法，增进家校、师生、父母与子女、个体与社会之间的交流和了解。这种民主平等的家风感染了家长和孩子，进而潜移默化地影响整个社会之风尚。该学校的努力不仅密切了家校关系，更主要的是促进了学校各项变革的实现，成为昆山市家校合作的典范。

总之，学校牵头协同育人机制中的四项任务之间既独立存在，又有一定交叉。其中，第一项任务是其他三项任务的基础，不充分了解和研究家长，协同的其他工作就会停留在经验层次，缺乏针对性。第二项任务是最基础性工作，不对家长进行适度的培训和教育，家长就会缺乏必要的家庭教育知识和协同意识与能力。第二项与第三项之间也难以分开，因为教育与培训家长工作经常在服务家长过程中体现出来，任何一项服务性工作都围绕育人目标，都需要家长具备一定的知识储备与观念认同。第三项和第四项工作直接与教育相关，是协同工作的落脚点。协同的四环节环环相扣，相互影响，共同构成家校协同的基本机制。当然，根据这个基本机制，还可以演绎出若干子机制。

六、社区牵头的协同育人机制

社会是人成长的宏系统，社会的影响不仅直接作用在每个人身上，就连家庭和学校也深受社会的影响。加强家校社协同育人，在某种程度上可以说是家校社相互促进，帮助彼此改善育人环境的过程；也是通过彼此的优化，达成整个外部环境不断优化的过程。社区牵头协同育人机制就是充分利用社会各种教育资源，真正构建学校—家庭—社会三位一体的良好教育生态的过程。社区牵头的协同育人机制是指以社会资源单位为主导，学校、家庭和其他资源单位组成的合作共育形式。从狭义看，是以社区为主导的协同育人机制；从广义看，是以博物馆、科技馆等各种社会资源单位为主导的协同育人机制。

（一）社会教育的内涵与类型

1. 社会教育的相关概念

（1）校外教育。如果从字面上来看，校外教育就是学校之外的教育，那么家庭教育也应归属其中。但实际上，家庭教育与学校教育并列，校外教育是指学校和家庭之外的教育形态。这样看来，校外教育本质上又等同于社会教育。正像有人所说的那样："校外教育是指在学校以外广阔的时间和空间里，学生通过社会文化教育机构和丰富多彩的社会政治活动、科学技术活动、公益劳动、社会服务、文化娱乐活动、体育活动，以及个人的课外阅读、栽培花草树木、自我服务等所接受的教育。"可见，校外教育属于社会教育中"有计划"的那一部分，与社会教育通用也只在"有时"情况下。因此，理解校外教育要理解其真正所指，它是指"少年宫、儿童活动中心、青少年科技馆、少年之家等校外教育机构对学生进行的多种多样的、有目的、有计划、有组织的教育活动"①。也有人从广义和狭义来丰富对校外教育的认识。广义的校外教育，是指在学校教学以外的时空里学生所受的影响和教育活动。狭义的校外教育是一种非正规教育，即由专门的校外教育机构开展的，对中小学生进行的有目的、有计划、有组织的多样化教育活动。②

从概念使用的语境看，尽管这两个概念都会经常出现在教育学相关的文章、论著之中，并在一般性的文章中经常被混淆使用，但在国家相关文件中会有一定的区别。一般来说，在谈到教育相关理念、原则等问题时往往喜欢用社会教育，而在谈到社会教育建设问题时则喜欢用校外教育（机构）。比如，1999年中共中央、国务院《关于深化教育改革全面推进素质教育的决定》中指出："实施素质教育应当贯穿于幼儿教育、中小学教育、职业教育、成人教育、高等教育等各级各类教育，应当贯穿于学校教育、家庭教育和社会教育等各个方面。"（第2条）2004年中共中央、国务院《关于进一步加强和改进

① 罗娟，康丽颖. 中国校外教育政策三十年变迁［J］. 首都师范大学学报（社会科学版），2009（6）.

② 侯怀银. "校外教育"解析［J］. 教育科学研究，2017（5）.

未成年人思想道德建设的若干意见》提出："要把家庭教育与社会教育、学校教育紧密结合起来。"（第13条）"要尽力健全学校、家庭、社会相结合的未成年人思想道德教育体系，使学校教育、家庭教育、社会教育相互配合，相互促进。"（第28条）而在中共中央办公厅、国务院办公厅印发《关于进一步加强和改进未成年人校外活动场所建设和管理工作的意见》的通知中使用的是校外教育，"要把校外活动列入学校教育教学计划，逐步做到学生平均每周有半天时间参加校外活动，实现校外活动的经常化和制度化"。另外，从实际情况来看，校外教育一般是指面向儿童青少年的教育，而社会教育既包括儿童青少年的教育，又包括成人教育甚至是终身教育。

（2）社区教育。社区教育又是一个与社会教育经常混淆的概念。社区（Community）一词源于拉丁语，意思是共同的东西和亲密的伙伴关系。从汉字来看，社区中的"社"是指相互有联系、有某些共同特征的人群，而"区"是指一定的地域范围。"社区"可以说是相互有联系、有某些共同特征的人群共同居住的一定的区域，一般由五个要素组成：人口、地域、制度、政策和机构。社区是一个"共同生活体"，"它不仅是人们休养生息的地方，也是人们从婴儿到年老不断学习，实现自身社会化的大学校"①。如果把社区理解为从属于社会的基层组织，这种意义上的社区教育就属于社会教育的范畴，是社会教育的子概念。社区教育是一种互助的教育，是自发性、自组织性相结合的浸润式的教育，是涵盖了文化教育、闲暇教育、职业教育等多种内容的教育。

在我国，社区是群众自治组织，网络覆盖面大，社区工作是一项与民生息息相关的综合性工作，精神文明建设和教育是其重要职能。社区履行教育职能的对象主要是家庭，但社区组织与管理者本身的教育力量有限，其主渠道是依靠协同育人来实现的。在中国，社区虽然是自治组织，但也要接受政府领导，因此社区主导下的协同育人也带有政府性质。比如，北京市石景山

① 秦钠. 论社区教育与社会现代化［J］. 上海大学学报（社会科学版），2006（6）.

区成立的社区教育委员会，负责协同育人工作就带有很强烈的政府背景。[①]虽然说社区负有区域内教育责任，但鉴于我国社区发展状况，工作千头万绪，许多社区在开展教育时显得力不从心，这就更需要从协同的角度来完善社区教育功能。

开展社区教育要着重从定位、意识、队伍和产品方面努力。首先，社区教育是社区的自组织教育，不可能像一所学校那样拥有固定的队伍、设施来开展系统化教育，而是要根据社区居民需要通过整合资源的方式开展灵活多样的教育。其次，社区需要树立协同育人意识，提高社区工作人员自身的教育水平和能力，同时更要整合社区内外的教育力量，构建适合社区教育需要的队伍。最后，根据社区教育需求和教育资源，开发相应的教育产品和服务，这一点最为关键。比如，北京市海淀区紫竹院学区依托周边大学、科研机构多，家长素质高，社会资源丰富等优势，大力开展协同育人工作，构建了社区全覆盖的家庭教育指导服务体系。

社区牵头的协同育人从某种程度上可以理解为为了优化儿童青少年学习环境而形成的学习社区，这个学习社区包括：（1）直接服务于青少年发展的活动，如儿童看护与照顾、儿童兴趣特长教育、社区书屋、社区游戏空间、社区矫治等；（2）为家庭教育活动提供条件，如亲子游戏、家庭旅游、亲子共读等；（3）服务家长自身成长的活动，如家庭教育咨询、家庭教育讲座、家庭教育分享会等；（4）社区文化建设，如放映电影、社区宣传、社区倡议、社区文体活动等；（5）家长成长的社区支持，包括社区家长学校、家长互助中心、家庭教育支持项目等；（6）服务学校教育活动，如维护外部环境、临时看护儿童、方便学校开展社会（区）活动、为学校提供必要的社区教育资源、为学校办学提供意见建议等。正如基于《世界全民教育宣言》而制定的《满足基本学习需要的行动纲领——实施〈世界全民教育宣言〉的指导方针》中指出：“在为促进基础教育而设计行动计划并创造一种良好的政策环境时，

① 吴霓，叶向红. 学校、家庭、社区三方联动促进教育协调发展的现状及对策——基于北京市石景山区教育实践的思考［J］. 教育研究，2012（12）.

应考虑最大限度地利用各种机会来扩展现有的合作并使如下的新的合作伙伴会聚在一起：家庭和社区组织、非政府组织和其他志愿者协会、教师工会、其他专业该团体、雇主、新闻媒介、政治党派、合作社团、大学、研究机构、宗教团体以及教育当局和其他的政府部门和机构。”[①]综上所述，社区教育属于社会教育，既可指一个传统意义上社区开展的教育，也可指那种经过“加工”的并将一个区域内学校、家庭、社会教育融为一体的教育生态体系。

2. 社会教育的主要形态

第一类是独立的教育实体机构。学校和家庭之外的独立存在的教育实体，其实就是“有计划”的教育机构，既担负教育的职能，也拥有教育资源，如青少年宫、儿童中心、青少年（活动）中心、爱国主义教育基地、社会教育基地等。这些机构一般属于公办、非营利但是收费的机构，属于前面所说“校外教育机构”的主体部分。该类机构面向儿童青少年，但是为了提高服务质量，增加其吸引力，往往也会针对家长开展各类指导与服务活动。以中国儿童中心为例，这里面既有正规的儿童教育（如幼儿园），也有校外活动教育（如琴棋书画培训），还有一些亲子活动中心，也增设了家长成长服务项目。该类机构合育的意图比较明显，合作空间很大，可以为儿童在课外时间提供许多正规课程之外的教育内容，但美中不足的是这类机构在一些欠发达地区和偏远地区没有分布，需要进一步加强。独立的教育实体机构还包括校外教育培训机构，如新东方、学而思等。这类机构根据市场需要，除了针对学校教育内容尤其是升学考试需要而提供私人补习性质的“影子教育”之外，也可提供学校课程之外的内容，比如研学旅行、素质拓展等。但受机构属性影响，这些机构在开展活动时经常会变味，成为应试教育推波助澜的工具，属于“双减”政策所规范的对象。

第二类是兼具青少年教育功能和资源的机构。有的社会机构虽然不能称为纯粹的教育机构，也不属于教育部门，但有着独特的教育资源，承担着一

① 赵中建编. 教育的使命——面向二十一世纪的教育宣言和行动纲领［M］. 教育科学出版社，1996：36.

定的教育功能，能够为儿童青少年直接提供教育服务，在协同育人中具有十分重要的意义。如科技馆、博物馆、天文馆、海洋馆、文化馆、公共图书馆、动植物园、艺术剧院等，这些机构除了极个别的专门服务于青少年之外，大体上都是服务于全体社会公众，而且教育只是它们所有功能中的一个。以博物馆为例，博物馆本来是为展览、收藏、研究、教育、交流等目的而设置的，主要征集、保护、研究、传播和展示人类及其环境的各类文物，通过这些珍贵的实物对人们进行教育以提高人们的知识与教养。博物馆的类型不同，优势也不一样，要想发挥好其文化教育功能，需要与学校和家庭合作开发。北京市近些年来非常注重博物馆课程，故宫博物院利用其书法优势，陆续对北京市中小学书法教师进行培训，产生较好的效果。这种尝试在全国已经不是个例。上述具有教育功能的实体机构在拓展中小学教育、素质教育、终身教育、自我教育中发挥着越来越大的作用，是协同育人的重要支撑。当然，上述教育机构主导、学校和家庭积极参与需要进一步做好整合工作，既要开发教育资源，又要组建队伍，尤其是在教育资源分布不均的农村和偏远地区，更需要进一步研究。

第三类是兼负青少年教育和家庭教育指导服务的社区。“社区教育是指在社区这一特定的区域内，通过开发、利用各种社区的资源，有组织、有计划地开展的对社区全体成员的身心发展施加积极影响，旨在提高全体社区成员的素质和生活质量，促进社区成员的终身发展，并促进社区自身可持续发展的一种社区性的教育综合活动。”[①]由于社区只是一个平台，因此社区组织发挥教育力量的关键在于协同，搭建共享、共治的教育服务平台。教育部等九个部门出台的《关于进一步推进社区教育发展的意见》明确了社区教育在基础建设方面突出建网络、明职责、培育组织各种学习形式等；资源建设突出“开放共享学校资源”、“统筹社区资源”和“利用社会资源”等三大工作要求。基于社区牵头的协同育人视角，这里的社区教育应着重体现在两方面：一是面向社区中的青少年的教育，二是服务家庭指导的社区教育。

① 侯怀银.“社区教育”辨析［J］. 山西大学学报（社会科学版），2017（1）.

第四类是拥有教育资源的实体机构。广义上说，任何一个社会组织都具有教育功能，负责维系这个组织的存在。但并不是任何一个组织都负有教育青少年的直接责任。前三类社会机构都具有教育职能，当然是社区牵头协同育人的主力军。但社会机构中还有两类机构与社会教育息息相关，一是公共服务部门，如文化、艺术、体育、健康、卫生、科学等部门，是相关领域的管理机构，传播、普及相关领域的知识、技能，服务儿童青少年成长是其重要责任。二是从事着生产、科研、国家安全等职能的社会机构（如工厂、农场、部队、科研机构等），虽然其并不承担教育职能，在协同育人中也应该发挥重要功能，因为这些实体机构处在社会生产、管理、实践的一线，孕育着丰富的教育资源。比如，工厂、农场、企业等物质资料生产部门，可以为儿童青少年提供各种参观考察、岗位体验、实习见习等机会；大学、科研等知识生产部门，可以为儿童青少年提供助手、大学先修课程等学习机会；部队可以为儿童青少年提供军事训练、国防教育等服务。在国家大力倡导“双减”，强调创新精神和实践能力培育，大力推进劳动教育的今天，这些机构的作用空间会越来越大。从另一方面看，这些机构的组成人员都是“家庭成员”，许多员工都有孩子需要教育，因此也要关注他们的家庭教育，与学校和社区 起协同育人。当然，这些机构的协同意图可能不强，需要积极引导。由于这些机构分布较广，在城市、农村、偏远地区都有相应的分布，参与家校合育的前景非常广阔。

第五类是具有教育能力和意愿的社会人士。某些具有教育能力和意愿的人士是开展社区牵头协同育人的重要资源，如老干部、老战士、老专家、老教师、老模范等“五老”人士，有爱心、希望反哺学校的校友，以及其他社会志愿人士。这些社会资源有的是“有组织”存在的，有的没有纳入组织之中。要想使这些社会资源进入社区、家庭与学校发挥育人功能，就需要构建一种机制，使得资源方与需求方对接。当前，许多“五老”人士都被纳入关心下一代工作委员会的系统，有的进入了各种志愿服务组织之中，还有的需要发掘。社区以其广泛联系性，成为吸纳社会教育资源的最好的平台。社区可以通过招募制，吸纳相关人士进入队伍之中；也可以通过合作制，与相关拥有资源的单位开展合作。在社区牵头的协同育人机制里，需要进一步处理好志愿服务与有偿服务之间的关系，服务意愿与服务能力之间的关系，尽可能地将能有效满足学校和家庭需要、促进儿童青少年健康成长的队伍建立起来，以志愿服务为主，兼顾个人利益的合理满足。

第六类是其他可以开展协同育人的相关机构。在社会机构中，有的机构虽然未必直接从事具体事务，但也与儿童青少年健康成长密切相关。一是公安、检察、法院、司法等权力部门，有向儿童青少年普及法律知识、提高法治素养的义务。二是关心下一代工作委员会，其主要职责是对儿童青少年进行思想政治教育、法治教育以及科学文化教育，促进其身心健康发展。三是精神文明建设部门，可以在其职责范围内做好协同育人工作。四是工、青、妇、科等党领导下的群团组织，可以结合自身工作开展协同育人。工会肩负维护职工合法权益的责任，职工子女受教育以及自身教育素质提升是其工作范畴；共青团组织是党的后备军和接班人，可以发挥其自身优势开展协同育人工作；妇联肩负着维护妇女权益，促进妇女发展等责任，开展家庭教育指导是其主责主业；科协是党和政府联系科学技术工作者的桥梁和纽带，是国家推动科学技术事业发展的重要力量，向青少年开展科学普及培养创新人才是其重要工作。

（二）社区牵头的协同育人机制的主要任务

1. 主要任务

构建社区牵头的协同育人机制其实是不断完善社区教育方式，构建以立德树人为核心的“人人可学、时时可学、处处可学”的社区教育模式。这是一个目标明确、体系完备、有机衔接的学习型社会和有利于学习的教育生态系统。

生态系统本义上是指，自然界中生物群落中的生物体与环境中的非生物成分（如空气、水和矿物）相结合，形成一个持续性、开放性的社群。良好的生态系统中，每个生命体与环境形成和谐的关系，各个生命体之间形成相互依存关系，最终主体与环境充分实现信息和能量的交换。生态视域为构建合育系统提供很好的参考，从教育生态角度看，一个良好的教育生态系统中，主体（受教育者）能够与环境（家庭、学校、社会）形成一种良性的互动机制，实现彼此之间的信息和能量的交换，从而获得成长。美国人类学家和生态心理学家尤·布朗芬布伦纳（U. Bronfenbrenner）的生态系统理论对合育理念有着很好的启示，他认为，发展的个体处在从直接环境到间接环境的几个环境系统的中心或者嵌套于其中，按照与发展的个体相互作用的程度自内向外分别为微观系统（Microsystem）、中间系统（Mesosystem）、外在系统（Exosystem）和宏观系统（Macrosystem）。微观系统是指包含发展中个体在内的，与个体产生最直接互动的环境，如家庭、学校等；中间系统是指包括发展中个体在内的两个或多个环境之间的作用过程与联系，也可以说是微观系统的系统；外在系统是指发生在两个或多个环境之间的作用过程与联系，这些环境当中，至少有一个不包括发展中个体在内，但其中发生的事件都会对微观系统之间的作用过程产生影响；而宏观系统是指各种较低层次的生态系统（微观系统、中间系统和外在系统）在整个文化或者亚文化水平上存在或可能存在的内容上和形式上的一致性，以及与此相联系并成为其基础的信念系统或意识形态。①

按照这样理解，家庭无疑是孩子成长的第一个微观系统，然后逐步进入学校和社区等微观系统中；家庭、学校、社区的关系构成中间系统，所谓“三位一体”的教育体系主要是指在中观层面上的教育生态系统；直接影响学校、家庭、社区的各种因素构成了外在系统，比如父母所在的单位、学校的教育主管部门、影响社区的妇联、关工委等部门以及其他相关组织机构等，最后是社会教育制度、选人与用人制度、社会习俗等文化环境构成了宏观系统。

基于上述布朗芬布伦纳的观点，我们认为在我国构建良好教育生态系统主要包含两层含义：其一，打通儿童青少年成长的整个社会系统，构建全社

① 谷禹，王玲，秦金亮. 布朗芬布伦纳从襁褓走向成熟的人类发展观［J］. 心理学探新，2012（2）.

会共同关注教育、支持教育、引导教育，“人人皆学、处处能学、时时可学”的学习型社会。这是广义上的教育生态系统，这一点全社会的基本共识已经形成，也成为《关于进一步推进社区教育发展的意见》的核心理念。2018年全国教育大会将教育视为国之大计、党之大计，把教育放在优先发展的战略高度，提出家庭、学校、社会、政府四位一体办教育思想，这些决策为构建儿童发展的良好教育生态提供了根本的政策保障。这是宏观意义上的教育生态。其二，打通学校、家庭和社会之间的关系，形成三位一体的教育系统。这是狭义上的教育生态。很长时间以来，学校总是关起门来办教育，与社会、家庭沟通不足，既不能很好地吸纳各种教育资源，又不能实现自我更新，还不能反哺社会，导致学校成为教育生态系统中的一个孤岛。在教育信息化、民主化、个性化的浪潮中，学校再也不能维持这种现状，而是需要打破孤岛，实现与社会的充分链接。所以，学校牵头和社区牵头的协同育人，其实质就是构建有利于儿童青少年成长的良好教育生态，这个系统发生在布朗芬布伦纳所谓的中间系统（第二个层次系统）。“第二个层次系统是扩展的基于学校、社区和少年宫等教育机构的卷入（中间系统），这个系统主要包括儿童青少年积极参与的两个或多个场景之间的相互关系。”[①]在这个体系中存在家校关系、校社关系、家社关系等不同的关系形态，但狭义上家校关系无疑是核心问题，决定着与社会教育的关系模式，直接影响着儿童青少年的发展。

2. 具体内容

社区牵头的协同机制就是在社区主导下，依靠社区所在的学校、社会教育机构、其他社会资源单位以及各种志愿服务组织，以立德树人为根本目的，以提高社区家庭教育能力为重点的运行模式。社区牵头的协同育人属于社区教育的一部分，主要针对青少年及其家长，开展青少年校外教育及家庭教育指导服务。社区牵头的教育协同机制的构成包括管理机构、指导机构和实施机构三部分，管理机构是社区所在的街道或乡镇，指导机构是当地的成人教育、职业教育等院校，实施机构主要借助于当地的妇女儿童中心、青少年活

① 罗良. 儿童青少年发展中的父母卷入［J］. 北京师范大学学报（社会科学版），2011（1）.

动中心、文化服务中心和中小幼等教育机构。

与学校牵头的协同育人机制类似，社区牵头的协同育人机制主要涵盖以下五方面内容。一是管理保障中的机制，主要包括：社区相关人员对协同育人工作的目标认识；制度保障，主要是指社区工作人员对国家相关政策的知晓度、执行度等内容；人力保障机制，主要包括家庭教育指导专兼职队伍建设以及胜任力状况；资源保障，主要包括场地、设备、资金等保障状况。二是实施过程中的机制，主要包括：组织形式，如时间安排、活动形式等内容；活动主题，如爱国主义教育、传统美德、核心价值、亲子活动、节日庆典等内容。三是信息沟通，主要包括社区向家长推送信息，以及家长向社区的信息反馈和信息交流。四是资源协同，主要包括社区与学校，以及社区与其他社会资源单位之间的共享共建。五是家长参与，主要指家长对社区教育活动的参与度、黏度和深度等内容。

（三）社区牵头协同育人基本模式

1. 引导学校资源进社区

鉴于学校与社区教育的天然联系，社区开展教育一般来说需要借助学校教育资源，因为学校在教育方面的优势是明显的。《家庭教育促进法》第42条也明文规定："具备条件的中小学校、幼儿园应当在教育行政部门的指导下，为家庭教育指导服务站点开展公益性家庭教育指导服务活动提供支持。"社区依托学校可以在下面几项内容上开展协同：第一，帮助社区教育规划。规划是行动的第一步，社区可以在委托学校或联合学校对本社区教育需求进行评估的基础上，制定本社区教育规划，设计社区教育项目。第二，为社区开展青少年教育和家庭教育指导提供师资，或者培训师资。派遣教师志愿者是比较简单易行的方式，根据社会教育机构的需求和教师志愿，学校可以将部分教师委派到该机构担任某些岗位职责，既可以是专职的，也可以是兼职的，职工的待遇可以根据教育部的相关规定和学校具体实际情况而定；也可以对社区工作人员和志愿服务队伍提供培训。第三，帮助社区开发教育产品。课程是社区教育的具体项目和载体，学校可以根据自己的优势，根据社区需要就家长课程、青少年活动项目等方面内容设计课程。第四，提供教育资源。提供教育资源是最简单的方式，学校可以利用自身教育资源优势为社区提供图书馆、运动场、实验室、会议室等设施，帮助开展社区教育。第五，提供直接服务。学校可以通过父母大讲堂、父母咨询活动等方式提高家长教育水平，也可以开设一些亲子游戏课或读书节等直接服务于儿童的活动。

学校为社区提供的教育服务对象既可以是空间意义上的社区，具体为本社区所依托的教育机构，如青少年宫等专门的儿童教育机构，社区综合服务中心（站）、社区文化中心等综合性教育服务机构，或者青少年活动中心（宫）等，也可以是专门的社会教育单位，如图书馆、科技馆、文化馆、博物馆和体育场馆等资源单位。

2. 促进社会资源进学校

社区牵头的协同育人机制突出体现在其产品“课程”上的合作，这里要树立一种大课程理念，让学校打开大门，让教师走出学校，同时让社区进入学校，让资源服务学校。合作形式大概有这几类：第一类，学校开设课程，校外参与实施。课程是实现教育目的的根本，国家根据教育的根本目的和任务制定课程制度，学校根据国家课程方案以及本学校的具体情况在完成国家课程的基础上可以进行能动性的改造。过去课程实施主要依托学校的课程资源，包括师资、场地、设备以及其他条件，但学校再完善，也不可能从根本上满足教育的需要。社会教育资源进入学校的主要路径是，学校开设课程，根据实际情况邀请社会“五老”人士、社会相关专业人士、家长志愿者等担当学校的“编外”教师实施，或者委托相关机构实施。第二类，校外课程，学校认证。校外教育机构开设课程，这些课程符合学生的需要，也符合学校的培养目标，但学校没有条件帮助学生完成。在这种情况下就可以采取校外课程，学校认证，最终合作完成的模式。第三类，学校课程，合作实施。学校开设的某些课程需要校外资源，但资源拥有者又缺乏相应的教育能力，这样的问题可以通过学校与校外教育资源合作的模式解决。这种模式特别适合当今一些学校开设的学工、学农、学军等活动课程。学校没有条件满足学生学工、学农、学军的直接体验，就可以积极与附近工厂、农场、军队等机构合作，这些机构可以为学生提供观摩、实践甚至顶岗机会。

3. 筹资源支持家庭教育

社区牵头的协同育人不是为了创造学校、家庭、社会之外的新型教育形式，而是改进和优化原有的教育方式。社区可以从三方面指导家庭开展家庭教育。

第一，以社会主义核心价值观为指导，大力开展各种文化活动和文明建设活动，为青少年营造一个健康的文化环境。社区应该发挥自身优势，“将家庭教育指导与区域的精神文明建设、文明家庭建设、未成年人思想道德建设、发展社区服务、预防未成年人犯罪等工作密切结合起来”①。社区应该将自身文化建设与家庭教育巧妙地结合起来。社区应该积极宣传党和国家大政方针，宣传社会上和身边的典型，为青少年推出积极健康向上的文化产品。社区应该根据居民需要开展适合青少年的文体活动，如棋类比赛、全民健身、游戏比赛、敬老活动、困难帮扶等。

第二，丰富整合教育资源，开展相应的活动。积极联系社区中的学校或其他机构，开放社区文化教育资源；在社区内部或者联系其他社区，开设文体室、读书室、“小小舞台”等青少年活动中心；针对部分家庭放学后无人接送和看管孩子的状况，设置小学生临时看护室；等等。开展专项教育活动也是社区教育的重要内容。针对预防未成年人违法犯罪、爱国主义、宪法精神、社会关怀、传统节日等教育主题，开展各种专题教育宣传活动；针对部分边缘青少年、困境家庭或儿童开展教育帮助活动、社区矫治活动；等等。

第三，促进父母成长。其一，除了丰富家庭教育生活、提供各种教育产品之外，社会教育的一个重要使命是帮助家长、教育家长，提高家庭教育水平。社区可以联合学校和社会资源，为社区家长开办家庭教育讲座，提高家庭教育水平；选树典型经验，开展家长教育分享活动；开展教育咨询，积极帮助有教育问题家庭走出教育困境。其二，支持服务家长需要搭建教育平台，整合教育资源。社区应该积极争取政策支持，发动社区内部资源，争取外部

① 关颖. 家庭教育社会学［M］. 北京：教育科学出版社，2015：421.

可利用资源，尤其是各种志愿者资源，服务本社区居民。根据“就地取材”原则，建立社区家长教育“师资人才库”，根据不同的学习主题选取不同教师进行教学，既保证教学内容的丰富性，也保证教学质量。培养一些社区义工作为社区家长学校的辅助力量，推动社区家长教育的深入和完善。

4. 引导家长积极参与，优化社区环境

一是优化儿童成长环境。对于家长而言，最重要的工作是做好父母，优化家庭内部教育环境。良好的家庭教育环境包括基本的物质环境、丰富的文化环境和和谐的心理环境，在这个环境中父母需要激发孩子的成长动机，对孩子成长提供物质上和精神上的支持，对孩子成长中出现的困惑提供帮助。在此基础上，家长需要加强对外联系，积极发挥作用，完善家校社合作的中间系统，在充分履行自身的教育职责中，学会识别、选择和利用社会教育资源，并配合实现教育综合效益最大化的过程。其实就是要求家庭以合理生活为核心，以构建微观系统为基点，不断拓展子女成长空间，最终构建一个完整而优质的教育生态系统。家长既要学会从社会中选择教育产品，补充家庭和学校教育资源的不足；还要学会选择、利用各种教育资源，以完成家庭教育的各项任务。

二是不断拓展成长空间。其一，社会网络。主要指父母的社会关系系统，中国人比较重视亲缘、地缘、业缘等因素，这些是孩子成长的重要背景因素；其二，父母的工作场所。这是孩子了解社会的重要窗口，也是早期职业探索的重要渠道；其三，邻居和社区。这是儿童成长的重要空间文化因素；构建适合儿童成长的社区环境极其重要，社区关系中尤其要关注邻里关系，因为邻里关系对儿童的影响是巨大的，“邻里之间的往来和非正式的社会活动通常可以影响到青少年的心理素质，包括自信、学习成绩和个人抱负”[①]。其四，能够为儿童成长过程中提供各种信息交换的环境因素，这里包括成人之间的社交活动和儿童之间的社交活动。

① ［美］劳拉·E. 贝克. 儿童发展（第五版）［M］. 吴颖，吴荣先，译. 南京：江苏教育出版社，2002：782.

三是积极支持参与社区教育。一要参与社区教育决策。公民参与社区教育决策，需要每个人都能调查社区居民教育问题，征集教育需要，形成积极意见，那种事不关己高高挂起的思想缺乏现代公民意识，不利于社区建设，也有害于自身利益的实现。二要支持社区教育行动。人力资源是居民支持社区教育的主要形式，包括人才资源和志愿活动，有条件的居民免费为街坊邻里提供讲座、分享、设计活动等；物力财力主要用于社区教育设施建设之需，以及补充必要的开支等。居民的志愿服务本身对于自己孩子来说，就是无声的教育。三要营造社区文明环境。居民应该与孩子一道，积极响应社区倡议，共同遵守社区居民规范，参与社区文化建设，告别不文明行为，争当文明家长，善待邻里，与邻为伴。四要带头积极学习，争做典范家长。家长应积极参与社区家长学校、亲子活动，主动学习家庭教育知识，提高自身教育素质，整合社区资源，配合学校行动，根据学校教育需要，积极寻求社区支持。

第三部分　我国家校社协同育人现状调查及问题分析

第一节　家庭教育现状

家庭教育对孩子成长发展的重要性不言而喻，本次调查围绕家长的家庭教育观念、实际的家庭教育行为以及抚养感受等方面进行测查，旨在了解当前中国家庭教育的现状，为有针对性地开展家庭教育指导提供参考。

一、家长的家庭教育观念

家长的家庭教育观念是指家长在与孩子互动过程中展现出的一系列态度和行为模式。本次调查围绕家长的教育观念和教育期望两个方面进行测查。

（一）家长的教育观念

本次调查测查了家长在养育孩子中的基本观念。总体而言，家长的教育观念较为积极，98.9%的家长赞同“家长应该多关注孩子，了解孩子的身心发展”（观念1），90.1%的家长赞同“父母虽然上班很辛苦，也不能把孩子的教育完全交给祖父母或其他人”（观念5）。但也有部分家长的教育观念仍然存在一些问题，如55.6%的家长赞同“父母一定要对孩子严格管教，教育问题始终落在孩子的学习或成绩上”（观念2），32.5%的家长赞同“为了孩子将来更好地生活，我觉得孩子的学习成绩比其他方面都重要”（观念4），19.8%的家长赞同“父母负责为孩子提供物质生活，孩子的教育问题交给学校就行”（观念3）。赞同比例从高到低详见图3–1。

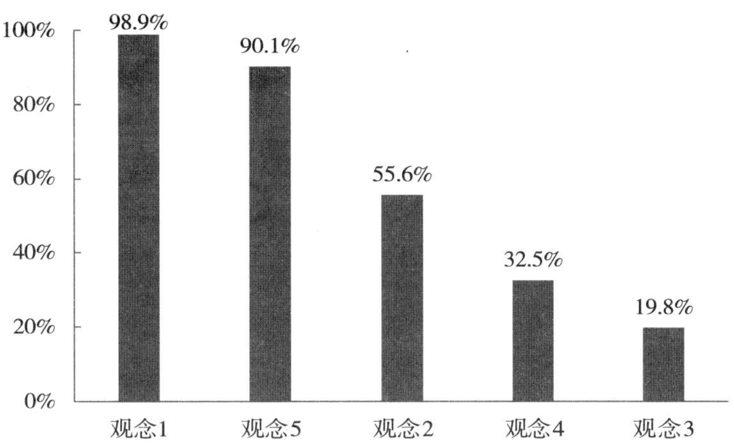

图3-1　家庭教育观念的总体情况

具体而言，分学段看，不同学段家长对“孩子的身心发展”（观念1）都比较关注；中小学家长对学业成绩的看重程度较高，表现在观念2小学、初中家长的赞同比例分别达到57.4%、57.2%；观念4小学、初中家长的赞同比例分别达到32.3%、36.3%。分城乡看，农村家长的教育观念相对存在偏差，表现在农村家长在观念2、观念3、观念4的赞成比例分别为60.2%、23.6%、37.1%，分别高于城镇家长的52.3%、17.0%、29.1%，农村家长在观念5的赞成比例（87.3%）低于城镇家长（92.1%）。分家长学历看，低学历家长教育观念相对存在偏差，表现在“初中及以下”学历的家长在观念2、观念3、观念4的赞成比例分别为63.1%、28.2%、43.6%，均高于“高中／职高／技校／中专”和“大专及以上”学历的家长，并且“初中及以下”学历的家长在观念5的赞成比例（84.5%）低于“高中／职高／技校／中专”（89.2%）和“大专及以上”（93.4%）学历的家长（见表3-1至表3-3）。

表3-1　教育观念赞同情况——分学段描述

	幼儿园	小　学	初　中
观念1：家长应该多关注孩子，了解孩子的身心发展	99.2%	98.9%	98.7%
观念2：父母一定要对孩子严格管教，教育问题始终落在孩子的学习或成绩上	45.9%	**57.4%**	**57.2%**

（续表）

	幼儿园	小 学	初 中
观念 3：父母负责为孩子提供物质生活，孩子的教育问题交给学校就行	16.0%	20.2%	20.7%
观念 4：为了孩子将来更好地生活，我觉得孩子的学习成绩比其他方面都重要	23.0%	**32.3%**	**36.3%**
观念 5：父母虽然上班很辛苦，也不能把孩子的教育完全交给祖父母或其他人	92.6%	90.7%	88.4%

表3–2　教育观念赞同情况——分城乡描述

	城 镇	农 村
观念 1：家长应该多关注孩子，了解孩子的身心发展	99.1%	98.5%
观念 2：父母一定要对孩子严格管教，教育问题始终落在孩子的学习或成绩上	52.3%	**60.2%**
观念 3：父母负责为孩子提供物质生活，孩子的教育问题交给学校就行	17.0%	**23.6%**
观念 4：为了孩子将来更好地生活，我觉得孩子的学习成绩比其他方面都重要	29.1%	**37.1%**
观念 5：父母虽然上班很辛苦，也不能把孩子的教育完全交给祖父母或其他人	92.1%	87.3%

表3–3　教育观念赞同情况——分家长学历描述

	初中及以下	高中 / 职高 / 技校 / 中专	大专及以上
观念 1：家长应该多关注孩子，了解孩子的身心发展	97.9%	99.1%	99.3%
观念 2：父母一定要对孩子严格管教，教育问题始终落在孩子的学习或成绩上	**63.1%**	58.5%	50.5%
观念 3：父母负责为孩子提供物质生活，孩子的教育问题交给学校就行	**28.2%**	20.8%	15.0%
观念 4：为了孩子将来更好地生活，我觉得孩子的学习成绩比其他方面都重要	**43.6%**	33.4%	26.3%
观念 5：父母虽然上班很辛苦，也不能把孩子的教育完全交给祖父母或其他人	**84.5%**	89.2%	93.4%

可见，尽管绝大部分家长认为要多了解孩子的身心发展，但也有相当比例的家长对孩子的学习成绩过于关注，该比例在中小学、农村、低学历父母群体中更高；有八成以上家长认为自己要承担教育孩子的责任，但是也有两

成左右的家长认为孩子的教育问题交给学校即可，这在农村和低学历家长群体中比例更高。

（二）家长的教育期望

父母的教育期望是指父母对孩子未来学业成就的判断或信念，往往和孩子未来的学业成就联系密切。通常来说，父母较高的教育期望对孩子的学业成就有积极影响，然而，不切实际的教育期望对孩子学业发展的促进作用有限，甚至可能会增加孩子的学业倦怠，使孩子在学业情境中对学习事件和过程表现出消极态度或行为，甚至影响孩子的心理健康。本次调查包括父母对孩子的学历期望和成绩排名期望两个方面。

在学历期望方面，总体上看，39.3%的家长期望子女将来获得的最高学历是“大学本科”，同时也有30.1%的家长期望子女获得的最高学历是“硕士”，26.9%的家长期望子女获得的最高学历是“博士”，对子女学历期望较低的家长几乎没有（见图 3–2）。

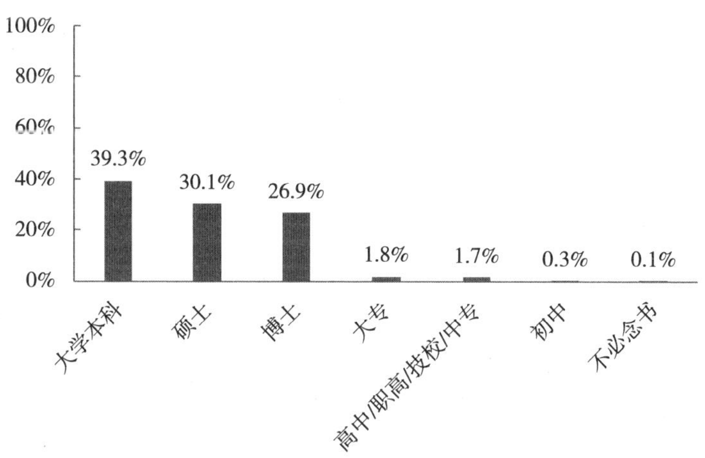

图3–2 对孩子教育水平的期望程度总体情况

具体而言，分学段看，不同学段家长对子女学历的期望均较高，随着年级的升高，对“大学本科”学历的期望比例逐渐增加，对“硕士”“博士”高学历的期望比例有所下降。分城乡看，城镇家长对“硕士”和“博士”的期望比例较高，二者之和达到65.9%，农村家长为44.2%；农村家长选择比例最高的是“大学本科”，占比49.1%。分家长学历看，“初中及以下”和“高中/职高/技校/中专”学历家长选择比例最高的是“大学本科”，占比分别为52.2%和49.7%，而“大专及以上”学历家长期望子女获得“硕士”和“博士”的比例之和高达70.9%（见表3-4至表3-6）。

表3-4 对孩子教育水平的期望程度——分学段描述

	幼儿园	小 学	初 中
大学本科	**29.8%**	**37.9%**	**44.7%**
硕 士	**39.3%**	**30.6%**	**25.8%**
博 士	**29.7%**	**29.0%**	**23.0%**
大 专	0.6%	1.3%	2.9%
高中/职高/技校/中专	0.4%	1.1%	2.9%
初 中	0.1%	0.2%	0.5%
不必念书	0.1%	0.0%	0.1%

表3-5 对孩子教育水平的期望程度——分城乡描述

	城 镇	农 村
大学本科	**32.3%**	**49.1%**
硕 士	**37.2%**	**20.0%**
博 士	**28.7%**	**24.2%**
大 专	0.9%	3.0%
高中/职高/技校/中专	0.7%	3.1%
初 中	0.1%	0.5%
不必念书	0.1%	0.1%

表3-6 对孩子教育水平的期望程度——分家长学历描述

	初中及以下	高中/职高/技校/中专	大专及以上
大学本科	**52.2%**	**49.7%**	**28.2%**
硕 士	**15.3%**	**21.4%**	**41.3%**
博 士	**23.0%**	**25.1%**	**29.6%**

（续表）

	初中及以下	高中 / 职高 / 技校 / 中专	大专及以上
大　专	3.9%	2.1%	0.5%
高中 / 职高 / 技校 / 中专	4.7%	1.4%	0.2%
初　中	0.7%	0.2%	0.1%
不必念书	0.1%	0.1%	0.0%

在孩子的学业排名期望方面，总体上看，家长的期望普遍较高，56.6%的家长希望孩子在“班里前十名”，20.8%的家长希望孩子在“班里中等”，17.0%的家长希望孩子在“班里前三名”，仅有5.7%的家长对孩子的排名没有期望（见图3–3）。

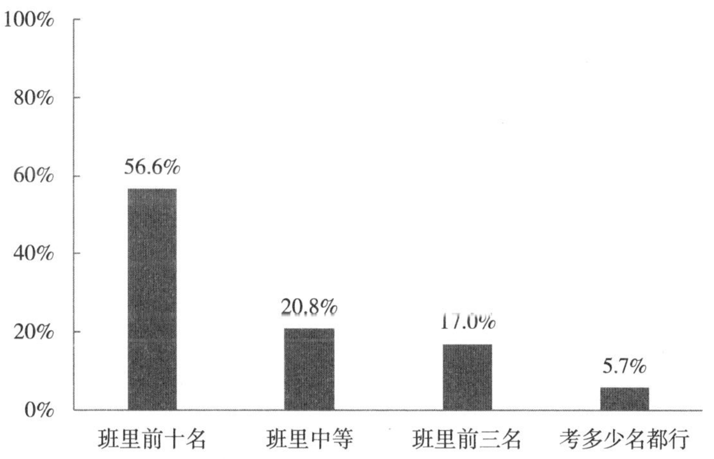

图3–3　对孩子学业排名的期望总体情况

具体而言，不同群体家长选择比例最高的均为“班里前十名”。分学段看，小学家长选择“班里前十名”的比例最高，为58.6%，高出幼儿园和初中家长的比例分别为3.0%和4.2%，初中家长选择“班里中等”的比例高出幼儿园和小学家长。分城乡看，城镇家长选择“班里前十名”的比例为59.1%，高出农村家长6.1%。分家长学历看，“大专及以上”学历的家长选择“班里前十名”的比例为59.8%，高出“高中 / 职高 / 技校 / 中专”和“初中及以下”学历的家长的比例分别为3.5%和9.3%（见表 3–7至表 3–9）。

表3-7　对孩子学业排名的期望——分学段描述

	幼儿园	小　学	初　中
班里前十名	**55.6%**	**58.6%**	**54.4%**
班里中等	16.5%	19.0%	24.6%
班里前三名	15.7%	17.4%	16.9%
考多少名都行	12.2%	5.0%	4.0%

表3-8　对孩子学业排名的期望——分城乡描述

	城　镇	农　村
班里前十名	**59.1%**	**53.0%**
班里中等	19.4%	22.6%
班里前三名	15.7%	18.8%
考多少名都行	5.9%	5.5%

表3-9　对孩子学业排名的期望——分家长学历描述

	初中及以下	高中 / 职高 / 技校 / 中专	大专及以上
班里前十名	**50.5%**	**56.3%**	**59.8%**
班里中等	25.8%	21.3%	18.0%
班里前三名	19.1%	17.6%	15.6%
考多少名都行	4.7%	4.7%	6.6%

可见，家长的学历期待均较高，九成以上家长的学历期待是大学本科及以上，并且这个比例在城镇、高学历家长中更高；七成以上家长希望孩子在班里排名前十及以上，这在城镇、高学历家长中更普遍。

二、家长的家庭教育行为

规范合理的家庭教育行为是影响孩子身心健康的重要因素，本次调查从家长家庭教育的分工情况以及教养方式现状两个方面来描绘当前中国家长的家庭教育行为。

（一）家庭教育分工

在家庭教育中，良好的家庭教育分工有助于营造和谐的家庭氛围，助力孩子成长。本次调查采用修订后的父母角色问卷中的9道题目进行考查，包括1道总体的角色认知题目、4道幼儿父母的角色分工题目和4道中小学父母的角色分工题目。通过考察家长对家庭教育分工的认知和行为表现，探讨认知和行为的一致性。

在总体的家长角色认知上，调查发现，76.8%的家长认为应该由父母共同负责孩子的日常教育，但也有19.3%的家长选择父母其中一方负责，也有小部分家长认为可以由祖父母、外祖父母或其他人负责（见图 3-4）。

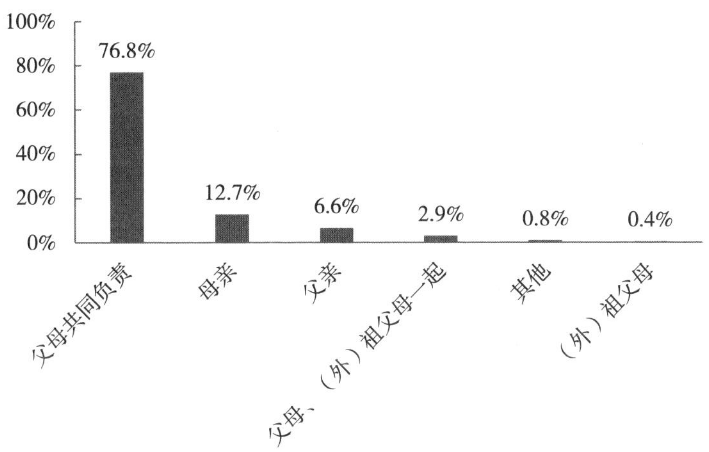

图3-4 孩子日常教育问题主要负责人的总体情况

具体而言，不同学段、城乡和学历的家长选择比例最高的选项均为“父母共同负责”，同时，初中和小学家长选择父母一方负责的比例为21.1%和19.1%，分别高出幼儿园家长6.6%和4.6%；农村家长选择父母一方负责的比例为21.5%，高出城镇家长3.9%；学历为“初中及以下”的家长选择父母一方负责的比例为25.2%，高出“大专及以上”和“高中 / 职高 / 技校 / 中专”学历的家长的比例分别为9.3%和5.4%（见表 3-10至表 3-12）。

可见，在父母角色认知方面，大部分家长对于子女日常教育问题的认识都较为科学，认为父母应该共同承担孩子日常教育，但也有两成左右家长认为是父母其中一方的责任，且该比例在中小学、农村和低学历家长群体中更高。

表3-10　孩子日常教育问题主要负责人——分学段描述

	幼儿园	小　学	初　中
父母共同负责	**79.7%**	**77.0%**	**75.3%**
母　亲	10.1%	**13.3%**	**12.8%**
父　亲	4.4%	**5.8%**	**8.3%**
父母、（外）祖父母一起	5.0%	2.9%	2.0%
其　他	0.4%	0.6%	1.2%
（外）祖父母	0.3%	0.4%	0.4%

表3-11　孩子日常教育问题主要负责人——分城乡描述

	城　镇	农　村
父母共同负责	**78.8%**	**74.0%**
母　亲	11.6%	**14.1%**
父　亲	6.0%	**7.4%**
父母、（外）祖父母一起	2.9%	2.9%
其　他	0.5%	1.2%
（外）祖父母	0.3%	0.5%

表3-12　孩子日常教育问题主要负责人——分家长学历描述

	初中及以下	高中/职高/技校/中专	大专及以上
父母共同负责	**69.9%**	**76.3%**	**80.4%**
母　亲	**16.9%**	13.0%	10.4%
父　亲	**8.3%**	6.8%	5.5%
父母、（外）祖父母一起	2.3%	2.8%	3.1%
其　他	1.8%	0.7%	0.3%
（外）祖父母	0.7%	0.4%	0.2%

在实际的家庭教育分工上，调查了幼儿家长关于孩子衣食住行、游戏运动、智力启蒙和行为习惯四方面的父母角色分工。调查发现，幼儿家长选择“母亲为主”和“父母一起”的比例均较高；其中四项养育活动中选择“母亲为主”的比例分别占47.5%、29.8%、46.6%和45.8%，选择“父母一起”的比例分别为21.9%、31.3%、31.5%、31.3%（见图3-5）。

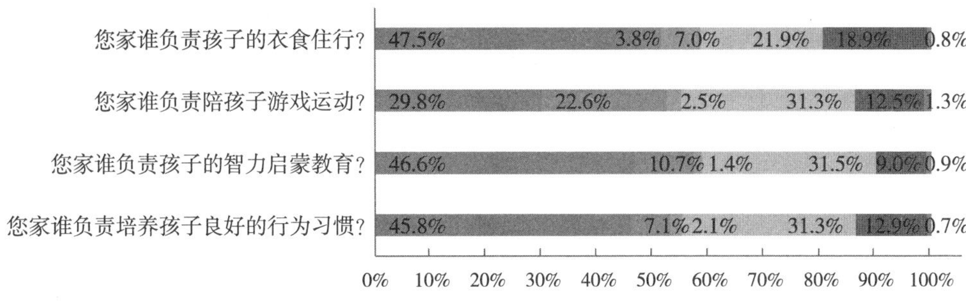

图3-5 幼儿家庭教育角色分工总体情况

具体而言，从城乡看，农村家长和城镇家长在四个方面的角色分工均为“母亲为主”或“父母一起”，其中，农村家长在衣食住行、智力启蒙和行为习惯上选择“母亲为主”的比例均略高于城镇家长，而在游戏运动上，农村家长选择“父母一起”的比例更高。从父母学历看，父母学历越高的家庭，在衣食住行、智力启蒙和行为习惯上选择“父母一起”的比例越高，“母亲为主”的比例越低，而在游戏运动方面，初中及以下学历家长选择“父母一起”的比例更高（见表3-13和表3-14）。

可见，在幼儿家长的实际角色分工方面，仅有不到三分之一的家长是父母共同承担孩子衣食住行、游戏运动、智力启蒙和行为习惯四方面的教育；而父母一方负责的比例均超过一半，其中在衣食住行、智力启蒙和行为习惯三方面是母亲为主的比例超过四成。

表3-13 幼儿家庭教育角色分工——分城乡描述

	衣食住行		游戏运动		智力启蒙		行为习惯	
	城镇	农村	城镇	农村	城镇	农村	城镇	农村
母亲为主	**46.5%**	**49.9%**	**31.7%**	30.2%	**46.2%**	**47.6%**	**44.7%**	**48.5%**
父母一起	21.7%	22.4%	28.4%	**33.2%**	31.9%	30.5%	31.9%	29.7%
父母、（外）祖父母一起	19.5%	17.4%	23.6%	20.2%	10.9%	10.2%	13.5%	11.7%
（外）祖父母为主	7.7%	5.5%	13.0%	11.4%	9.2%	8.6%	7.3%	6.7%
父亲为主	3.8%	3.8%	2.4%	2.6%	1.2%	1.6%	2.1%	2.2%
其他人	0.8%	1.0%	0.8%	2.3%	0.7%	1.6%	0.5%	1.2%

表3-14　幼儿家庭教育角色分工——分家长学历描述

	衣食住行			游戏运动			智力启蒙			行为习惯		
	初中及以下	高中/职高/技校/中专	大专及以上	初中及以下	高中/职高/技校/中专	大专及以上	初中及以下	高中/职高/技校/中专	大专及以上	初中及以下	高中/职高/技校/中专	大专及以上
母亲为主	**55.8%**	**52.4%**	**46.0%**	26.0%	28.3%	**32.3%**	**48.8%**	**48.6%**	**46.1%**	**51.2%**	**50.0%**	**44.7%**
父母一起	20.9%	20.4%	22.2%	**39.1%**	**37.3%**	27.8%	26.6%	28.7%	32.4%	25.6%	27.9%	32.4%
父母、（外）祖父母一起	11.9%	16.2%	20.0%	15.3%	16.8%	24.2%	10.7%	9.9%	10.8%	10.6%	11.0%	13.5%
（外）祖父母为主	5.7%	5.1%	7.5%	10.1%	11.4%	12.9%	7.9%	8.9%	9.1%	8.2%	6.8%	7.1%
父亲为主	4.1%	4.2%	3.7%	5.0%	3.2%	2.1%	2.9%	1.6%	1.2%	2.7%	2.5%	2.0%
其他人	1.5%	1.8%	0.6%	4.5%	3.1%	0.6%	3.0%	2.3%	0.5%	1.8%	1.8%	0.4%

通过调查中小学生衣食住行、身心健康、学业辅导和行为习惯四方面养育过程中父母的角色分工，结果发现，在四方面养育过程中，中小学生家长选择“母亲为主”和“父母一起”比例均较高；其中在衣食住行、身心健康、学业辅导和行为习惯方面选择“父母一起”的比例分别为27.5%、42.4%、31.5%、39.7%，同时在这四项养育活动中选择“母亲为主”的比例分别为52.9%、38.1%、46.6%和38.8%。可见，在中小学生家长的角色分工方面，仅有三分之一左右的家长是父母共同承担孩子衣食住行、身心健康、学业辅导和行为习惯四方面的教养；除身心健康方面外，其他三方面父母一方负责的比例均超过一半，其中母亲为主的比例均超过三分之一（见图3-6）。

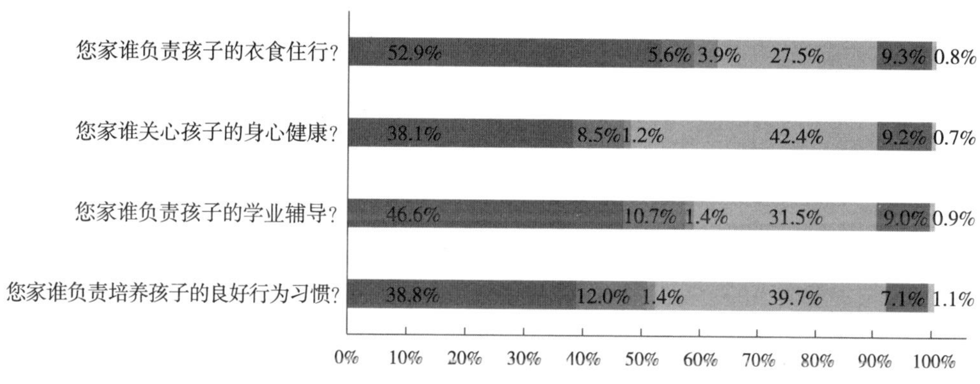

图3-6　中小学生家庭教育角色分工总体情况

分学段看，在孩子的衣食住行、身心健康、学业辅导方面，中小学家长选择比例最高的均为“母亲为主”，其中在衣食住行和身心健康方面中小学选择比例差异不大，均在3%以内，而在学业辅导方面，小学家长选择比例高出初中家长10%。在行为习惯方面，小学家长选择比例最高的为“父母一起”，比例为40.2%，初中家长选择比例最高的为“母亲为主”，比例为40.8%（见表3-15）。

分城乡看，在孩子的衣食住行、身心健康、学业辅导和行为习惯方面，城镇家长和农村家长选择比例最高的均为“母亲为主”，城镇家长和农村家长选择比例差异不大，均在3%以内（见表3-16）。

分父母学历看，在孩子的衣食住行、身心健康、学业辅导方面，不同学历家长选择比例最高的均为“母亲为主”，不同学历家长选择比例相差不大，均在4%以内。而在行为习惯方面，“初中及以下”学历父母选择“父母一起”比例最高，比例为39.8%，“高中／职高／技校／中专”学历父母选择“母亲为主”和“父母一起”的比例最高，比例均为39.3%，“大专及以上”学历父母选择比例最高的为“母亲为主”，比例为40.9%（见表3-17）。

表3-15 中小学生家庭教育角色分工——分学段描述

	衣食住行		身心健康		学业辅导		行为习惯	
	小 学	初 中	小 学	初 中	小 学	初 中	小 学	初 中
母亲为主	**52.2%**	**53.9%**	**41.5%**	**43.6%**	**56.0%**	**46.0%**	38.9%	**40.8%**
父母一起	25.9%	29.6%	38.4%	37.6%	25.7%	25.2%	**40.2%**	37.0%
父母、（外）祖父母一起	11.5%	6.5%	11.1%	6.8%	11.0%	17.9%	10.2%	14.2%
（外）祖父母为主	4.9%	6.5%	7.3%	10.0%	2.3%	7.7%	8.5%	5.3%
父亲为主	4.8%	2.8%	1.2%	1.1%	3.5%	2.2%	1.5%	1.2%
其他人	0.7%	0.8%	0.5%	0.9%	1.5%	1.0%	0.7%	1.5%

表3-16 中小学生家庭教育角色分工——分城乡描述

	衣食住行		身心健康		学业辅导		行为习惯	
	城 镇	农 村	城 镇	农 村	城 镇	农 村	城 镇	农 村
母亲为主	**52.5%**	**53.4%**	**42.5%**	**42.3%**	**52.8%**	**50.1%**	**39.9%**	**39.5%**
父母一起	26.8%	28.5%	37.5%	38.7%	25.8%	25.1%	38.7%	38.9%
父母、（外）祖父母一起	10.3%	8.0%	9.9%	8.3%	14.3%	13.7%	12.2%	11.6%
（外）祖父母为主	5.6%	5.5%	8.7%	8.2%	3.5%	6.3%	7.4%	6.7%
父亲为主	4.3%	3.5%	1.0%	1.5%	2.6%	3.3%	1.1%	1.6%
其他人	0.5%	1.1%	0.4%	1.0%	1.1%	1.5%	0.7%	1.6%

表3-17　中小学生家庭教育角色分工——分家长学历描述

	衣食住行			身心健康			学业辅导			行为习惯		
	初中及以下	高中/职高/技校/中专	大专及以上	初中及以下	高中/职高/技校/中专	大专及以上	初中及以下	高中/职高/技校/中专	大专及以上	初中及以下	高中/职高/技校/中专	大专及以上
母亲为主	**54.5%**	**54.8%**	**51.0%**	**41.4%**	**41.9%**	**43.3%**	**49.5%**	**52.6%**	**52.5%**	38.3%	**39.3%**	**40.9%**
父母一起	28.1%	27.7%	27.1%	39.8%	38.9%	36.5%	24.1%	24.0%	27.1%	**39.8%**	**39.3%**	37.9%
父母、（外）祖父母一起	6.9%	7.7%	11.5%	7.8%	8.2%	10.6%	12.4%	14.8%	14.7%	11.4%	12.4%	12.1%
（外）祖父母为主	5.6%	5.8%	5.4%	8.0%	9.1%	8.5%	8.9%	4.6%	2.1%	6.4%	6.7%	7.7%
父亲为主	3.5%	3.2%	4.5%	1.8%	1.2%	0.8%	3.4%	2.7%	2.7%	1.9%	1.3%	1.0%
其他人	1.4%	0.7%	0.4%	1.3%	0.6%	0.3%	1.8%	1.3%	0.9%	2.2%	1.0%	0.4%

（二）家长的教养方式

教养方式指父母在抚养教育子女的过程中表现出的相对稳定的行为特征，包括民主、专制、放纵三个维度。民主表现为倾听孩子的意见、在规则内给予孩子一定的自由，是相对最积极的教养方式；专制表现为对孩子的严厉控制和要求；放纵表现为对孩子的纵容。本次调查采用6道题目测查父母的教养方式，每个维度各2题。调研发现，父母的教养方式总体上较为积极，73.1%的家长经常采用民主教养，27.0%的家长经常采用专制教养，28.3%的家长经常采用放纵教养。

分学段看，在民主教养方面，85.7%的幼儿园家长经常采用民主教养，分别高出小学和初中家长10.0%和21.0%；在专制教养方面，幼儿园、小学、初中家长经常采用的比例差异不大，分别为10.1%、12.6%、11.7%；在放纵教养方面，幼儿园家长经常采用的比例为16.4%，高出小学和初中家长的比例分别为5.3%和6.0%。

分城乡看，在民主教养方面，城镇家长经常采用的比例为79.3%，高出农村家长15.1%；在专制教养方面，城镇和农村家长经常采用的比例差异不大，分别为11.0%、13.1%；在放纵教养方面，城镇和农村家长经常采用的比例差异不大，分别为12.1%、10.9%。

分家长学历看，在民主教养方面，“大专及以上”学历家长经常采用的比例为83.4%，高出“高中／职高／技校／中专”和“初中及以下”学历家长的比例分别为15.5%和26.2%；在专制教养方面，“初中及以下”学历家长经常采用的比例为15.1%，高出“高中／职高／技校／中专”和“大专及以上”学历家长的比例分别为3.8%和4.6%；在放纵教养方面，“大专及以上”学历家长经常采用的比例为12.4%，略高于“高中／职高／技校／中专”和“初中及以下”学历家长（见表3–18）。

可见，七成以上家长的教养方式较为积极，经常采用民主教养，幼儿园、城镇和高学历家长采用民主教养的比例更高，但也有近三成的家长经常采用专制教养和放纵教养，教养方式有待改进。

表3-18　教养方式——分学段、城乡、家长学历描述

		民　主	专　制	放　纵
学　段	幼儿园	85.7%	10.1%	16.4%
	小　学	75.7%	12.6%	11.1%
	初　中	64.7%	11.7%	10.4%
城　乡	城　镇	79.3%	11.0%	12.1%
	农　村	64.2%	13.1%	10.9%
家长学历	初中及以下	57.2%	15.1%	11.6%
	高中 / 职高 / 技校 / 中专	67.9%	11.3%	9.8%
	大专及以上	83.4%	10.5%	12.4%

三、家长的抚养感受

本次调查采用两组调查题，通过家长的抚养效能感和养育困难两个指标来了解家长对自己抚养状态的感受。

（一）家长的抚养效能感

对抚养效能感调查的结果显示，76.0%的家长认为自己可以胜任子女养育任务。具体而言，分学段看，幼儿园家长认为自己“胜任”的比例最高，达到83.7%，分别高出小学家长和初中家长6.9%和11.9%。分城乡看，城镇和农村家长认为自己胜任的比例差异不大，分别为72.9%和71.2%。分家长学历看，“大专及以上”学历家长认为自己胜任的比例最高，为81.7%，高出“高中 / 职高 / 技校 / 中专”和“初中及以下”学历家长的比例分别为8.9%和14.6%（见表3-19）。

表3-19　抚养效能感——分学段、城乡、家长学历描述

		胜　任	不胜任
学　段	幼儿园	**83.7%**	16.3%
	小　学	**76.8%**	23.2%
	初　中	**71.8%**	28.2%
城　乡	城　镇	**72.9%**	20.8%
	农　村	**71.2%**	28.8%

（续表）

		胜　任	不胜任
家长学历	初中及以下	**67.1%**	32.9%
	高中/职高/技校/中专	**72.8%**	27.2%
	大专及以上	**81.7%**	18.3%

（二）家长在教养过程中遇到的困难

本次调查发现，92.3%的家长表示自己在养育子女过程中存在养育困难。具体困难排在前三位的是“缺少教育知识和方法”、“时间和精力不足”和“缺少获取信息的渠道”，占比分别为51.4%、33.2%、6.6%（见图 3–7）。

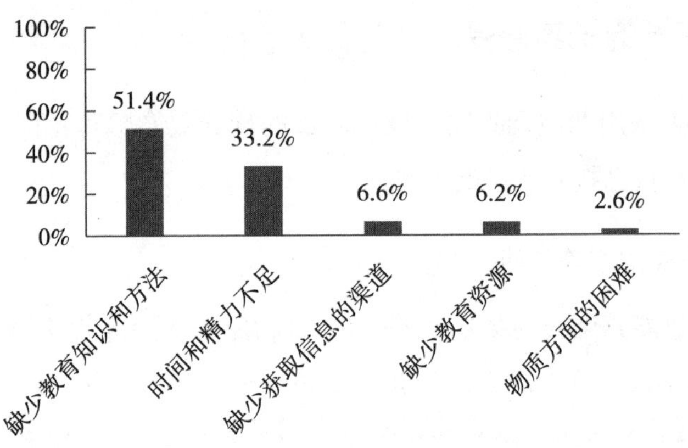

图3–7　家庭教育中遇到的困难总体情况

具体而言，分学段看，幼儿园和小学家长在家庭教育中遇到的困难排名前三位的都是“缺少教育知识和方法”、“时间和精力不足”和“缺少获取信息的渠道”，初中家长在家庭教育中遇到的困难排名前三位的是“缺少教育知识和方法”、“时间和精力不足”和“缺少教育资源”，但是不同群体选择每个选项的比例差异较大。在“缺少教育知识和方法”上，幼儿园、小学和初中家长选择比例分别为38.4%、50.2%和57.9%，而在“时间和精力不足”上，三个群体选择比例分别为45.2%、35.3%和25.7%。

分城乡看，城镇家长和农村家长在家庭教育中遇到的困难存在较大差异。在“缺少教育知识和方法”上，城镇家长和农村家长选择比例分别为46.9%

和57.8%；在“时间和精力不足”上，城镇家长和农村家长选择比例分别为37.4%和27.2%。

分家长学历看，不同学历家长在家庭教育中遇到的困难存在较大差异。在“缺少教育知识和方法”上，“初中及以下”、“高中／职高／技校／中专”和“大专及以上”学历的家长选择的比例分别为63.6%、58.6%和42.1%；在“时间和精力不足”上，三个群体选择的比例分别为22.4%、26.2%和41.6%（见表3–20至表3–22）。

表3–20　家庭教育中遇到的困难——分学段描述

	幼儿园	小　学	初　中
缺少教育知识和方法	**38.4%**	**50.2%**	**57.9%**
时间和精力不足	**45.2%**	**35.3%**	**25.7%**
缺少获取信息的渠道	**7.6%**	**6.5%**	6.5%
缺少教育资源	5.9%	5.7%	**6.9%**
物质方面的困难	2.9%	2.3%	3.0%

表3–21　家庭教育中遇到的困难——分城乡描述

	城　镇	农　村
缺少教育知识和方法	**46.9%**	**57.8%**
时间和精力不足	**37.4%**	**27.2%**
缺少获取信息的渠道	**7.2%**	5.7%
缺少教育资源	6.4%	**5.9%**
物质方面的困难	2.1%	3.4%

表3–22　家庭教育中遇到的困难——分家长学历描述

	初中及以下	高中／职高／技校／中专	大专及以上
缺少教育知识和方法	**63.6%**	**58.6%**	**42.1%**
时间和精力不足	**22.4%**	**26.2%**	**41.6%**
缺少获取信息的渠道	4.7%	**6.4%**	**7.7%**
缺少教育资源	**5.7%**	5.9%	6.6%
物质方面的困难	3.7%	2.9%	2.0%

可见，尽管七成以上家长认为自己可以胜任养育子女的职责，但也有九

成以上家长认为自己在养育过程中存在较大困难，主要表现为缺少教育知识和方法、时间和精力不足等。其中，中小学家长、农村家长和低学历家长在“缺少教育知识和方法”方面困难更大；幼儿园家长、城镇家长和高学历家长在“时间和精力不足”方面表现突出。

四、结论

本次调查从家长的家庭教育观念、家庭教育行为和抚养感受等方面分析了父母的家庭教育现状，主要发现如下。

1. 家长的家庭教育观念

（1）家长的家庭教育观念整体较积极：超过九成的家长认为应该关注孩子的身心健康，不能因为工作繁忙就完全将家庭教育交给（外）祖父母；（2）部分家长过于看重孩子的学业成绩：超过四成的家长认为教育孩子的终极目标是学业成绩；（3）部分家长认为教育孩子是学校的责任，该现象在中小学、农村、低学历父母中更为突出。

2. 家长的家庭教育行为

（1）家庭教养分工存在知行不一的现象：超过七成的家长认为父母应该共同承担子女的教养职责，但在实际教养中，三成以上的家庭依旧主要由母亲一人负责；（2）大部分家长教养方式科学合理，超过七成的家长经常采用民主型教养方式，很少采用专制型和放纵型教养方式。父母教养方式存在显著的学段、城乡和学历差异，幼儿园父母、城镇父母和学历为大专及以上的父母更倾向于采用民主型教养方式。

3. 家长的抚养感受

（1）76.0%的家长认为自己可以胜任子女养育任务，其中幼儿园和高学历家长胜任力更高；（2）九成以上的父母表示在教养中存在缺少教育知识和方法、时间和精力不足等养育困难，并认为自己需要学习养育知识。其中，中小学父母、农村父母和初中及以下学历父母认为自己“缺少教育知识和方法”的比例更高。

第二节　基于家长视角的家校社协同育人现状

本节主要基于家长群体的视角，关注家长对家校社协同育人的态度和理念、家校社协同育人的参与现状以及家长对协同育人活动的需求及影响因素，并基于此提出建议，旨在引导家长充分认识家庭教育的重要性和家校社协同育人的重要意义，同时促进分工合作的家校社协同育人机制的完善。

一、家长对家校社协同育人的态度理念

理念是行动的先导，对家校社协同育人的正确认知有助于建立各方联系紧密、持续互动、深度参与的家校社关系。本部分通过分析和探讨家长对于家校关系的认识、家长对于家长责任的认识、家长对于家长权利的认识来深入理解家长对家校社协同育人的态度理念，并通过区分不同学段、城乡、家长学历来进一步了解不同群体家长态度理念的差异。

（一）家长对于家校关系的认识

本次调查考察了家长对于家校关系的认识，结果发现，91.2%的家长赞同“在家庭教育过程中，学校应发挥指导作用，帮助促进亲子沟通，营造良好的家校关系”（观念1），84.3%的家长赞同“学校有必要提供家庭教育指导服务问题”（观念2），94.0%的家长赞同“家庭教育是学校教育和社会教育的基础”（观念3）。但也有52.1%的家长认为“家长只需要根据学校要求，参与学校相关活动即可”（观念4）（见图 3-8）。

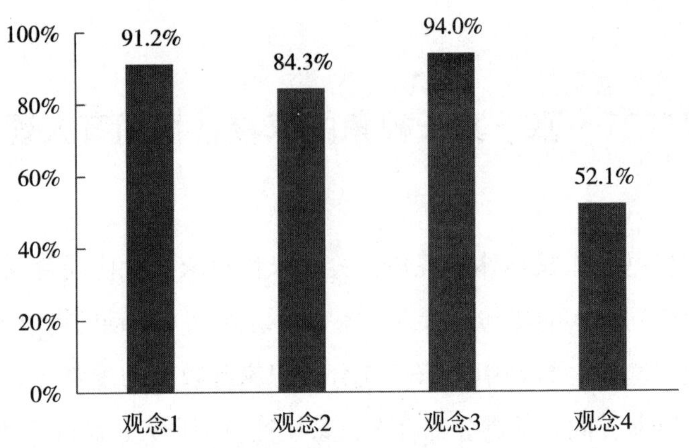

图3-8　家长对于家校关系认识的总体情况

具体而言，在观念1、观念2和观念3上，不同学段、城乡和学历家长之间的赞同情况相似，而观念4在不同群体间存在较大差异。对于观念4，分学段看，44.1%的幼儿园家长赞同，低于小学家长和初中家长的比例分别为8.8%和10.0%；分城乡看，56.4%的农村家长赞同该观念，高出城镇家长7.4%；分家长学历看，61.5%“初中及以下”学历家长赞同该观念，高出“高中/职高/技校/中专”和“大专及以上”学历家长的比例分别为4.6%和16.4%。观念4分学段、城乡、家长学历赞同情况见表3-23。

表3-23　不同学段、城乡、学历家长在各观念上的赞同情况

不同群体		观念 1	观念 2	观念 3	观念 4
学　段	幼儿园	91.1%	86.5%	95.1%	**44.1%**
	小　学	91.3%	84.3%	94.0%	**52.9%**
	初　中	91.4%	83.6%	93.6%	**54.1%**
城　乡	城　镇	91.4%	85.8%	95.2%	**49.0%**
	农　村	91.0%	82.3%	92.5%	**56.4%**
家长学历	初中及以下	90.4%	79.9%	91.2%	**61.5%**
	高中/职高/技校/中专	92.1%	84.2%	93.6%	**56.9%**
	大专及以上	91.2%	86.8%	95.6%	**45.1%**

（二）家长对于家长责任的认识

本次调查针对家长在家校合作中应承担的责任进行了考察，结果发现，大部分家长对于自己在家校合作中承担的责任有比较清楚的认识，选择比例最高的前三项分别是“与教师沟通”、“和教师共育孩子”和“参与家校合作”，但也有17.4%的家长选择“批改孩子作业”（见图 3–9）。

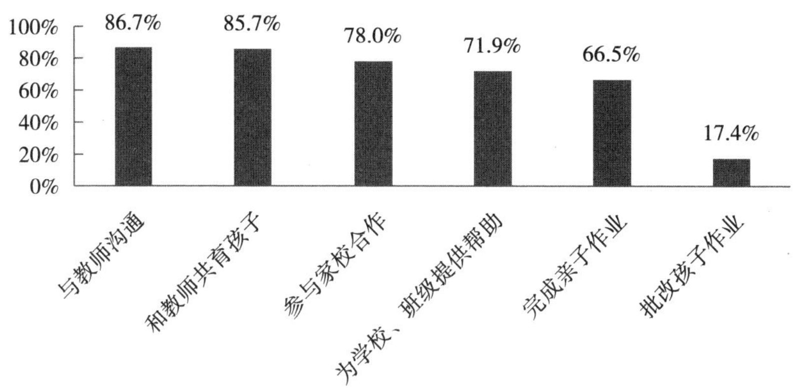

图3–9　家长在家校合作中应承担的责任总体情况

具体而言，不同学段、城乡、学历的家长均认为在家校合作中家长应该承担的责任排在前三位的是“与教师沟通”、“和教师共育孩子”和“参与家校合作”。

分学段看，“与教师沟通”和“和教师共育孩子”选择比例在学段间差异不大；而“参与家校合作”选择比例存在学段差异，幼儿园家长为83.3%，高出小学家长和初中家长的比例分别为6.1%和6.2%；在“完成亲子作业”和“批改孩子作业”方面，群体之间也存在较大差异。

分城乡看，城镇和农村家长对于家校合作中承担责任的认识上存在较大差异。例如，城镇家长选择“与教师沟通”的比例最高，为88.4%，高出农村家长4.1%；城镇家长选择“和教师共育孩子”的比例为87.7%，高出农村家长4.8%；城镇家长选择“参与家校合作”的比例为81.5%，高出农村家长8.2%；城镇家长选择“为学校、班级提供帮助”的比例为76.4%，高出农村家长10.9%。

分家长学历看，不同学历家长对于家校合作中承担责任的认识上存在较大差异，家长学历越高，在“与教师沟通”“和教师共育孩子”“参与家校合作”等方面的赞同比例越高。例如，“大专及以上”学历家长选择“与教师沟通”的比例为90.1%，高出“高中／职高／技校／中专”和“初中及以下”家长的比例分别为4.1%和9.7%；“大专及以上”学历家长选择“和教师共育孩子”比例最高，为89.0%，高出“高中／职高／技校／中专”和“初中及以下”家长的比例分别为3.9%和9.4%；“大专及以上”学历家长选择“参与家校合作”比例最高，为82.9%，高出“高中／职高／技校／中专”和“初中及以下”家长的比例分别为5.0%和14.3%（见表 3-24至表 3-26）。

表3-24　家长在家校合作中应承担的责任——分学段描述

	幼儿园	小　学	初　中
与教师沟通	**89.8%**	**86.1%**	**86.2%**
和教师共育孩子	**86.8%**	**85.8%**	**85.0%**
参与家校合作	**83.3%**	**77.2%**	**77.1%**
为学校、班级提供帮助	73.9%	71.9%	71.0%
完成亲子作业	73.5%	68.6%	61.0%
批改孩子作业	20.4%	18.9%	14.4%

表3-25　家长在家校合作中应承担的责任——分城乡描述

	城　镇	农　村
与教师沟通	**88.4%**	**84.3%**
和教师共育孩子	**87.7%**	**82.9%**
参与家校合作	**81.5%**	**73.3%**
为学校、班级提供帮助	76.4%	65.5%
完成亲子作业	68.7%	63.5%
批改孩子作业	17.2%	17.8%

表3-26　家长在家校合作中应承担的责任——分家长学历描述

	初中及以下	高中／职高／技校／中专	大专及以上
与教师沟通	**80.4%**	**86.0%**	**90.1%**
和教师共育孩子	**79.6%**	**85.1%**	**89.0%**
参与家校合作	**68.6%**	**77.9%**	**82.9%**
为学校、班级提供帮助	59.8%	70.5%	78.6%
完成亲子作业	58.1%	66.2%	70.9%
批改孩子作业	16.7%	16.9%	18.0%

（三）家长对于家长权利的认识

除此之外，本次调查也考察了家长对家校合作中自己享有权利的认识。结果发现，家长选择比例最高的前三项分别是家长有权“了解孩子在学校的表现”、“了解学校的有关情况”和“了解教师的教育教学情况”（见图3–10）。

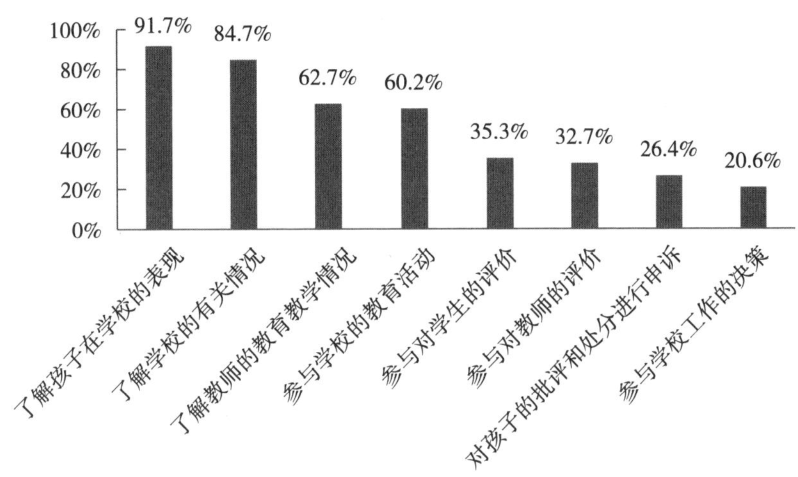

图3–10　家长在家校合作中享有权利的总体情况

分学段看，不同学段家长选择比例排在前三位的均是“了解孩子在学校的表现”、“了解学校的有关情况”和“了解教师的教育教学情况”。随着年级的升高，家长认为自己享有相应权利的比例逐渐下降。例如，幼儿园家长选择“了解学校的有关情况”比例最高，为89.0%，高出小学和初中家长的比例分别为5.0%和5.2%；幼儿园家长选择“了解教师的教育教学情况”比例最高，为69.7%，高出小学和初中家长的比例分别为6.4%和10.4%；幼儿园家长选择“参与对教师的评价”的比例为42.6%，高出小学和初中家长的比例分别为9.4%和14.5%（见表3–27）。

表3–27　家长在家校合作中的权利——分学段描述

	幼儿园	小　学	初　中
了解孩子在学校的表现	**92.6%**	**91.9%**	**91.1%**
了解学校的有关情况	**89.0%**	**84.0%**	**83.8%**

（续表）

	幼儿园	小　学	初　中
了解教师的教育教学情况	**69.7%**	**63.3%**	**59.3%**
参与学校的教育活动	66.9%	60.1%	57.7%
参与对学生的评价	38.4%	35.7%	33.5%
参与对教师的评价	42.6%	33.2%	28.1%
对孩子的批评和处分进行申诉	37.0%	27.0%	21.4%
参与学校工作的决策	24.9%	21.1%	18.4%

分城乡看，城镇家长认为自己享受各项权利的比例均高于农村家长。例如，城镇家长选择“了解孩子在学校的表现”比例最高，为93.3%，高出农村家长3.7%；城镇家长选择“了解学校的有关情况”比例最高，为87.4%，高出农村家长6.5%；城镇家长选择“了解教师的教育教学情况”的比例为67.1%，高出农村家长10.6%（见表3–28）。

表3–28　家长在家校合作中的权利——分城乡描述

	城　镇	农　村
了解孩子在学校的表现	**93.3%**	**89.6%**
了解学校的有关情况	**87.4%**	**80.9%**
了解教师的教育教学情况	**67.1%**	56.5%
参与学校的教育活动	62.6%	**56.9%**
参与对学生的评价	37.1%	32.6%
参与对教师的评价	36.6%	27.0%
对孩子的批评和处分进行申诉	30.8%	20.1%
参与学校工作的决策	21.2%	19.8%

分家长学历看，随着家长学历的升高，认为享有各项权利的比例也逐渐增加。例如，“初中及以下”学历家长选择“了解孩子在学校的表现”比例最低，为86.7%，低于“高中／职高／技校／中专”和“大专及以上”学历家长的比例分别为5.2%和7.5%；“大专及以上”学历家长选择“了解学校的有关情况”比例为89.1%，高出“高中／职高／技校／中专”和“初中及以下”学历家长的比例分别为5.2%和12.4%；“大专及以上”学历家长选择“了解教师的

教育教学情况”比例为70.5%，高出“高中/职高/技校/中专”和“初中及以下”学历家长的比例分别为11.2%和20.1%（见表3-29）。

表3-29　家长在家校合作中的权利——分家长学历描述

	初中及以下	高中/职高/技校/中专	大专及以上
了解孩子在学校的表现	**86.7%**	**91.9%**	**94.2%**
了解学校的有关情况	**76.7%**	**83.9%**	**89.1%**
了解教师的教育教学情况	**50.4%**	**59.3%**	**70.5%**
参与学校的教育活动	52.9%	58.9%	64.5%
参与对学生的评价	30.1%	31.9%	39.3%
参与对教师的评价	22.8%	27.0%	40.1%
对孩子的批评和处分进行申诉	16.3%	20.3%	34.1%
参与学校工作的决策	18.7%	19.2%	22.3%

二、家校社协同育人活动的参与现状

该部分重点分析了家长参与学校和社区家校社协同育人活动的情况，包括家长从学校/社区获得家庭教育支持的情况、家长了解学校/社区开展协同育人活动的途径、家长参与学校/社区协同育人活动的情况以及对活动的满意度，并通过对不同学段、城乡和家长学历的分析来进一步了解不同群体家长参与现状的差异。

（一）家长参与学校开展的协同育人活动现状

1. 家长从学校获得家庭教育支持的情况

本次调研通过2道自编题目测查了家长从学校获得家庭教育支持的情况。结果发现，总体而言，96.0%的家长表示在上学期从学校或班主任那里得到过帮助和支持。在具体内容方面，排在前三位的分别是“家庭教育知识或方法的指导”、“孩子的兴趣、习惯培养”和“孩子的心理辅导”，占比分别为57.1%、54.8%、50.0%（见图3-11）。

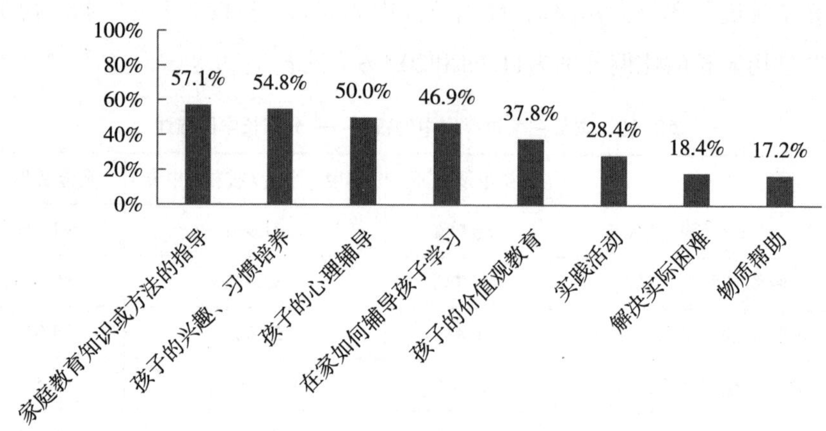

图3-11　家长获得学校家庭教育支持的总体情况

分学段描述显示，幼儿园、初中家长从学校获得支持排在前三位的均为"孩子的兴趣、习惯培养"、"家庭教育知识或方法的指导"和"孩子的心理辅导"，而小学家长获得支持排在前三位的为"孩子的兴趣、习惯培养"、"家庭教育知识或方法的指导"和"在家如何辅导孩子学习"。在具体方面，各学段家长选择的比例差异较为明显。例如在"孩子的兴趣、习惯培养"上，幼儿园家长选择比例为68.3%，高出小学和初中家长的比例分别为12.6%和20.1%；在"在家如何辅导孩子学习"上，小学家长选择的比例为51.2%，高出幼儿园和初中家长的比例分别为16.6%和5.0%（见表3-30）。

表3-30　不同学段家长获得学校家庭教育支持的情况

	幼儿园	小　学	初　中
孩子的兴趣、习惯培养	**68.3%**	**55.7%**	**48.2%**
家庭教育知识或方法的指导	**55.9%**	**55.9%**	**59.1%**
孩子的心理辅导	**49.0%**	45.8%	**55.8%**
实践活动	44.3%	30.2%	19.5%
在家如何辅导孩子学习	34.6%	**51.2%**	46.2%
孩子的价值观教育	33.7%	35.8%	42.1%
物质帮助	16.6%	17.5%	17.0%
解决实际困难	14.4%	21.9%	15.4%

分城乡看，城镇和农村家长从学校获得的支持排在前三位的均为“家庭教育知识或方法的指导”、“孩子的兴趣、习惯培养”和“孩子的心理辅导”，差异不大。然而在“解决实际困难”方面，城镇家长获得的支持较高，为20.2%，高出农村4.5%（见表3–31）。

表3–31　城乡家长获得学校家庭教育支持的情况

	城　镇	农　村
孩子的兴趣、习惯培养	**56.0%**	**53.1%**
家庭教育知识或方法的指导	**57.3%**	**56.9%**
孩子的心理辅导	**50.1%**	**49.8%**
实践活动	29.8%	26.5%
在家如何辅导孩子学习	46.5%	47.5%
孩子的价值观教育	38.2%	37.2%
物质帮助	16.0%	18.9%
解决实际困难	20.2%	15.7%

分不同家长学历看，不同学历的家长从学校获得的支持排在前三位的均为“家庭教育知识或方法的指导”、“孩子的兴趣、习惯培养”和“孩子的心理辅导”，然而不同学历家长获得支持的比例存在差异。具体来看，在“孩子的兴趣、习惯培养”上，“大专及以上”学历家长选择的比例为57.5%，高出“初中及以下”学历家长6.9%；在“解决实际困难”上，“大专及以上”学历家长获得的支持为20.8%，高出“初中及以下”学历家长5.3%；在“物质帮助”方面，“初中及以下”学历家长获得的支持为19.6%，高出“大专及以上”学历家长4.1%（见表3–32）。

表3–32　不同学历家长获得学校家庭教育支持的情况

	初中及以下	高中／职高／技校／中专	大专及以上
孩子的兴趣、习惯培养	**50.6%**	**53.4%**	**57.5%**
家庭教育知识或方法的指导	**56.9%**	**58.0%**	**56.8%**
孩子的心理辅导	**49.2%**	**51.5%**	**49.7%**
实践活动	24.1%	27.1%	31.1%
在家如何辅导孩子学习	47.6%	49.2%	45.5%

（续表）

	初中及以下	高中/职高/技校/中专	大专及以上
孩子的价值观教育	36.8%	39.4%	37.6%
物质帮助	19.6%	18.3%	15.5%
解决实际困难	15.5%	16.0%	20.8%

2. 家长了解学校开展协同育人活动的途径

本次调研通过2道自编题测查了家长获取学校家校社协同育人活动信息的途径。结果发现，94.1%的家长表示有了解学校开展家校社协同育人活动信息的途径，其中，前三类获取信息的途径分别是“QQ、微信、家校通等”“家长委员会”“打电话、发短信”，占比分别为83.8%、39.7%、31.1%。详见图3–12。可见，家长获取学校活动信息的途径丰富，其中微信等网络社交软件是最主要的信息途径，但仍有一小部分家长（5.9%）表示没有相关的获取信息途径，说明学校的协同育人活动宣传仍有一定的提升空间。

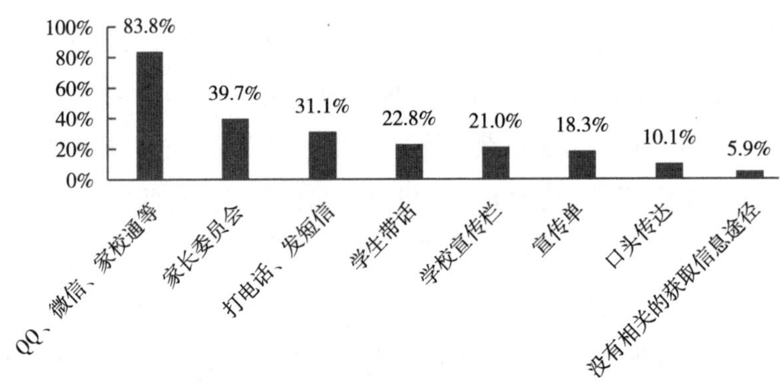

图3–12　家长了解学校家校社协同育人活动途径的总体情况

分学段看，三个学段均有八成以上的家长通过“QQ、微信、家校通等”的途径了解学校开展的协同育人活动，远高于其他途径；除此之外，“家长委员会”在小学和初中也发挥了重要作用，分别占比40.7%和41.4%，高出幼儿园9.1%和9.8%；相比之下，通过“口头传达”途径的比例较少，三个学段均仅有一成左右（见表3–33）。

表3-33　家长了解学校协同育人活动的途径——分学段描述

	幼儿园	小　学	初　中
QQ、微信、家校通等	**88.3%**	**82.8%**	**83.1%**
家长委员会	31.6%	40.7%	41.4%
打电话、发短信	34.1%	29.1%	32.4%
学生带话	14.0%	22.4%	26.9%
学校宣传栏	22.0%	21.7%	19.7%
宣传单	16.1%	18.2%	19.3%
口头传达	12.1%	9.9%	9.5%

分城乡看，城镇和农村均有八成以上的家长通过“QQ、微信、家校通等”的途径了解学校开展的协同育人活动，远高于其他途径；除此之外，“家长委员会”也发挥了重要作用，对城镇家长（42.8%）的作用高于农村家长（35.0%）；另外，农村家长通过“打电话、发短信”“学校宣传栏”等途径获取信息的比例高于城镇家长（见表3-34）。

表3-34　家长了解学校协同育人活动的途径——分城乡描述

	城　镇	农　村
QQ、微信、家校通等	**85.5%**	**81.3%**
家长委员会	42.8%	35.0%
打电话、发短信	29.3%	33.6%
学生带话	22.3%	23.6%
学校宣传栏	19.8%	22.7%
宣传单	18.3%	18.4%
口头传达	10.3%	9.8%

分家长学历看，不同学历家长通过“QQ、微信、家校通等”的途径了解学校开展的协同育人活动的比例均远高于其他途径，并且高学历的家长使用比例更高；除此之外，“家长委员会”在学历为“高中／职高／技校／中专”和“大专及以上”的家长中也发挥了重要作用，而“打电话、发短信”在“初中及以下”学历家长中的使用程度更高（见表3-35）。

表3-35　家长了解学校协同育人活动的途径——分家长学历描述

	初中及以下	高中 / 职高 / 技校 / 中专	大专及以上
QQ、微信、家校通等	**78.8%**	**82.9%**	**86.6%**
家长委员会	33.7%	39.5%	42.7%
打电话、发短信	36.1%	30.0%	29.0%
学生带话	25.0%	22.4%	21.9%
学校宣传栏	21.7%	22.5%	20.0%
宣传单	17.2%	18.9%	18.6%
口头传达	10.1%	8.4%	10.8%

可见，家长主要通过“QQ、微信、家校通等”方式了解学校开展的家校社协同育人活动，在各个人群均占八成左右。除此之外，“家长委员会”也发挥了相应的作用，并且对城镇家长和高学历家长的作用更大。

3. 家长参与学校组织的协同育人活动的情况

本次调研通过2道自编题调查了家长对家校社协同育人活动的参与度。结果发现，总体上，94.6%的家长参与过学校组织的家校社协同育人活动。在参与过相关活动的家长中，参加比例最高的活动为“家长会”，占比达81.2%，远高于其他所有活动；“家庭教育专家讲座”、“亲子社会实践活动”和“亲子文体活动”的参与比例也相对较高，占比分别为44.5%、27.3%和24.9%（见图3-13）。

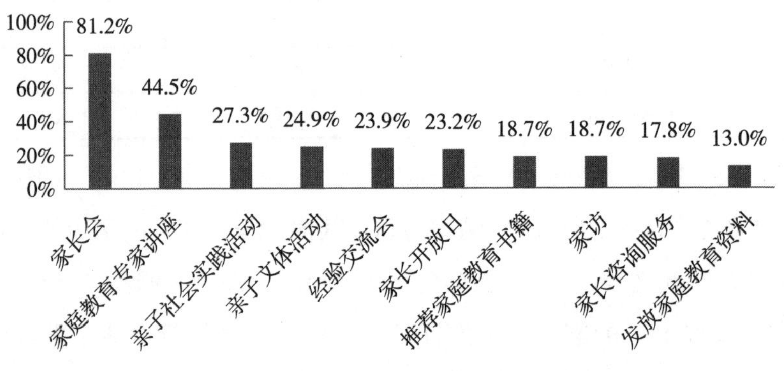

图3-13　家长参与学校家校社协同育人活动的状况

具体而言，不同学段家长参与的活动差异较大。例如，虽然“家长会”是各学段家长参与比例最高的活动形式，但初中家长参加家长会的比例高出幼儿园家长12.8个百分点；在“家庭教育专家讲座”方面，初中家长参与的比例为49.9%，高于幼儿园和小学家长的比例分别为7.9%和8.9%。此外，幼儿园家长在“亲子社会实践活动”和“亲子文体活动”方面参与比例明显高于小学和初中家长，而初中家长参与更多的是“家庭教育专家讲座”和“经验交流会”（见表3–36）。

表3–36　不同学段家长对学校家校社协同育人活动的参与状况

	幼儿园	小　学	初　中
家长会	**71.8%**	**81.4%**	**84.6%**
家庭教育专家讲座	**42.0%**	**41.0%**	**49.9%**
亲子社会实践活动	36.6%	**30.3%**	19.9%
亲子文体活动	**39.1%**	26.8%	16.9%
经验交流会	23.2%	23.8%	**24.2%**
家长开放日	29.1%	24.8%	18.9%
推荐家庭教育书籍	18.4%	20.7%	16.3%
家　访	24.9%	15.7%	20.2%
家长咨询服务	20.6%	16.1%	18.8%
发放家庭教育资料	14.5%	12.9%	12.5%

分城乡看，除“家访”和“家长会”外，城镇家长在各个活动上的参与比例均高于农村家长。例如，城镇家长参与“家庭教育专家讲座”的比例为46.9%，高于农村家长5.9%（见表3–37）。

表3–37　城乡家长对学校家校社协同育人活动的参与状况

	城　镇	农　村
家长会	**81.2%**	**81.2%**
家庭教育专家讲座	**46.9%**	**41.0%**
亲子社会实践活动	**29.7%**	**23.9%**
亲子文体活动	27.3%	21.4%
经验交流会	25.8%	20.9%

（续表）

	城　镇	农　村
家长开放日	26.3%	18.7%
推荐家庭教育书籍	20.4%	16.3%
家　访	17.8%	20.0%
家长咨询服务	18.5%	16.7%
发放家庭教育资料	13.5%	12.3%

分家长学历看，三类家长中均有八成以上参与“家长会”，远高于参加其他活动的比例。此外，除“家访”和“家长会”外，“大专及以上”学历家长在各个活动的参与度均最高。例如，在“家庭教育专家讲座”上，“大专及以上”学历家长参与比例为47.3%，高于“初中及以下”和“高中／职高／技校／中专”学历家长的比例分别为7.9%和3.4%（见表3–38）。

表3–38　不同学历家长对学校家校社协同育人活动的参与状况

	初中及以下	高中／职高／技校／中专	大专及以上
家长会	**82.3%**	**82.4%**	**80.1%**
家庭教育专家讲座	**39.4%**	**43.9%**	**47.3%**
亲子社会实践活动	**20.6%**	**25.3%**	**31.5%**
亲子文体活动	17.6%	23.1%	29.3%
经验交流会	18.8%	22.9%	26.8%
家长开放日	14.7%	19.7%	28.9%
推荐家庭教育书籍	15.0%	17.0%	21.3%
家　访	20.0%	18.5%	18.1%
家长咨询服务	16.4%	16.5%	19.0%
发放家庭教育资料	11.5%	12.7%	13.9%

可见，家长对学校开展的家校社协同育人活动的参与度整体较高，九成以上的家长参加过相关活动。其中，家长参与最多的活动是“家长会”，其次为“家庭教育专家讲座”，不同群体家长在各项活动的参与度上存在较大差异。

4. 家长对学校组织的协同育人活动的满意度

本次调研通过询问家长认为学校组织的各项协同育人活动对自己教育孩

子是否有帮助来调查家长满意度。结果发现，总体上看，91.4%的家长表示对学校组织的家校社协同育人活动感到满意，其中，对家长帮助最大的前三项活动是“家长会”、“家庭教育专家讲座”和“亲子社会实践活动”，占比分别为53.3%、49.2%和43.6%（见图3-14）。

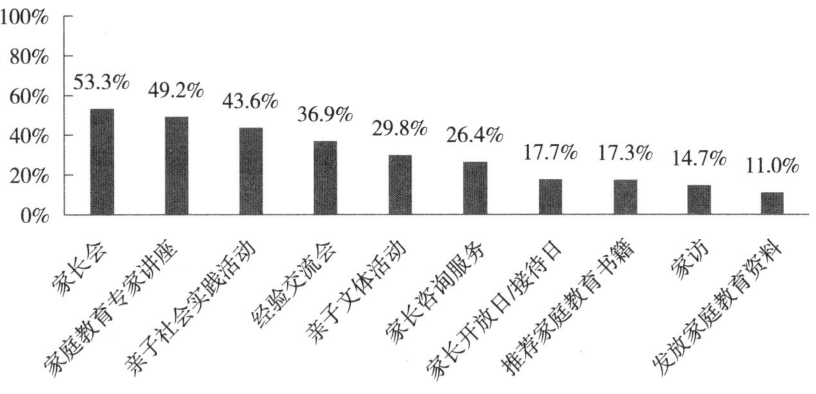

图3-14　对家长帮助最大的学校开展的家校社协同育人活动

具体而言，不同学段家长的满意度差异较大，幼儿园家长认为帮助最大的活动是“亲子社会实践活动”，其比例为56.8%，高于小学和初中家长的比例分别为10.0%和22.3%；而小学和初中家长认为帮助最大的是“家长会”，其比例分别为51.4%和62.7%，分别高于幼儿园家长15.9%和27.2%。此外，对于“家庭教育专家讲座”而言，初中家长觉得帮助大的比例为54.9%，高于小学和幼儿园的比例分别为8.3%、11.9%（见表3-39）。

表3-39　对家长帮助最大的学校开展的家校社协同育人活动——分学段描述

	幼儿园	小　学	初　中
家长会	35.5%	**51.4%**	**62.7%**
家庭教育专家讲座	**43.0%**	**46.6%**	**54.9%**
亲子社会实践活动	**56.8%**	**46.8%**	**34.5%**
亲子文体活动	**47.4%**	31.5%	20.7%
经验交流会	35.6%	37.0%	37.3%
家长开放日	23.5%	18.1%	14.8%

（续表）

	幼儿园	小　学	初　中
推荐家庭教育书籍	13.5%	19.1%	16.6%
家　访	12.0%	12.8%	18.0%
家长咨询服务	24.4%	25.5%	28.4%
发放家庭教育资料	8.3%	11.2%	11.8%

分城乡看，城镇和农村家长的满意度排名前三位的均是“家长会”、“家庭教育专家讲座”和“亲子社会实践活动”，但是在选择比例方面有所差异。具体而言，城镇家长认为帮助最大的是“家庭教育专家讲座”，而农村家长认为帮助最大的是“家长会”，并且对于“亲子社会实践活动”，城镇家长觉得更重要，选择比例为46.1%，高于农村家长6.0%（见表3-40）。

表3-40　对家长帮助最大的学校开展的家校社协同育人活动——分城乡描述

	城　镇	农　村
家长会	**49.3%**	**59.1%**
家庭教育专家讲座	**50.0%**	**47.9%**
亲子社会实践活动	**46.1%**	**40.1%**
亲子文体活动	31.4%	27.4%
经验交流会	38.2%	34.9%
家长开放日	19.7%	14.8%
推荐家庭教育书籍	15.8%	19.5%
家　访	13.1%	16.9%
家长咨询服务	26.7%	25.9%
发放家庭教育资料	9.5%	13.2%

分家长学历看，不同学历家长的满意度排名前三位的均是“家长会”、“家庭教育专家讲座”和“亲子社会实践活动”，但是在选择比例方面有所差异。具体而言，学历为“初中及以下”和“高中／职高／技校／中专”家长认为帮助最大的是“家长会”，比例分别为65.1%和58.0%，而学历为“大专及以上”家长认为“家庭教育专家讲座”和“亲子社会实践活动”的帮助更大（见表3-41）。

表3–41　对家长帮助最大的学校开展的家校社协同育人活动——分家长学历描述

	初中及以下	高中 / 职高 / 技校 / 中专	大专及以上
家长会	**65.1%**	**58.0%**	**45.5%**
家庭教育专家讲座	**48.9%**	**50.3%**	**48.8%**
亲子社会实践活动	**35.2%**	**41.8%**	**48.7%**
亲子文体活动	23.7%	27.7%	33.7%
经验交流会	33.8%	36.4%	38.6%
家长开放日	12.2%	15.1%	21.5%
推荐家庭教育书籍	20.8%	18.3%	15.2%
家　访	18.3%	14.6%	12.9%
家长咨询服务	27.2%	25.1%	26.6%
发放家庭教育资料	14.6%	12.8%	8.5%

可见，九成以上的家长对学校开展的家校社协同育人活动感到满意。“家长会”“家庭教育专家讲座”“亲子社会实践活动”是家长最满意的三项学校开展的家校社协同育人活动，相对而言，初中、城镇和高学历家长认为“家庭教育专家讲座”帮助更大，而农村和低学历家长认为“家长会”帮助最大。

（二）家长参与社区开展的协同育人活动现状

1. 家长从社区获得家庭教育支持的情况

就家长获取社区家庭教育支持的状况而言，本次调查发现，总体上看61.4%的家长表示没有从社区得到过家庭教育支持，不同群体之间存在较大差异。其中幼儿园、小学和初中家长未得到社区家庭教育支持的比例分别为63.1%、62.3%、59.6%，城镇和农村家长未得到支持的比例分别为64.4%和57.4%，“初中及以下”学历家长未得到支持的比例为56.0%，“高中 / 职高 / 技校 / 中专”学历家长比例为60.8%，“大专及以上”学历家长比例为64.5%。

而在曾经从社区获得过家庭教育支持的家长中，获得支持的前三项分别是“家庭教育知识指导”、“实践活动”和“孩子的心理辅导”，占比分别为56.6%、45.1%和41.1%（见图3–15）。

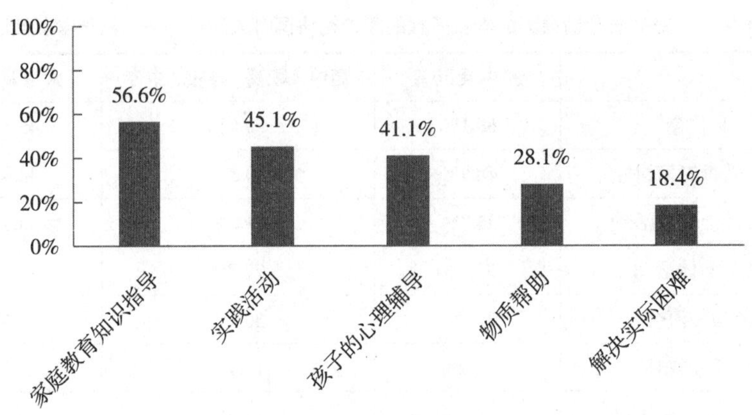

图3-15 家长获得社区家庭教育支持的总体情况

分学段看，幼儿园家长获得社区支持的前三位是“实践活动”、“家庭教育知识指导”和“孩子的心理辅导”，比例分别为52.9%、52.8%和35.2%；小学家长选择的前三位是“家庭教育知识指导”、“实践活动”和“孩子的心理辅导”，比例分别为53.6%、48.9%和38.4%；初中家长选择的前三位是“家庭教育知识指导”、“孩子的心理辅导”和“实践活动”，比例分别为61.6%、46.6%和37.7%。其中，在“家庭教育知识指导”和“孩子的心理辅导”方面，初中家长获得社区支持的比例明显高于幼儿园和小学家长，而在“实践活动”方面，幼儿园家长获得社区支持的比例更高（见表3-42）。

表3-42 家长获得社区家庭教育支持内容——分学段描述

	幼儿园	小 学	初 中
家庭教育知识指导	**52.8%**	**53.6%**	**61.6%**
实践活动	**52.9%**	**48.9%**	**37.7%**
孩子的心理辅导	**35.2%**	**38.4%**	**46.6%**
物质帮助	29.2%	27.5%	28.5%
解决实际困难	16.9%	19.6%	17.6%

分城乡看，城镇和农村家长选择获得社区开展的家庭教育支持的前三项均为“家庭教育知识指导”、“实践活动”和“孩子的心理辅导”，但排名次序和比例上均有差异。具体而言，农村家长在三项上的比例分别为60.9%、39.7%和45.9%，城镇家长分别为53.0%、49.8%和37.0%，在每项上相差约8—

10个百分点（见表3–43）。

表3–43　家长获得社区家庭教育支持内容——分城乡描述

	城　镇	农　村
家庭教育知识指导	**53.0%**	**60.9%**
实践活动	**49.8%**	**39.7%**
孩子的心理辅导	**37.0%**	**45.9%**
物质帮助	26.1%	30.5%
解决实际困难	17.5%	19.5%

分父母学历看，不同学历家长获得社区开展的家庭教育支持的前三项均为“家庭教育知识指导”、“实践活动”和“孩子的心理辅导”，但在排名次序和比例上有所差异。在“家庭教育知识指导”方面，“大专及以上”学历家长获得社区支持的比例为51.0%，低于“初中及以下”和“高中／职高／技校／中专”家长约10.0%；在“实践活动”方面，“大专及以上”学历家长获得社区支持的比例为51.9%，高于“初中及以下”和“高中／职高／技校／中专”家长的比例分别为15.6%和9.4%（见表3–44）。

表3–44　家长获得社区家庭教育支持内容——分父母学历描述

	初中及以下	高中／职高／技校／中专	大专及以上
家庭教育知识指导	**61.6%**	**61.5%**	**51.0%**
实践活动	**36.3%**	**42.5%**	**51.9%**
孩子的心理辅导	**48.8%**	**44.3%**	**34.8%**
物质帮助	31.8%	28.1%	25.8%
解决实际困难	21.1%	18.3%	16.8%

综上所述，总体而言，超过六成的家长没有获得过来自社区的家庭教育支持，说明社区的家庭教育服务仍有待进一步加强。在具体内容方面，家长从社区获得支持排在前三位的均是“家庭教育知识指导”、“实践活动”和“孩子的心理辅导”三项，但不同群体选择的顺序和比例有所差异。

2. 家长了解社区开展协同育人活动的途径

本次调查发现，总体上47.9%的家长表示没有了解社区开展家校社协同育人活动的途径。而在有了解途径的家长中，总体上看，了解社区活动的前三种途径分别是“QQ、微信等”“宣传栏”“居委会 / 村委会”，占比分别为64.4%、36.0%、30.8%（见图3-16）。

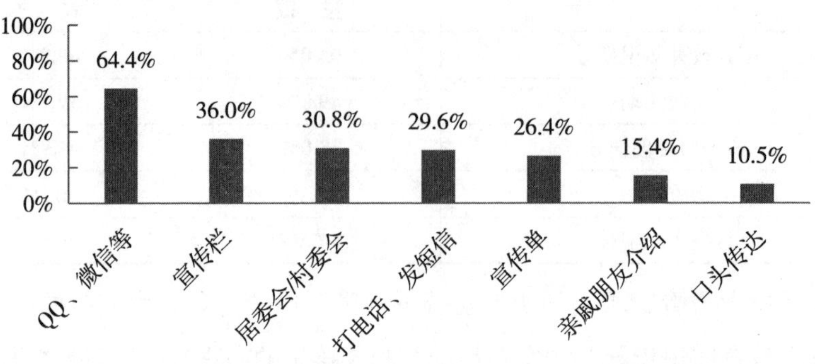

图3-16　家长了解社区家校社协同育人活动途径的总体情况

分学段看，不同学段家长了解社区开展的协同育人活动最主要途径均是“QQ、微信等”，同时“宣传栏”和“居委会 / 村委会”分别位于第二和第三。其中幼儿园家长通过“宣传栏”获取信息的比例略高，初中家长通过“居委会 / 村委会”获取信息的比例略高（见表3-45）。

表3-45　家长了解社区协同育人活动的途径——分学段描述

	幼儿园	小　学	初　中
QQ、微信等	**65.6%**	**62.9%**	**66.2%**
宣传栏	**37.8%**	**37.1%**	**34.1%**
居委会 / 村委会	**28.9%**	**30.2%**	**32.0%**
打电话、发短信	28.7%	28.1%	31.8%
宣传单	25.6%	26.7%	26.5%
亲戚朋友介绍	15.8%	14.9%	15.9%
口头传达	10.9%	9.8%	11.3%

分城乡看，城镇和农村家长了解社区开展的协同育人活动最主要的途径均是“QQ、微信等”，同时“宣传栏”和“居委会 / 村委会”分别位于第二和第三，但是城镇家长通过“宣传栏”了解活动信息的比例高于农村家长，农村家长通过“居委会 / 村委会”了解活动的比例高于城镇家长（见表3-46）。

表3–46　家长了解社区协同育人活动的途径——分城乡描述

	城　镇	农　村
QQ、微信等	**64.3%**	**64.7%**
宣传栏	**37.0%**	**34.9%**
居委会 / 村委会	**29.7%**	**32.0%**
打电话、发短信	27.0%	32.7%
宣传单	26.3%	26.6%
亲戚朋友介绍	16.0%	14.7%
口头传达	9.4%	11.9%

分家长学历看，不同学历家长了解社区开展的协同育人活动最主要的途径均是“QQ、微信等”，但是学历为“初中及以下”家长了解社区协同育人活动的次要途径为“打电话、发短信”，占比35.5%，高于“高中 / 职高 / 技校 / 中专”和“大专及以上”家长的比例分别为5.8%和9.7%；而“高中 / 职高 / 技校 / 中专”和“大专及以上”学历家长选择“宣传栏”的比例更高（见表3–47）。

表3–47　家长了解社区协同育人活动的途径——分家长学历描述

	初中及以下	高中 / 职高 / 技校 / 中专	大专及以上
QQ、微信等	**64.1%**	**63.4%**	**65.1%**
宣传栏	**32.9%**	**35.6%**	**38.1%**
居委会 / 村委会	30.4%	**31.7%**	**30.5%**
打电话、发短信	**35.5%**	29.7%	25.8%
宣传单	25.5%	27.1%	38.1%
亲戚朋友介绍	15.1%	14.6%	15.9%
口头传达	13.1%	9.8%	9.2%

可见，整体上有近半数的家长没有任何获取社区活动信息的途径，在了解信息的家长中，有六成以上家长是通过“QQ、微信等”方式，“宣传栏”和“居委会 / 村委会”也是重要的传播途径，在不同群体中均占比约三成，而“打电话、发短信”则是低学历家长了解信息的第二大途径。

3. 家长参与社区组织的协同育人活动的情况

本次调查发现，总体上看，66.0%的家长表示没有参加过社区组织的家校社协同育人相关活动，其中幼儿园、小学和初中家长未参与的比例分别为67.9%、66.9%和64.0%；城镇和农村家长未参与的比例分别为69.1%和61.7%；“初中及以下”、“高中/职高/技校/中专”和“大专及以上”学历家长未参与的比例分别为60.2%、64.8%和69.4%。

在参与过社区活动的家长中，其参与的前三项活动分别是“家庭教育专家讲座”、“社会实践活动”和“亲子文体活动”，占比分别为41.6%、41.3%和34.4%（见图3–17）。

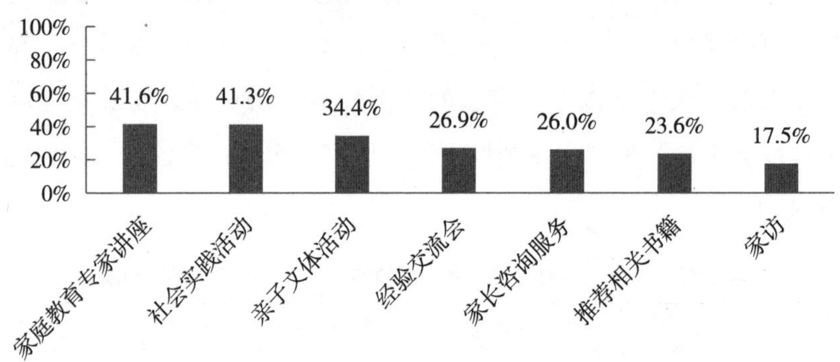

图3–17　家长参与社区家校社协同育人活动的状况

分学段看，不同学段家长参与社区开展的协同育人活动情况存在较大差异。具体而言，幼儿园家长选择的前三项是“亲子文体活动”、“社会实践活动”和“家庭教育专家讲座”，比例分别为46.0%、44.5%和38.5%；小学家长选择的前三项是“社会实践活动”、“家庭教育专家讲座”和“亲子文体活动”，比例分别为45.7%、37.8%和37.1%；初中家长选择的前三项是“家庭教育专家讲座”、“社会实践活动”和“家长咨询服务”，比例分别为47.1%、34.8%和29.0%（见表3–48）。

表3-48　家长参与社区开展的家校社协同育人活动——分学段描述

	幼儿园	小　学	初　中
家庭教育专家讲座	**38.5%**	**37.8%**	**47.1%**
社会实践活动	**44.5%**	**45.7%**	**34.8%**
亲子文体活动	**46.0%**	**37.1%**	27.1%
经验交流会	27.1%	26.0%	28.0%
家长咨询服务	26.3%	23.4%	**29.0%**
推荐相关书籍	18.8%	23.5%	25.4%
家　访	16.6%	14.9%	20.8%

分城乡看，城镇和农村家长参与社区开展的协同育人活动的前三项均为“家庭教育专家讲座”、“社会实践活动”和“亲子文体活动”，但排名次序和比例有所差异。具体而言，城镇家长参与的前三项活动是“社会实践活动”、“家庭教育专家讲座”和“亲子文体活动”，比例分别为44.4%、40.5%和37.1%；农村家长参与的前三项活动是“家庭教育专家讲座”、“社会实践活动”和“亲子文体活动”，比例分别为42.7%、37.7%和31.4%（见表3-49）。

表3-49　家长参与社区开展的家校社协同育人活动——分城乡描述

	城　镇	农　村
家庭教育专家讲座	**40.5%**	**42.7%**
社会实践活动	**44.4%**	**37.7%**
亲子文体活动	**37.1%**	**31.4%**
经验交流会	25.8%	28.1%
家长咨询服务	24.7%	27.5%
推荐相关书籍	21.5%	25.9%
家　访	12.8%	22.9%

分家长学历看，不同学历家长参与社区开展的协同育人活动的情况存在差异。具体而言，“初中及以下”学历家长参与的前三项活动是“家庭教育专家讲座”、“社会实践活动”和“家长咨询服务”，比例分别为44.1%、33.8%和30.1%；“高中／职高／技校／中专”学历家长参与的前三项活动是“家庭教育专家讲座”、“社会实践活动”和“亲子文体活动”，比例分别为43.1%、

41.0%和32.1%；“大专及以上”学历家长参与的前三项活动是“社会实践活动”、“亲子文体活动”和“家庭教育专家讲座”，比例分别为46.4%、39.6%和39.1%（见表3–50）。

表3–50　家长参与社区开展的家校社协同育人活动——分家长学历描述

	初中及以下	高中／职高／技校／中专	大专及以上
家庭教育专家讲座	**44.1%**	**43.1%**	**39.1%**
社会实践活动	**33.8%**	**41.0%**	**46.4%**
亲子文体活动	28.3%	**32.1%**	**39.6%**
经验交流会	28.6%	27.9%	25.3%
家长咨询服务	**30.1%**	25.4%	23.5%
推荐相关书籍	27.0%	25.5%	20.3%
家　访	25.5%	18.7%	11.5%

综上，家长对社区组织的家校社协同育人活动的参与度整体较低，超过六成的家长没有参与过任何相关活动。在参与过的家长中，参与比例最高的前两项活动是“家庭教育专家讲座”和“社会实践活动”，不同学段、城乡和不同学历家长在各项活动上的参与情况存在较大差异。

4. 家长对社区组织的协同育人活动的满意度

就家长对社区组织的家校社协同育人活动的满意度而言，30.4%的家长表示不满意，其中幼儿园家长不满意的比例高达34.2%，小学家长不满意的比例为30.9%，初中家长不满意的比例为28.3%；城镇家长不满意的比例为34.3%，农村家长不满意的比例为25.0%；“初中及以下”学历家长不满意的比例为22.2%，“高中／职高／技校／中专”学历家长不满意的比例为28.2%，“大专及以上”学历家长不满意的比例为35.6%。

具体分析家长认为帮助较大的活动，排在前三项的分别是“家庭教育专家讲座”、“亲子社会实践活动”和“经验交流会”，占比分别为46.5%、45.8%和33.5%（见图3–18）。

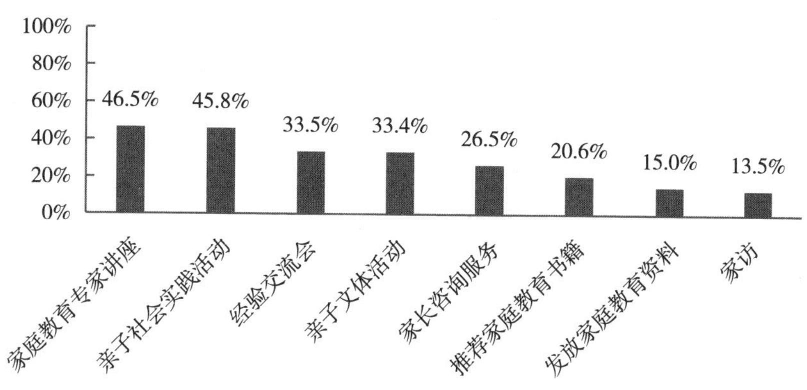

图3-18　对家长帮助最大的社区组织的家校社协同育人活动

分学段看，在社区组织的协同育人活动中，不同学段家长认为帮助最大的活动有所差异。具体而言，幼儿园和小学家长认为帮助最大的活动为“亲子社会实践活动”，比例分别为53.4%和49.6%，分别高于初中家长14.7%和10.9%；而初中家长认为“家庭教育专家讲座”的帮助最大，选择比例为51.5%，高于幼儿园和小学家长的比例分别为9.1%和8.1%。在“亲子文体活动”上，不同学段家长选择的比例也差异较大（见表3-51）。

表3-51　对家长帮助最大的社区组织的家校社协同育人活动——分学段描述

	幼儿园	小　学	初　中
家庭教育专家讲座	**42.4%**	**43.4%**	**51.5%**
亲子社会实践活动	**53.4%**	**49.6%**	**38.7%**
经验交流会	34.7%	32.8%	**33.9%**
亲子文体活动	**44.0%**	**36.3%**	26.2%
家长咨询服务	26.2%	24.3%	29.3%
推荐家庭教育书籍	15.0%	21.6%	21.4%
发放家庭教育资料	11.2%	15.2%	16.0%
家　访	10.0%	11.3%	17.3%

分城乡看，城镇和农村家长认为社区开展的协同育人活动帮助最大的活动有所差异。具体而言，城镇家长认为帮助最大的活动是“亲子社会实践活动”，高于农村家长10.7%；而农村家长认为帮助最大的是“家庭教育专家

讲座”。此外，在“亲子文体活动”上，城镇家长选择的比例高于农村家长5.8%；在“家访”上，城镇家长选择的比例低于农村家长9.2%（见表3–52）。

表3–52 对家长帮助最大的社区组织的家校社协同育人活动——分学段描述

	城 镇	农 村
家庭教育专家讲座	**46.6%**	**46.2%**
亲子社会实践活动	**50.8%**	**40.1%**
经验交流会	34.1%	**32.7%**
亲子文体活动	**36.2%**	30.4%
家长咨询服务	26.3%	26.9%
推荐家庭教育书籍	18.6%	22.9%
发放家庭教育资料	13.4%	16.7%
家 访	9.2%	18.4%

分家长学历看，“初中及以下”和“高中／职高／技校／中专”学历家长认为社区组织的协同育人活动帮助最大的均为“家庭教育专家讲座”，而“大专及以上”学历家长认为帮助最大的活动为“亲子社会实践活动”，高出“初中及以下”和“高中／职高／技校／中专”学历家长的比例分别为19.1%和9.5%。在“亲子文体活动”、“推荐家庭教育书籍”和“家访”方面，不同学历家长之间也存在较大差异（见表3–53）。

表3–53 对家长帮助最大的社区组织的家校社协同育人活动——分家长学历描述

	初中及以下	高中／职高／技校／中专	大专及以上
家庭教育专家讲座	**46.5%**	**47.7%**	**45.8%**
亲子社会实践活动	**34.8%**	**44.4%**	**53.9%**
经验交流会	**31.7%**	**33.2%**	34.8%
亲子文体活动	27.0%	31.8%	**38.5%**
家长咨询服务	28.5%	25.8%	25.6%
推荐家庭教育书籍	23.5%	22.1%	17.8%
发放家庭教育资料	17.5%	16.0%	12.8%
家 访	21.5%	14.4%	7.6%

总而言之，家长对社区组织的协同育人活动的满意度相对较低，三成左

右的家长对此感到不满意，其中幼儿园家长、城镇家长和高学历家长不满意的比例更高。而目前家长相对最满意的三项社区开展的家校社协同育人活动分别是“家庭教育专家讲座”、“亲子社会实践活动”和“亲子文体活动”，这在不同群体中也存在较大差异。

三、家长对家校社协同育人活动的需求及影响因素

（一）家长对家校社协同育人活动的需求

通过分析家长对家庭教育资源的需求、家长对学校／社区开展协同育人活动的需求来深入理解家长的需求情况，并通过区分不同学段、城乡、家长学历，来进一步了解不同群体家长需求的差异。

1. 家长对家庭教育资源的需求

本次调查发现，总体上看，家长对家庭教育资源需求比例最高的前三项分别是“公共服务场所（少年宫、博物馆、图书馆等）”、“学校专门机构”和“教育场所（如学校的活动场地）对外开放”，占比分别为70.1%、57.4%、42.1%（见图3-19）。

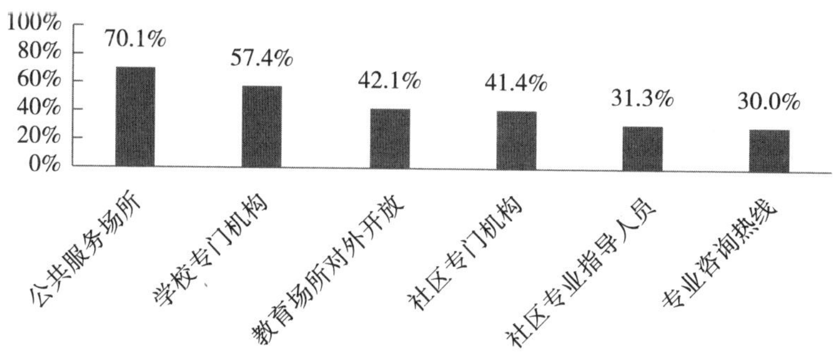

图3-19　家长对家庭教育资源需求的总体情况

分学段看，不同学段家长对家庭教育资源的需求存在差异。具体而言，幼儿园家长对家庭教育资源需求排在前三位的是“公共服务场所”、“学校专门机构”和“教育场所对外开放”，比例分别为74.1%、55.7%和49.6%；小学家长对家庭教育资源需求排在前三位的是“公共服务场所”、“学校专门机构”

和“教育场所对外开放”，比例分别为71.5%、57.1%和42.7%；而初中家长对家庭教育资源需求排在前三位的是“公共服务场所”、“学校专门机构”和“社区专门机构”，比例分别为66.7%、58.5%和42.0%。尤其在“教育场所对外开放”方面，幼儿园家长需求的比例高于初中家长11.5%（见表3-54）。

表3-54 家长对家庭教育资源需求——分学段描述

	幼儿园	小 学	初 中
公共服务场所	**74.1%**	**71.5%**	**66.7%**
学校专门机构	**55.7%**	**57.1%**	**58.5%**
教育场所对外开放	**49.6%**	**42.7%**	38.1%
社区专门机构	43.4%	40.2%	**42.0%**
社区专业指导人员	35.5%	30.3%	30.9%
专业咨询热线	30.2%	28.6%	31.6%

分城乡看，城镇和农村家长对家庭教育资源的需求存在较大差异。具体而言，城镇家长对家庭教育资源需求排在前三位的是“公共服务场所”、“学校专门机构”和“教育场所对外开放”，比例分别为69.5%、58.4%和45.3%；农村家长对家庭教育资源需求排在前三位的是“公共服务场所”、“学校专门机构”和“社区专门机构”，比例分别为71.2%、56.0%和38.6%。除“公共服务场所”外，城镇家长对各类资源的需求比例均高于农村家长（见表3-55）。

表3-55 家长对家庭教育资源需求——分城乡描述

	城 镇	农 村
公共服务场所	**69.5%**	**71.2%**
学校专门机构	**58.4%**	**56.0%**
教育场所对外开放	**45.3%**	37.3%
社区专门机构	43.3%	**38.6%**
社区专业指导人员	33.3%	28.3%
专业咨询热线	31.9%	27.0%

分家长学历看，不同学历家长对家庭教育资源的需求有所差异，整体而言，家长学历越高，对各项资源的需求比例越高。具体而言，“初中及以下”学历家长对家庭教育资源需求排在前三位的是“公共服务场所”、“学校专门

机构”和“社区专门机构”，比例分别为68.7%、54.6%和36.3%；“高中/职高/技校/中专”学历家长对家庭教育资源需求排在前三位的是“公共服务场所”、“学校专门机构”和“社区专门机构”，比例分别为70.7%、57.8%和40.2%；“大专及以上”学历家长对家庭教育资源需求排在前三位的是“公共服务场所”、“学校专门机构”和“教育场所对外开放”，比例分别为70.5%、58.6%和47.7%（见表3-56）。

表3-56　家长对家庭教育资源需求——分家长学历描述

	初中及以下	高中/职高/技校/中专	大专及以上
公共服务场所	**68.7%**	**70.7%**	**70.5%**
学校专门机构	**54.6%**	**57.8%**	**58.6%**
教育场所对外开放	33.3%	37.9%	**47.7%**
社区专门机构	**36.3%**	**40.2%**	44.1%
社区专业指导人员	25.2%	29.3%	34.9%
专业咨询热线	24.9%	29.4%	32.5%

2. 家长对学校/社区开展协同育人的需求

本次调研考察了家长对学校/社区开展家校社协同育人活动主题和形式的需求。由于家长对学校和社区的需求极为相似，本文仅以学校为例呈现。

调查发现，在家长希望学校开展的活动主题方面，总体上看，家长选择比例最高的前三项分别是“良好习惯的养成”、“儿童青少年身心发展特点”和“品德的培养”，占比分别为71.4%、62.8%、61.9%（见图3-20）。

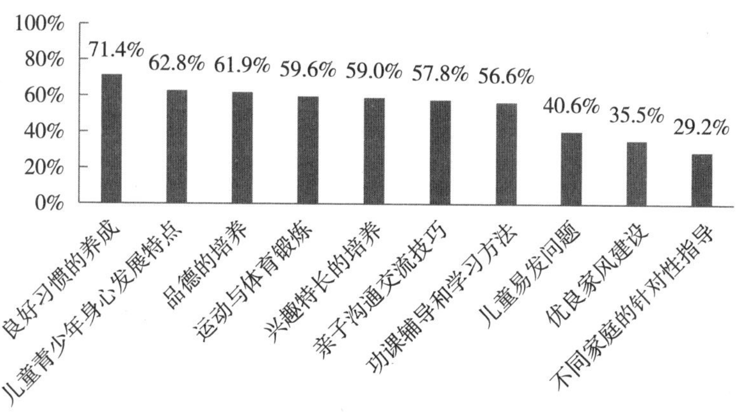

图3-20　家长希望学校开展的家校社协同育人活动主题情况

分学段看，不同学段家长对学校开展的家校社协同育人活动的主题需求有所差异。具体而言，幼儿园家长最希望学校开展的活动主题是“良好习惯的养成”、“亲子沟通交流技巧”和“兴趣特长的培养”，比例分别为75.5%、68.8%和68.0%；小学家长最希望学校开展的活动主题是“良好习惯的养成”、“儿童青少年身心发展特点”和“品德的培养”，比例分别为72.3%、64.7%和62.0%；小学家长最希望学校开展的活动主题是“良好习惯的养成”、“品德的培养”和“儿童青少年身心发展特点”，比例分别为68.6%、60.4%和60.0%（见表3–57）。

表3–57　不同学段家长希望学校开展的家校社协同育人活动主题

	幼儿园	小　学	初　中
良好习惯的养成	**75.5%**	**72.3%**	**68.6%**
儿童青少年身心发展特点	63.7%	**64.7%**	**60.0%**
品德的培养	65.3%	**62.0%**	**60.4%**
运动与体育锻炼	63.3%	59.9%	57.8%
兴趣特长的培养	**68.0%**	60.5%	53.7%
亲子沟通交流技巧	**68.8%**	57.7%	53.5%
功课辅导和学习方法	42.5%	59.3%	58.8%
儿童易发问题	51.1%	42.8%	33.4%
优良家风建设	38.8%	36.0%	33.7%
不同家庭的针对性指导	31.6%	29.4%	27.9%

分城乡看，城镇和农村家长对学校开展的家校社协同育人活动的主题需求有所差异，整体而言，城镇家长在各项活动主题的需求比例上均高于农村家长（除“功课辅导和学习方法”外）。具体而言，城镇家长希望学校开展的活动主题排在前三位的是“良好习惯的养成”“儿童青少年身心发展特点”“品德的培养／运动与体育锻炼”，比例分别为72.9%、66.1%和62.5%；农村家长希望学校开展的活动主题排在前三位的是“良好习惯的养成”、“品德的培养”和“儿童青少年身心发展特点”，比例分别为69.2%、61.1%和58.2%（见表3–58）。

表3-58　城乡家长希望学校开展的家校社协同育人活动主题

	城　镇	农　村
良好习惯的养成	**72.9%**	**69.2%**
儿童青少年身心发展特点	**66.1%**	**58.2%**
品德的培养	**62.5%**	**61.1%**
运动与体育锻炼	**62.5%**	55.6%
兴趣特长的培养	60.4%	57.2%
亲子沟通交流技巧	60.9%	53.5%
功课辅导和学习方法	55.6%	58.2%
儿童易发问题	43.4%	36.5%
优良家风建设	37.1%	33.4%
不同家庭的针对性指导	30.5%	27.4%

分家长学历看，不同学历家长对学校开展的家校社协同育人活动的主题需求有所差异，整体而言，家长学历越高，对各项活动主题的需求比例越高。具体而言，“初中及以下”学历家长需求比例最高的三项活动主题是“良好习惯的养成”、“功课辅导和学习方法”和“品德的培养”，比例分别为65.1%、58.4%和57.2%；“高中／职高／技校／中专”学历家长排在前三位的需求主题是“良好习惯的养成”、“品德的培养”和“儿童青少年身心发展特点”，比例分别为71.6%、64.0%和62.4%；“大专及以上”学历家长排在前三位的需求主题是“良好习惯的养成”、“儿童青少年身心发展特点”和“品德的培养／运动与体育锻炼”，比例分别为74.4%、67.7%和63.4%（见表3-59）。

表3-59　不同学历家长希望学校开展的家校社协同育人活动主题

	初中及以下	高中／职高／技校／中专	大专及以上
良好习惯的养成	**65.1%**	**71.6%**	**74.4%**
儿童青少年身心发展特点	53.3%	**62.4%**	**67.7%**
品德的培养	**57.2%**	**64.0%**	**63.4%**
运动与体育锻炼	51.9%	58.9%	**63.4%**
兴趣特长的培养	53.0%	58.5%	62.3%
亲子沟通交流技巧	47.4%	56.3%	63.7%

（续表）

	初中及以下	高中 / 职高 / 技校 / 中专	大专及以上
功课辅导和学习方法	**58.4%**	60.8%	54.0%
儿童易发问题	30.2%	39.2%	46.3%
优良家风建设	29.0%	35.4%	38.8%
不同家庭的针对性指导	24.2%	29.1%	31.7%

在家长希望学校开展活动的形式上，排在前三位的分别是“社会实践活动”、“家庭教育专家现场讲座”和“家长经验交流会”，占比分别为47.1%、45.5%、44.8%（见图3-21）。由此可见，家长希望学校开展的活动形式与目前学校实际开展的活动形式之间存在差异。

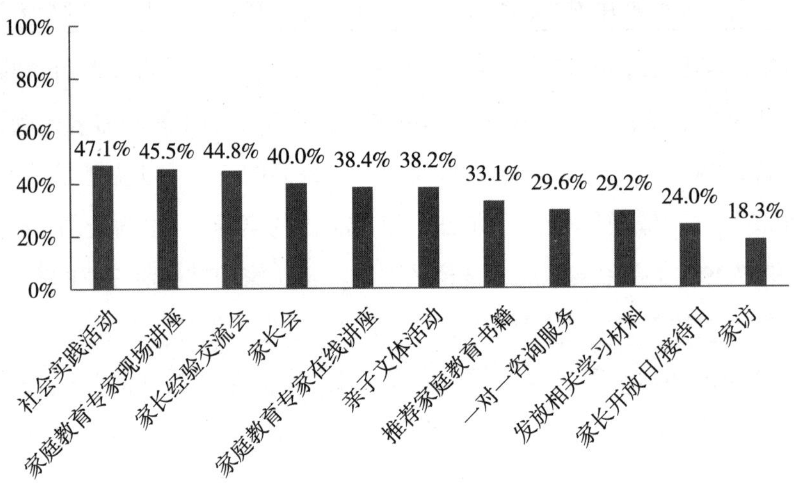

图3-21 家长希望学校开展的家校社协同育人活动形式

分学段看，不同学段家长希望学校开展的家校社协同育人活动形式存在差异。幼儿园家长希望学校开展的活动形式前三项为“社会实践活动”、“家长经验交流会”和“亲子文体活动”，其中，“社会实践活动”的比例高达61.7%，高于小学和初中家长的比例分别为13.0%和22.5%；54.6%的幼儿园家长希望学校开展“亲子文体活动”，高于小学和初中家长的比例分别为14.5%和25.3%；此外，也有32.2%的幼儿园家长希望学校开展“家长开放日 / 接待日”，比例也明显高于小学和初中家长。初中家长希望学校开展活动形式排名前三的是“家庭教育专家现场讲座”、“家长会”和“家长经验交流会”，比例分别为46.9%、46.2%和43.9%，其中在“家长会”上，初中家长高于幼儿园和小学家长的比例分别为14.5%和8.5%（见表3-60）。

表3-60 不同学段家长希望学校开展的家校社协同育人活动形式

	幼儿园	小 学	初 中
社会实践活动	**61.7%**	48.7%	39.2%
家庭教育专家现场讲座	44.9%	44.7%	**46.9%**
家长经验交流会	**47.2%**	44.8%	**43.9%**
家长会	31.7%	37.7%	**46.2%**
家庭教育专家在线讲座	40.6%	37.8%	38.4%
亲子文体活动	**54.6%**	40.1%	29.3%
推荐家庭教育书籍	36.9%	34.8%	29.3%
一对一咨询服务	34.5%	29.7%	27.6%
发放相关学习材料	33.0%	29.9%	26.7%
家长开放日 / 接待日	32.2%	24.0%	20.7%
家 访	19.6%	17.5%	18.8%

分城乡看，城镇家长在各项活动形式上的需求比例均高于农村家长（除“家长会”外）。其中，城镇家长希望学校开展活动形式排在前三位的分别为“社会实践活动”、“家庭教育专家现场讲座”和“家长经验交流会”，比例分别为51.8%、46.8%和46.3%；农村家长希望学校开展活动形式排在前三位的分别为“家庭教育专家现场讲座”、“家长会”和“家长经验交流会”，比例分别为43.8%、43.3%和42.7%（见表3-61）。

表3-61 城乡家长希望学校开展的家校社协同育人活动形式

	城 镇	农 村
社会实践活动	**51.8%**	40.5%
家庭教育专家现场讲座	**46.8%**	**43.8%**
家长经验交流会	**46.3%**	**42.7%**
家长会	37.7%	**43.3%**
家庭教育专家在线讲座	41.5%	34.2%

（续表）

	城　镇	农　村
亲子文体活动	42.0%	33.0%
推荐家庭教育书籍	34.7%	30.8%
一对一咨询服务	32.7%	25.3%
发放相关学习材料	29.8%	28.3%
家长开放日 / 接待日	27.3%	19.3%
家　访	18.7%	17.8%

分家长学历看，“大专及以上”学历家长在各项活动形式的需求比例均最高（除“家长会”外）。例如，在“社会实践活动”上，“大专及以上”学历家长选择的比例为56.0%，高于“初中及以下”和“高中／职高／技校／中专”学历家长的比例分别为23.4%和12.4%；在“亲子文体活动”上，“大专及以上”学历家长选择比例为45.8%，高于“初中及以下”和“高中／职高／技校／中专”学历家长的比例分别为19.4%和11.1%（见表3-62）。

表3-62　不同学历家长希望学校开展的家校社协同育人活动形式

	初中及以下	高中 / 职高 / 技校 / 中专	大专及以上
社会实践活动	32.6%	**43.6%**	**56.0%**
家庭教育专家现场讲座	**41.5%**	**46.1%**	**47.3%**
家长经验交流会	**38.4%**	**44.8%**	**48.1%**
家长会	**45.4%**	41.8%	36.4%
家庭教育专家在线讲座	30.5%	36.9%	43.2%
亲子文体活动	26.4%	34.7%	45.8%
推荐家庭教育书籍	27.0%	32.2%	36.5%
一对一咨询服务	22.1%	25.7%	35.2%
发放相关学习材料	25.3%	29.6%	31.0%
家长开放日 / 接待日	14.9%	20.5%	30.2%
家　访	16.6%	16.7%	19.9%

（二）影响家长参加家校社协同育人活动的因素

本次调查分析了影响家长参加学校和社区组织的协同育人活动的因素，这些影响因素对学校和社区极为相似，因此此处我们仅以学校活动的影响因素为例进行呈现。

结果发现，在影响家长参与学校开展的协同育人活动的因素方面，总体上看，家长选择比例最高的是“与自己工作时间冲突”，比例高达90.1%，远远高于其他选项，另外，“活动地点不方便”和“每次活动的时间太长”位居第二和第三，分别占比11.2%和10.2%（见图3-22）。

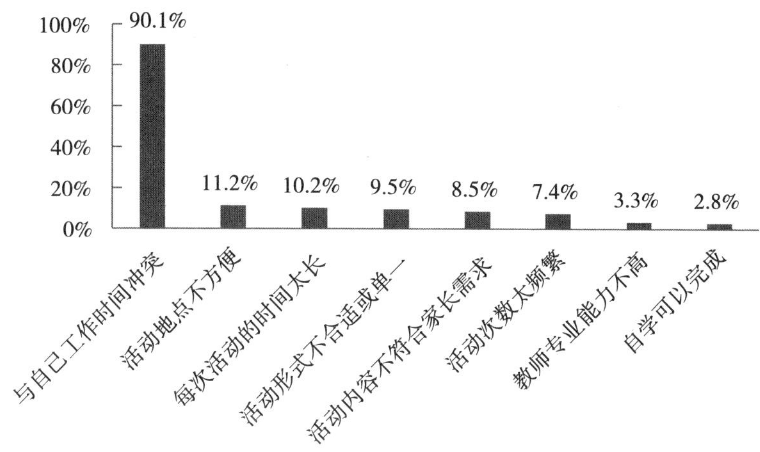

图3-22　影响家长参加学校家校社协同育人活动的因素的总体情况

具体而言，影响不同群体家长参加学校活动的因素排在首位的均为“与自己工作时间冲突”，在各个群体中的占比均达到九成左右，远远高于其他选项，此外，“活动地点不方便”、“活动形式不合适或单一”和“每次活动的时间太长”占比均在一成左右，也是影响家长参加活动的重要因素（见表 3-63至表 3-65）。

表3-63　影响家长参加学校家校社协同育人活动的因素——分学段描述

	幼儿园	小　学	初　中
与自己工作时间冲突	**90.8%**	**90.8%**	**89.0%**
活动地点不方便	**10.5%**	**10.5%**	**12.6%**
每次活动的时间太长	10.4%	**9.9%**	**10.5%**
活动形式不合适或单一	**11.2%**	9.0%	9.4%
活动内容不符合家长需求	9.6%	8.5%	7.9%

（续表）

	幼儿园	小学	初中
活动次数太频繁	9.7%	7.5%	6.3%
教师专业能力不高	3.9%	3.3%	3.0%
自学可以完成	2.0%	2.8%	3.2%

表3-64　影响家长参加学校家校社协同育人活动的因素——分城乡描述

	城镇	农村
与自己工作时间冲突	**91.2%**	**88.4%**
活动地点不方便	**10.4%**	**12.6%**
每次活动的时间太长	9.2%	**11.8%**
活动形式不合适或单一	**10.0%**	8.8%
活动内容不符合家长需求	9.0%	7.6%
活动次数太频繁	7.3%	7.6%
教师专业能力不高	3.3%	3.2%
自学可以完成	2.2%	3.8%

表3-65　影响家长参加学校家校社协同育人活动的因素——分家长学历描述

	初中及以下	高中/职高/技校/中专	大专及以上
与自己工作时间冲突	**86.2%**	**90.2%**	**91.7%**
活动地点不方便	**13.8%**	**11.8%**	**10.0%**
每次活动的时间太长	**12.8%**	**10.0%**	9.2%
活动形式不合适或单一	8.8%	7.6%	**10.5%**
活动内容不符合家长需求	7.3%	6.7%	9.6%
活动次数太频繁	8.5%	6.3%	7.4%
教师专业能力不高	3.3%	2.7%	3.5%
自学可以完成	4.7%	2.9%	2.0%

四、结论与建议

（一）结论

本节主要从家长视角出发，分析了家长对家校社协同育人的态度和理念、家校社协同育人的参与现状以及家长对协同育人活动的需求及影响因素。主要发现如下。

第一，大部分家长对家校社协同育人持有积极的态度，对自身的权利和责任有较清晰的认识。

本次调研发现，大多数家长对家校关系的认识较为积极，认可家庭教育的基础性地位以及学校的指导作用，但也有半数以上家长认为“家长只需要根据学校要求，参与学校相关活动即可”，这在农村家长和低学历家长群体中更为突出。此外，大部分家长对于自己在家校合作中承担的责任有比较清楚的认识，但也有17.4%的家长将批改孩子作业作为自己的责任。

第二，大部分家长都参加过学校组织的家校社协同育人活动，且满意度较高，但对社区组织的协同育人活动参与度低、满意度低。

本次调研发现，94.6%的家长参与过学校组织的家校社协同育人活动，绝大多数家长从学校或班主任那里得到过帮助和支持，且家长表示对学校组织的家校社协同育人活动较为满意。但就社区活动而言，六成以上家长表示没有从社区得到过家庭教育支持，47.9%的家长表示没有了解社区开展协同育人活动的途径，且四成以上家长表示对社区组织的协同育人活动感到不满意。

第二，与自己工作时间冲突是影响家长参与协同育人活动的最主要因素，但是大部分家长也希望学校和社会能够提供教育资源以满足家庭教育需要。

本次调研考察了影响家长参与家校社协同育人活动的因素，结果发现，90%以上的家长认为“与自己工作时间冲突”是影响其参加家校社协同育人活动的最主要因素，此外“活动地点不方便”“每次活动的时间太长”“活动形式不合适或单一”也是影响家长参与家校社协同育人活动的重要因素。其次，大部分家长希望“公共服务场所（少年宫、博物馆、图书馆等）”、“学校专门机构”和“教育场所（如学校的活动场地）对外开放”，以满足其家庭教育的需要。同时，家长也对学校开展活动的主题和形式提出了期望，希望学校开展的协同育人活动主题主要包括“良好习惯的养成”、“儿童青少年身心发展特点”和“品德的培养”，希望学校开展活动的形式主要为社会实践活动、家庭教育专家现场讲座、家长经验交流会。

（二）建议

针对以上调研结果，主要建议如下。

第一，通过多种途径和方法引导家长充分认识家庭教育的重要性和家校社协同育人的重要意义，发挥家长的主体作用，调动家长参与的积极性，引导家长注重提升自身素质，注重家庭建设和良好家风传承。

《全国家庭教育指导大纲（修订）》（以下简称《大纲》）明确指出，“家庭教育是学校教育和社会教育的基础。家庭是人生的第一所学校，家长是孩子的第一任老师，家庭生活中父母对儿童的教育和影响，对其良好行为习惯、思想品德、价值观的形成，健全人格培养等都具有基础性作用”。因此，应通过多种途径和方法，宣传、教育、引导家长树立科学的家庭教育观念，充分落实家长在家庭教育中的主体责任。作为家庭教育的重要保障，家长还应重视家风建设，建构优秀家庭文化，传承良好家庭风气，优化家庭生活，为儿童青少年的健康发展营造和谐友爱的家庭环境。

家庭、学校和社会是促进儿童青少年健康的共同体。家长要认识到家校社协同育人的重要意义，主动参与家校社协同教育，尊重教师，理性表达诉求，积极沟通合作，保持开放心态，积极参加学校和社区提供的公益性家庭教育指导和实践活动，科学合理利用各种教育资源，共同促进儿童青少年健康发展。

第二，建立起自上而下、分工合作的家校社协同育人机制，建构和完善家庭教育支持网络。

通过资源整合，建立起城乡全覆盖的家校社协同育人省—市（县）—乡镇（街道）—社区（村）网络，各地各级相关部门要充分发挥职能优势，依托高校、家长学校、社会活动中心等机构，切实做好指导和推进家庭教育工作。《大纲》明确指出：“各级妇联组织、教育行政部门牵头负责指导和推进家庭教育；文明办协调各部门力量共同构建学校、家庭、社会‘三结合’教育网络；教育部门加强幼儿园、中小学校家长学校的指导与管理；卫生、人口计生部门大力发展新婚夫妇学校、孕妇学校、人口学校等公共服务阵地，对家长进行科学养育的指导和服务；人口计生部门负责0—3岁儿童早期发展的推进工作，逐步纳入公共服务范畴；妇联、民政、教育、人口计生、关工委等部门共同承担做好城乡社区家庭教育指导、服务与管理工作，推进家庭教育知识的宣传和普及，促进家庭教育事业全面发展。”

明确家庭、学校和社会在家校社协同育人中的职责定位。为实现“全面育人”的核心目标，学校、家庭、社会三大主体在协作共育中应发挥符合各自主体特征的不同功能作用。其中，学校因具备系统化、制度化的教育教学平台，在家校社协同关系建立中应起到主导作用，重点发挥学科育人的教育功能；基于家庭在个人发展中的特殊地位，家庭应在家校社协同育人中起到陪伴作用，重视生活教育，用言传身教发挥情感育人的教育功能；社会中充分的资源条件和多样的实践基地，可在家校社协同育人中起到依托作用，发挥实践育人的教育功能。同时，厘清家校社三方的权责边界，从而助力“全面育人”局面的形成。

第三，引导学校、社区相关工作者充分认识家校社协同育人的重要意义，树立科学合理协同理念，调动主观能动性，积极主动且有针对性地为家庭教育提供指导服务。

“办好教育事业，家庭、学校、政府、社会都有责任。”学校和社区相关工作者要充分认识家校社协同育人的重要性，要将“共同培养德智体美劳全面发展的社会主义建设者和接班人”作为开展家校协同育人的重要任务，要充分了解家长需求，开展有针对性的指导服务。

学校可以依托家长学校、家长委员会等组织机构，与家长及时沟通联系，了解家长的家庭教育指导需求，根据儿童身心发展的规律和特点，定期开展公益性家庭教育宣传、组织教育指导服务和实践活动等丰富多样的家庭教育指导活动。社区应该利用各类社会资源，依托青少年宫、乡村少年宫、儿童活动中心等公共服务阵地，开展家庭教育指导和实践活动，扩大活动覆盖面，为城乡不同年龄段孩子及其家庭提供家庭教育指导服务，并鼓励和支持社区内有条件的机关、社会团体、企事业单位为家长提供及时、便利的公益性家庭教育指导服务。

第三节　学校牵头的家校社协同育人实践机制

学校牵头的家校社协同育人实践机制是指在家校社协同育人活动中，主要由学校主导，家长和社区作为参与者角色，以此落实立德树人根本任务的三方合作育人模式。本书着重从学校牵头的家校社协同育人的保障机制、运行机制、评价机制等内容进行调查，并分析了不同主体在学校牵头开展的家校社协同育人工作中的困难与需求，以期为相关政策建议的提出提供依据和参考。

一、学校开展家校社协同育人工作中的保障机制

学校牵头的家校社协同育人保障机制主要包括学校在主导家校社协同育人过程中的目标认识、制度保障、人力条件和资源保障四个方面。

（一）家校社协同育人的目标认识

1. 学校家庭教育指导服务工作者的态度理念

本次调研通过4道自编题来了解学校对家校社协同育人理念的认同程度，包括2道对学校和家长的角色认知、1道学校在家校合作中的责任、1道学校和社区的关系定位。

结果发现，91.9%的校长和班主任赞同“在家庭教育过程中，学校应发挥指导作用，帮助促进亲子沟通，营造良好的家校关系”；在“学校有必要为家长提供家庭教育指导服务”上，89.3%的校长和87.4%的班主任赞同该理念；在“在育人过程中，学校需要与社区合作”上，有87.9%的校长和87.2%的班主任赞同该理念。由此可见，大部分校长和班主任都认可学校在协同育人中的“指导、服务、联系社区”的角色和作用。

但是，调研也发现，45.6%的校长和31.8%的班主任认为“家长只需要根据学校要求，参与学校相关活动即可”。可见，有相当一部分校长和班主任存

在不科学的理念，认为家长只需根据学校要求参与活动即可，有将家校合作简化为“家长配合”的倾向（见图3–23）。

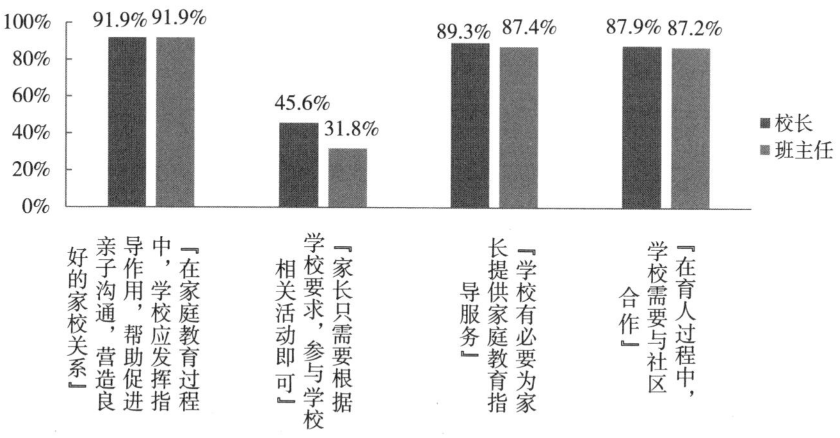

图3–23　校长和班主任对家校合作与协同育人理念的赞同情况

从不同学段看，在“在家庭教育过程中，学校应发挥指导作用，帮助促进亲子沟通，营造良好的家校关系”上，幼儿园班主任和初中校长两个群体的赞同比例最高，均达到95.0%以上；在“学校有必要为家长提供家庭教育指导服务”和“在育人过程中，学校需要与社区合作”上，幼儿园园长和班主任的赞同比例最高；而在“家长只需要根据学校要求，参与学校相关活动即可”这一不科学的理念上，小学校长和初中班主任的赞同比例最高，分别为57.6%和35.4%。可见，整体而言，幼儿园园长和班主任对家校关系和家校社协同育人的理念相对更加积极（见表3–66）。

表3–66　不同学段校长和班主任对家校理念的赞同情况

		幼儿园	小　学	初　中
在家庭教育过程中，学校应发挥指导作用，帮助促进亲子沟通，营造良好的家校关系	校　长	89.5%	89.4%	97.8%
	班主任	95.6%	91.2%	90.5%
学校有必要为家长提供家庭教育指导服务	校　长	92.1%	87.9%	88.9%
	班主任	89.7%	86.9%	86.7%
在育人过程中，学校需要与社区合作	校　长	92.1%	83.3%	91.1%
	班主任	94.4%	87.0%	82.9%

（续表）

		幼儿园	小 学	初 中
家长只需要根据学校要求，参与学校相关活动即可	校 长	34.2%	57.6%	37.8%
	班主任	24.6%	32.5%	35.4%

分城乡看，在“在家庭教育过程中，学校应发挥指导作用，帮助促进亲子沟通，营造良好的家校关系”上，农村和城镇校长和班主任的赞同比例都很高，均达到91%以上。在“学校有必要为家长提供家庭教育指导服务”和“在育人过程中，学校需要与社区合作”上，校长和班主任的赞同比例均是城镇高于农村，其中城镇校长赞同比例最高，分别为91.4%和89.5%；而在“家长只需要根据学校要求，参与学校相关活动即可”这一不科学理念上，农村的校长和班主任均高于城镇，并且农村校长的赞同比例最高，达到57.8%。可见，整体而言，城镇校长和班主任对家校关系和家校社协同育人的理念相对更加积极（见表3-67）。

表3-67 城镇和农村校长和班主任对家校理念的赞同情况

		城 镇	农 村
在家庭教育过程中，学校应发挥指导作用，帮助促进亲子沟通，营造良好的家校关系	校 长	**92.3%**	**91.1%**
	班主任	**92.0%**	**92.1%**
学校有必要为家长提供家庭教育指导服务	校 长	**91.4%**	84.5%
	班主任	87.9%	85.6%
在育人过程中，学校需要与社区合作	校 长	**89.5%**	84.4%
	班主任	87.6%	85.4%
家长只需要根据学校要求，参与学校相关活动即可	校 长	40.4%	**57.8%**
	班主任	29.9%	38.9%

2. 学校家庭教育指导服务工作者对各主体的职责定位

学生德智体美劳全面发展是家庭、学校和社会的共同目标，但家庭、学校和社会的教育功能和特点又是不一样的，明确三者职责，解决好“边界”问题，是构建家校社协同育人机制、形成教育合力的前提和基础。本次调研分别考察了校长和班主任对家庭、学校和社会在家校社协同育人中应承担责任的看法。

结果发现，就家长职责而言，不论校长还是班主任，认为家长应该承担的职责排在前三位的均是“与教师共同教育孩子”、“沟通孩子状况”和“参与学校活动”，只是在比例上略有差异。但是也有77.9%的校长和80.5%的班主任认为家长应该为班级提供帮助（见图3-24）。

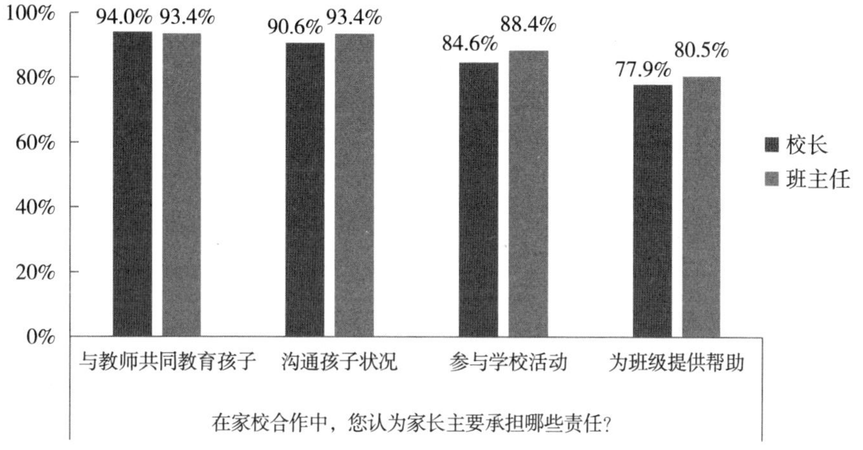

图3-24　校长和班主任对家长职责的认识

分学段来看，在幼儿园和初中阶段，校长和班主任认为家长职责排在首位的都是“与教师共同教育孩子”，其中，校长所占比例均在97%以上；在小学阶段，89.4%的校长认为家长职责排在首位的是“与教师共同教育孩子”和“沟通孩子状况”，93.6%的小学班主任也选择了“沟通孩子状况”。此外，85.2%的幼儿园班主任和84.4%的初中校长认为家长应该“为班级提供帮助”。分城乡看，在农村学校中，校长认为家长职责排在首位的是“与教师共同教育孩子”，比例为88.9%；班主任认为家长职责排在首位的是“沟通孩子状况”，比例为91.2%。在城镇学校中，校长和班主任都认为家长职责排在首位的是“与教师共同教育孩子”，比例分别为96.2%和94.5%（见表3-68和表3-69）。

表3-68　不同学段校长和班主任对家长职责的认识

		幼儿园	小　学	初　中
校　长	与教师共同教育孩子	**97.4%**	**89.4%**	**97.8%**
	沟通孩子状况	94.7%	89.4%	88.9%
	参与学校活动	89.5%	78.8%	88.9%
	为班级提供帮助	73.7%	75.8%	84.4%

（续表）

		幼儿园	小　学	初　中
班主任	与教师共同教育孩子	**95.5%**	92.7%	**93.0%**
	沟通孩子状况	94.9%	**93.6%**	92.2%
	参与学校活动	94.4%	86.9%	86.4%
	为班级提供帮助	85.2%	79.6%	78.5%

表3–69　城镇和农村校长和班主任对家长职责的认识

		城　镇	农　村
校　长	与教师共同教育孩子	**96.2%**	**88.9%**
	沟通孩子状况	94.2%	82.2%
	参与学校活动	90.4%	71.1%
	为班级提供帮助	78.8%	75.6%
班主任	与教师共同教育孩子	**94.5%**	88.9%
	沟通孩子状况	93.9%	**91.2%**
	参与学校活动	89.3%	84.8%
	为班级提供帮助	82.1%	73.9%

在对学校职责的认识上，校长认为学校应该承担的职责前三位依次是“帮家长了解孩子在校表现”、“向家长提供学校情况”和“让家长参与学校教育活动”，比例依次为90.6%、82.6%和77.2%；有40.9%的校长认为学校需要让家长参与学校工作决策，但选择比例最小（见图3–25）。

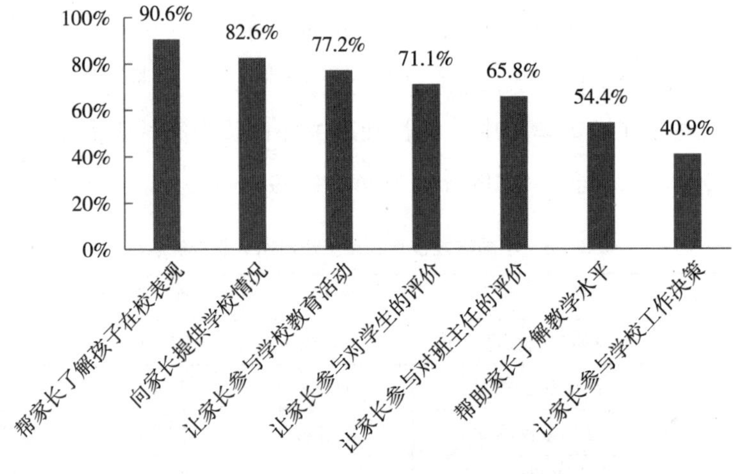

图3–25　校长对学校职责认识的总体情况

分学段结果显示，幼儿园、小学和初中三个学段校长最看重的学校职责均为“帮家长了解孩子在校表现”，但小学校长的赞同比例明显低于幼儿园和初中校长；另外，幼儿园园长在各项职责的认同度上都相对较高，其次是初中校长，而小学校长对学校各项职责的赞同度均最低。分城乡结果显示，城镇和农村校长最看重的学校职责均为“帮家长了解孩子在校表现”，但农村校长的赞同比例明显低于城镇校长，城镇校长在各项职责的认同度上都相对较高（见表3–70和表3–71）。

表3–70　不同学段校长对学校职责的认识

	幼儿园	小　学	初　中
帮家长了解孩子在校表现	**97.4%**	**84.8%**	**93.3%**
向家长提供学校情况	92.1%	78.8%	80.0%
让家长参与学校教育活动	84.2%	68.2%	84.4%
让家长参与对学生的评价	76.3%	66.7%	73.3%
让家长参与对班主任的评价	76.3%	51.5%	77.8%
帮助家长了解教学水平	57.9%	51.5%	55.6%
让家长参与学校工作决策	63.2%	33.3%	33.3%

表3–71　城镇和农村校长对学校职责的认识

	城　镇	农　村
帮家长了解孩子在校表现	**94.2%**	**82.2%**
向家长提供学校情况	85.6%	75.6%
让家长参与学校教育活动	83.7%	62.2%
让家长参与对学生的评价	77.9%	55.6%
让家长参与对班主任的评价	73.1%	48.9%
帮助家长了解教学水平	51.9%	60.0%
让家长参与学校工作决策	44.2%	33.3%

对班主任而言，在家校合作中学校职责排在首位的是“帮家长了解孩子在校表现”，比例为94.2%，其次为“针对家长需求提供针对性的服务和活

动”，比例为86.4%；同时也有76.2%和70.2%的班主任认为学校应该“为家长提供家庭教育相关资源”和“为孩子提供实践平台”，比例相对略低。

从不同学段看，所有学段班主任都认为“帮家长了解孩子在校表现”是学校的首要职责，另外，相对小学和初中班主任，幼儿园班主任对学校各项职责的重视程度更高。分城乡结果显示，城镇和农村班主任认为在家校合作中学校职责排在首位的是“帮家长了解孩子在校表现”，但城镇班主任的赞同比例明显高于农村班主任，农村班主任各项职责的认同度均相对较低（见表3–72和表3–73）。

表3–72　不同学段班主任对学校职责的认识

	幼儿园	小　学	初　中
帮家长了解孩子在校表现	**95.7%**	**93.4%**	**94.2%**
针对家长需求提供针对性的服务和活动	93.1%	85.2%	83.6%
为家长提供家庭教育相关资源	88.0%	75.3%	69.8%
为孩子提供实践平台	80.5%	68.9%	65.0%

表3–73　城镇和农村班主任对学校职责的认识

	城　镇	农　村
帮家长了解孩子在校表现	**95.1%**	**90.6%**
针对家长需求提供针对性的服务和活动	87.2%	83.5%
为家长提供家庭教育相关资源	77.2%	72.4%
为孩子提供实践平台	71.0%	66.4%

在对社会职责的认识上，校长认为社会应该承担的职责前三位依次是“丰富校外活动”、“协助学校活动”和“提供场地设施”，比例依次为82.6%、79.9%和76.5%；班主任认为社会应该承担的职责前三位依次是“丰富校外活动”、“提供场地设施”和“协助学校活动”，比例分别是90.1%、83.6%和81.2%。在“提供专业人员”和“经费支持”两项上，校长和班主任选择的比例相对略低（见图3–26）。

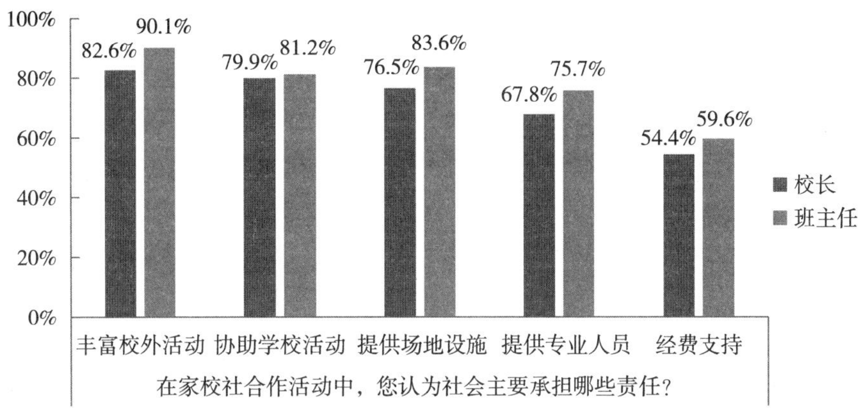

图3-26　校长和班主任对社会职责的认识

从不同学段看，幼儿园、小学、初中三个学段校长对于社会职责的认识差异较大。幼儿园园长最看重的社会职责是“协助学校活动”和“提供场地设施”，比例均为86.8%；小学校长最看重的是“协助学校活动”，比例为80.3%；初中校长最看重的是“丰富校外活动”，比例为91.1%。在不同学段班主任对社会职责的认识上，三个学段班主任最看重的社会职责排在前三位的均为“丰富校外活动”、“提供场地设施”和“协助学校活动”；此外，幼儿园班主任对社会各项职责的选择比例均最高，小学其次，初中相对较低。

从城乡看，城镇校长最看重的社会职责是“丰富校外活动”，比例为87.5%；农村校长最看重的是“协助学校活动”，比例为77.8%。不同地区班主任对社会职责的认识上，城镇班主任和农村班主任最看重的社会职责均是“丰富校外活动”，比例分别为91.2%和85.6%（见表3-74和表3-75）。

表3-74　不同学段校长和班主任对社会职责的认识

		幼儿园	小　学	初　中
校　长	丰富校外活动	84.2%	75.8%	**91.1%**
	协助学校活动	**86.8%**	**80.3%**	73.3%
	提供场地设施	**86.8%**	72.7%	73.3%
	提供专业人员	76.3%	65.2%	64.4%
	经费支持	47.4%	53.0%	62.2%

（续表）

		幼儿园	小　学	初　中
班主任	丰富校外活动	**93.1%**	**89.8%**	**88.5%**
	协助学校活动	85.0%	80.2%	80.0%
	提供场地设施	89.9%	83.8%	79.2%
	提供专业人员	79.7%	75.4%	73.3%
	经费支持	60.6%	60.1%	58.5%

表3-75　城镇和农村校长和班主任对社会职责的认识

		城　镇	农　村
校　长	丰富校外活动	**87.5%**	71.1%
	协助学校活动	80.8%	**77.8%**
	提供场地设施	86.5%	53.3%
	提供专业人员	76.0%	48.9%
	经费支持	60.6%	40.0%
班主任	丰富校外活动	**91.2%**	**85.6%**
	协助学校活动	80.9%	82.5%
	提供场地设施	85.1%	77.2%
	提供专业人员	77.0%	70.1%
	经费支持	61.0%	54.3%

可见，绝大多数校长和班主任都认为家长应与学校共同教育孩子，在家校共育涉及的具体内容上，学校最为看重的是家校互通孩子在校情况；在社会责任的定位方面，学校希望社会承担资源或活动补充的角色，这种职责定位倾向于建立一种由学校主导向家庭、社区发起合作需求，家庭和社区根据自身条件响应并支持学校教育的家校社合作模式。

（二）家校社协同育人的制度保障

主要调查了学校所在区域的上级教育主管部门有无制定／传达相关政策、学校校长和班主任对具体政策的了解程度和执行情况等方面来了解目前学校在家校社协同育人制度建设方面的状况。

1. 学校家校社协同育人的制度建设

本次调研通过了解学校所在区域的上级教育主管部门有无制定／传达相

关政策、学校对具体政策的知晓程度和执行情况等方面来了解目前学校在家校社协同育人制度建设方面的整体状况。

（1）上级教育主管部门政策的制定和传达情况

本次调研测查了学校所在区域的上级教育主管部门相关政策/实施办法等的制定和传达情况。

结果发现，总体上，83.2%的校长反映学校所在地区的上级教育主管部门下发过有关家庭教育指导的相关文件，71.8%的校长反映学校所在地区的上级主管部门制定过家庭教育指导的具体实施办法，仅有59.7%的校长反映所在地区的上级教育主管部门有关于家庭教育指导的年度计划。可见，大多数教育主管部门制定和传达家庭教育相关政策的情况较好，但在年度计划的制定方面有待加强。

分学段看，初中校长反映各项政策的制定和落实情况比例最高，其次是幼儿园阶段，而小学阶段比例最低。分城乡看，城镇校长反映各项政策的制定和落实情况比例均高于农村校长，其中城镇和农村校长反映上级部门有下发有关家庭教育指导的相关文件的比例最高，分别为84.6%和80.0%（见表3-76和表3-77）。

表3-76　不同学段上级教育主管部门政策/实施办法等的制定和传达情况

	幼儿园	小　学	初　中
下发有关家庭教育指导的相关文件	84.2%	77.3%	**91.1%**
制定家庭教育指导的具体实施办法	71.1%	65.2%	**82.2%**
有家庭教育指导的年度计划	63.2%	53.0%	**66.7%**

表3-77　城镇和农村上级教育主管部门政策/实施办法等的制定和传达情况

	城　镇	农　村
下发有关家庭教育指导的相关文件	**84.6%**	**80.0%**
制定家庭教育指导的具体实施办法	76.0%	62.2%
有家庭教育指导的年度计划	63.5%	51.1%

（2）对家校社协同政策的了解程度

本次调研还考察了校长对家校社协同具体政策的了解情况，包括《全国家庭教育指导大纲（修订）》、《家长家庭教育基本行为规范》及《关于进一步加强家长学校工作的指导意见》。

结果发现，67.8%的校长认为自己了解家庭教育相关政策。而具体到每一项政策，校长对《家长家庭教育基本行为规范》的了解程度为61.1%，对《关于进一步加强家长学校工作的指导意见》的了解程度为64.5%，而对《全国家庭教育指导大纲（修订）》的了解程度为55.0%，在三种具体政策中比例最低。可见，校长对家庭教育相关政策的了解程度有待提高。

分学段来看，幼儿园和初中校长对家庭教育相关政策的了解程度相对更高，而小学校长的了解程度较低，其中仅有48.5%的小学校长了解《全国家庭教育指导大纲（修订）》。分城乡来看，城镇校长对家庭教育相关政策的了解程度均高于农村校长，其中仅有五成左右的农村校长了解各项相关政策，而了解《全国家庭教育指导大纲（修订）》的农村校长仅占42.2%。可见，农村校长对家庭教育相关政策的了解程度有待进一步提高（见表3–78和表3–79）。

表3–78　不同学段校长对家庭教育相关政策的了解程度

	幼儿园	小　学	初　中
家庭教育相关政策	71.0%	56.1%	**82.3%**
《全国家庭教育指导大纲（修订）》	**63.1%**	48.5%	57.8%
《家长家庭教育基本行为规范》	63.2%	57.6%	**64.4%**
《关于进一步加强家长学校工作的指导意见》	65.8%	57.6%	**73.4%**

表3–79　城镇和农村校长对家庭教育相关政策的了解程度

	城　镇	农　村
家庭教育相关政策	**72.1%**	57.7%
《全国家庭教育指导大纲（修订）》	**60.5%**	42.2%
《家长家庭教育基本行为规范》	**65.4%**	51.1%
《关于进一步加强家长学校工作的指导意见》	**70.1%**	51.1%

另外，95.3%的校长报告本校有相关针对困境儿童（如贫困、残疾、流动、留守等）的家庭支持与帮扶政策，每个学段比例也都达到了93%以上。

（3）学校家庭教育工作的落实情况

对于家庭教育相关工作的学校落实情况主要体现在学校的相关计划、定期检查、相关分管领导以及班主任的落实四个方面。结果发现，83.2%的学校有家庭教育工作的年度或阶段性计划，88.0%的学校会对家庭教育工作计划的开展情况进行定期检查或评价。此外，74.5%的学校有分管家庭教育工作的校级领导。

从不同学段看，在学校有相关年度或阶段性计划和相关分管领导上，幼儿园比例最高，初中其次，小学比例最低。但在学校是否定期检查层面，小学阶段的比例最高，幼儿园次之，初中比例最低。分城乡看，城镇学校的家庭教育工作落实情况表现好于农村学校，其中城镇学校有相关年度或阶段性计划的比例相对最高，达到91.3%；农村学校会对其定期检查的比例相对最高，达到82.8%（见表3–80和表3–81）。

表3–80　不同学段的学校家庭教育工作落实情况

	幼儿园	小　学	初　中
学校有相关年度或阶段性计划	**89.5%**	77.3%	86.7%
学校会对其定期检查	91.2%	**92.2%**	80.0%
学校有相关分管领导	**78.9%**	69.7%	77.8%

表3–81　城镇和农村的学校家庭教育工作落实情况

	城　镇	农　村
学校有相关年度或阶段性计划	**91.3%**	64.4%
学校会对其定期检查	89.6%	**82.8%**
学校有相关分管领导	80.8%	60.0%

根据中共中央办公厅、国务院办公厅印发的《关于进一步减轻义务教育阶段学生作业负担和校外培训负担的意见》，班主任不得要求家长帮助孩子完成课后任务或批改孩子作业。本次调研仅测查了班主任对该项政策的落实情况，具体包括2道题目，分别是“上学期，您会让家长帮助孩子完成教师布置的课后任务吗”和“上学期，您会让家长帮助批改学校布置的家庭作业吗”。

结果表明，89.8%的班主任从不让家长帮助批改学校布置的家庭作业，而只有57.0%的班主任从不会让家长帮助孩子完成教师布置的课后任务，仍有34.1%的班主任偶尔让家长帮助孩子完成班主任布置的课后任务（见图3–27）。

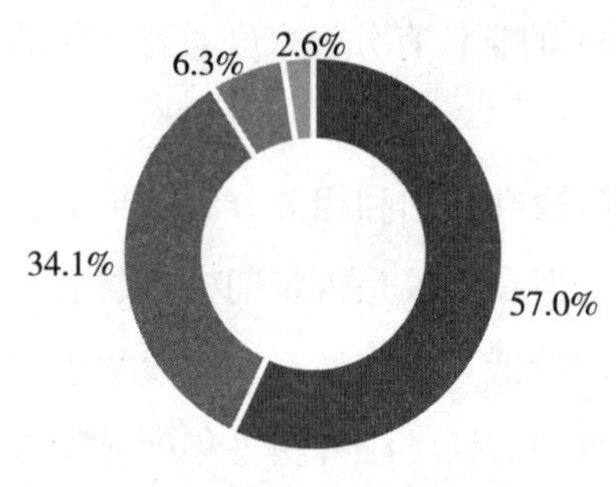

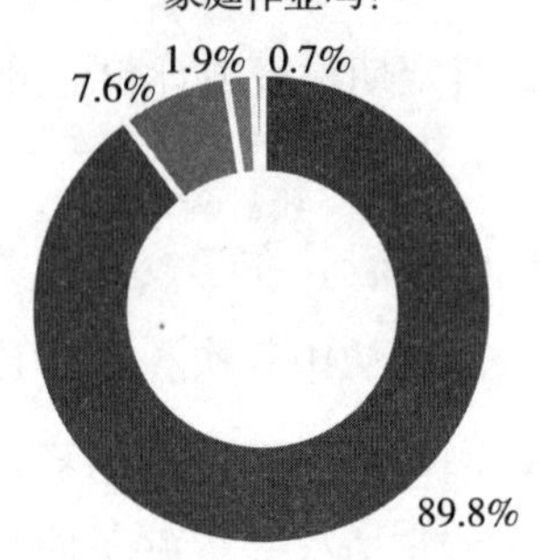

图3–27 班主任对政策制度的落实情况

从不同学段看，相对小学和初中，幼儿园班主任会更倾向于让家长在课后参与教学任务，只有29.8%的幼儿园班主任从不让家长帮助孩子完成教师布置的课后任务。分城乡看，农村班主任比城镇班主任会更倾向于让家长在课后参与教学任务，比例高出5.9%，农村班主任比城镇班主任会更倾向于让家长帮助批改学校布置的家庭作业，比例高出5.0%（见表3–82和表3–83）。

表3–82 不同学段班主任对政策制度的落实情况（选择“从不”的比例）

	幼儿园	小 学	初 中
上学期，您会让家长帮助孩子完成教师布置的课后任务吗？	**29.8%**	65.5%	63.7%
上学期，您会让家长帮助批改学校布置的家庭作业吗？	88.9%	91.0%	89.0%

表3–83 城镇和农村班主任对政策制度的落实情况（选择“从不”的比例）

	城 镇	农 村
上学期，您会让家长帮助孩子完成班主任布置的课后任务吗？	58.1%	**52.2%**
上学期，您会让家长帮助批改学校布置的家庭作业吗？	90.8%	**85.8%**

2. 家长委员会和家长学校的建立情况

家长委员会制度是推进现代化学校制度建设的一项重要制度保障，有利于完善学校科学民主决策和评价机制。本次调研显示，86.6%的学校有至少一个层面的家长委员会，其中，有班级家长委员会的比例最高，达75.8%；但也有13.4%的学校没有家长委员会（见图3-28）。

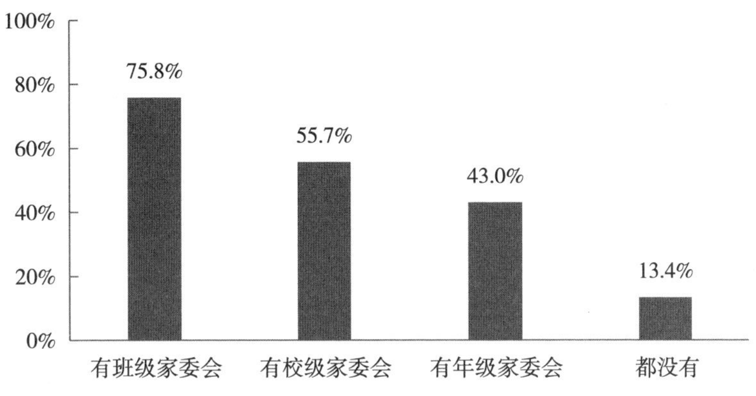

图3-28　家长委员会的设置情况

分学段结果显示，幼儿园有家长委员会的占比最高，达到94.7%，而小学的比例最低，19.7%的小学没有家长委员会；另外，初中有年级家委会的比例明显高于小学和幼儿园。分城乡看，城镇学校有家长委员会的学校占比达到96.2%；而农村学校有家长委员会的比例仅有64.4%（见表3-84和表3-85）。

表3-84　不同学段家长委员会的设置情况

	幼儿园	小　学	初　中
有班级家委会	81.6%	69.7%	80.0%
有校级家委会	63.2%	47.0%	62.2%
有年级家委会	26.3%	37.9%	64.4%
都没有	**5.3%**	**19.7%**	**11.1%**

表3-85　城镇和农村家长委员会的设置情况

	城　镇	农　村
有班级家委会	66.3%	31.1%
有校级家委会	47.1%	33.3%
有年级家委会	**85.6%**	53.3%
都没有	3.8%	**35.6%**

可见，八成以上的学校至少有一个层面的家长委员会，其中，以班级家长委员会为主。没有家长委员会的情况在不同学段差异较大，近两成的小学没有家长委员会。另外，农村学校对于家长委员会制度的设立有待进一步加强。

在家长学校的设置方面，《关于进一步加强家长学校工作的指导意见》中明确指出，“家长学校是宣传普及家庭教育知识，提升家长素质的重要场所，是指导推进家庭教育的主阵地和主渠道”。

本次调研发现，52.3%的校长报告学校建立了家长学校，但仍有47.7%的学校没有家长学校。分学段的结果显示，初中学段建立家长学校的比例最高，达到66.7%；而幼儿园和小学建立家长学校的比例分别仅为52.6%和42.4%，可见，学段间差异较大。分城乡结果显示，城镇学校建立家长学校的比例为59.6%，而农村学校建立家长学校的比例仅有35.6%。

（三）家校社协同育人的人力条件

学校家庭教育指导人员的配备和专业能力建设是学校开展家校社协同育人活动的重要人力保障。本次调研重点考察了学校家庭教育指导人员的配备（有无、专兼职、构成）、知识来源、专业发展（培训种类、频次、内容）等情况。

1. 学校家庭教育指导教师的配备情况

该部分主要调研了学校家庭教育指导教师的配备及需求情况。首先，总体而言，16.1%的学校有专职的家庭教育指导教师，而大多数学校是由学科教师兼任，比例为56.4%，但也有27.5%的学校没有家庭教育指导教师。我们进一步调研了校长的需求，73.6%的校长反映学校需要配备专职的家庭教育指导教师来开展工作。分学段看，初中有专职家庭教育指导教师的比例为20.0%，明显高于幼儿园和小学；而小学没有家庭教育指导教师的比例最高。分城乡看，城镇学校有专职家庭教育指导教师的比例为17.3%，高于农村学校4个百分点；农村学校没有家庭教育指导教师的比例高达48.9%（见表3–86和表3–87）。

表3-86　不同学段学校家庭教育指导教师的配备情况

	幼儿园	小　学	初　中
有专职家庭教育指导教师	**10.5%**	**16.7%**	**20.0%**
学科教师兼任	76.3%	43.9%	57.8%
无家庭教育指导教师	13.2%	39.4%	22.2%

表3-87　城镇和农村家庭教育指导教师的配备情况

	城　镇	农　村
有专职家庭教育指导教师	**17.3%**	13.3%
学科教师兼任	64.4%	37.8%
无家庭教育指导教师	18.3%	**48.9%**

其次，通过对实际参与家庭教育指导人员的调研发现，幼儿园家庭教育指导工作主体人员以“园长”“主班教师”“教研组长”“配班教师”为主；“家长志愿者”“社会专业人员”“保育员”也有一定程度的参与，但比例相对较低（见图3-29）。

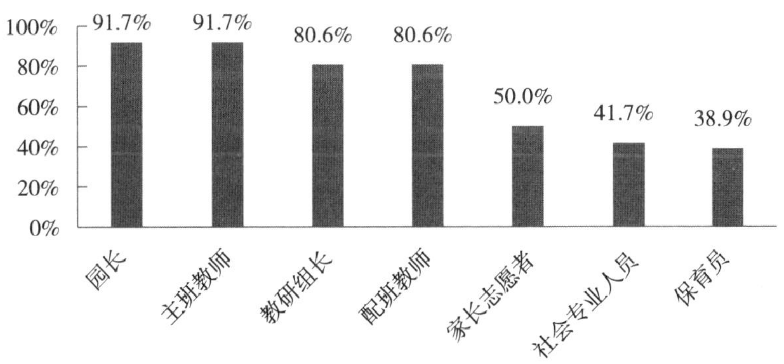

图3-29　幼儿园参与家庭教育指导工作的人员比例

不论小学还是初中，实际开展家庭教育指导的人员都主要是班主任，比例分别为89.2%和95.2%，其次“分管德育的校长”、“德育主任”和“德育老师”的参与比例也较高，“家长志愿者”、“年级组长”和“社会专业人员”也有一定程度的参与（见图3-30）。

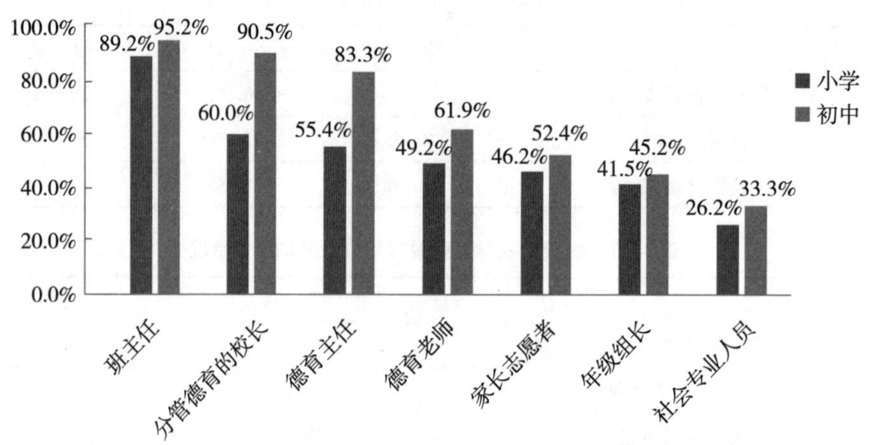

图3-30 小学和初中参与家庭教育指导工作的人员比例

可见，总体而言，配有专职家庭教育指导教师的学校并不多，大部分学校是由学科教师兼任家庭教育指导教师，无论哪个学段，园长／分管德育的校长、班主任均是学校家庭教育的主力军，同时有少量的家长和社会专业人员参与。

2. 学校家庭教育指导服务工作者的知识来源

本次调研分别考察了校长和班主任有关家庭教育指导服务方面的知识的主要来源。结果发现，51.7%的校长和65.1%的班主任有关家庭教育指导服务方面的知识的主要来源为“在实践中总结积累的经验”，仅有不足一半的校长和班主任通过学习来获取知识。具体而言，21.4%的校长和20.9%的班主任主要通过“专业培训”、20.7%的校长和10.5%的班主任主要通过“自学”、6.2%的校长和3.4%的班主任主要通过“从事相关研究”来获取家庭教育指导服务方面的知识（见图3-31）。

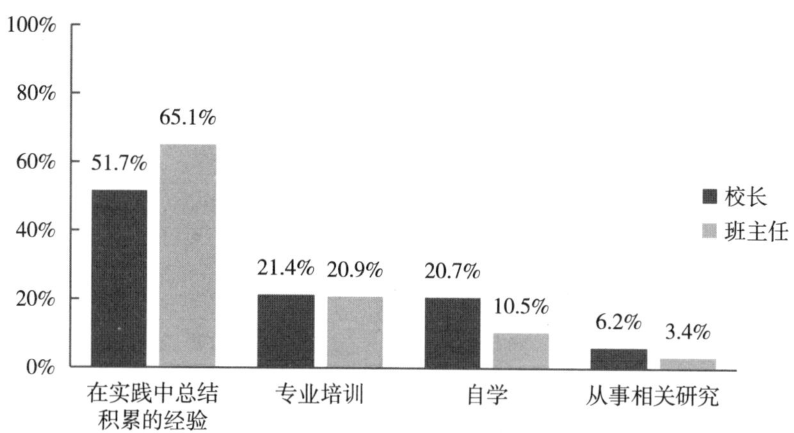

图3-31　校长和班主任家庭教育指导服务知识的来源情况

分学段结果显示，初中校长和班主任选择“在实践中总结积累的经验”的比例最高，分别为59.5%和65.9%，其中初中校长高出幼儿园和小学校长的比例分别为5.4%和14.0%。此外，初中校长和班主任参加专业培训的比例也最低，分别为11.9%和16.2%，分别低于小学校长和班主任10.8%和3.6%，分别低于幼儿园园长和班主任17.8%和14.1%。

分城乡看，无论城镇还是农村，校长和班主任选择“在实践中总结积累的经验”的比例均最高，其中城镇校长选择比例为55.9%，高出农村校长14.0%；城镇班主任选择比例为66.0%，高出农村班主任4.1%（见表3-88和表3-89）。

表3-88　不同学段校长和班主任家庭教育指导服务知识的来源情况

		幼儿园	小　学	初　中
校　长	在实践中总结积累的经验	**54.1%**	**45.5%**	**59.5%**
	专业培训	29.7%	22.7%	11.9%
	自　学	13.5%	27.3%	16.7%
	从事相关研究	2.7%	4.5%	11.9%
班主任	在实践中总结积累的经验	**61.5%**	**66.4%**	**65.9%**
	专业培训	30.3%	19.8%	16.2%
	自　学	5.3%	10.7%	13.7%
	从事相关研究	2.9%	3.1%	4.3%

表3-89　城镇和农村校长和班主任家庭教育指导服务知识的来源情况

		城　镇	农　村
校　长	在实践中总结积累的经验	**55.9%**	**41.9%**
	专业培训	24.5%	14.0%
	自　学	12.7%	39.5%
	从事相关研究	6.9%	4.7%
班主任	在实践中总结积累的经验	**66.0%**	**61.9%**
	专业培训	21.2%	19.8%
	自　学	9.5%	14.3%
	从事相关研究	3.3%	4.0%

3. 学校家庭教育指导教师的专业发展

《全国家庭教育指导大纲（修订）》中强调，“各地各相关部门要按照《全国家庭教育指导大纲（修订）》要求，对家庭教育指导者、家庭教育工作骨干、中小学幼儿园班主任、托育服务机构工作人员等加强系统化的专业知识培训，提升家庭教育指导服务队伍的专业化水平，形成专兼结合、具备指导能力的家庭教育指导工作队伍”。本次调研通过考察校长和班主任的参与家庭教育指导培训种类、频次和内容来了解学校家庭教育指导服务队伍的能力建设情况。

（1）校长培训

本次调研进一步考察了校长参加家庭教育指导工作的专业培训情况。结果发现，总体而言，71.1%的校长参加过相关培训，其中22.1%的校长参加培训的频率为“每年2次及以上”，32.9%的校长“每年1次”，16.1%的校长“2年左右1次”。

分学段结果显示，小学校长没有参加过家庭教育指导工作相关培训的比例最高，达到42.4%，高于幼儿园和初中校长的比例分别为21.3%和26.8%；另外，初中校长选择“每年参加2次及以上”的比例最高，为26.7%，高于幼儿园和小学校长的比例分别为3%和8.5%。分城乡看，农村校长没有参加过家庭教育指导工作相关培训的比例最高，达到48.9%，高于城镇校长28.7%（见图3-32和图3-33）。

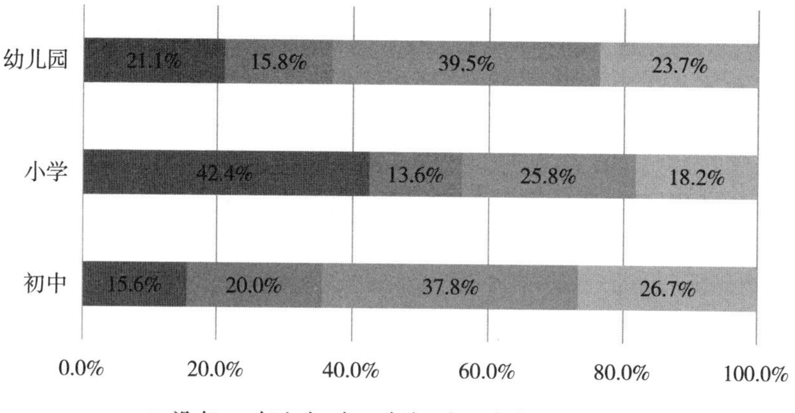

图3-32　不同学段校长参加家庭教育指导工作相关培训的频率

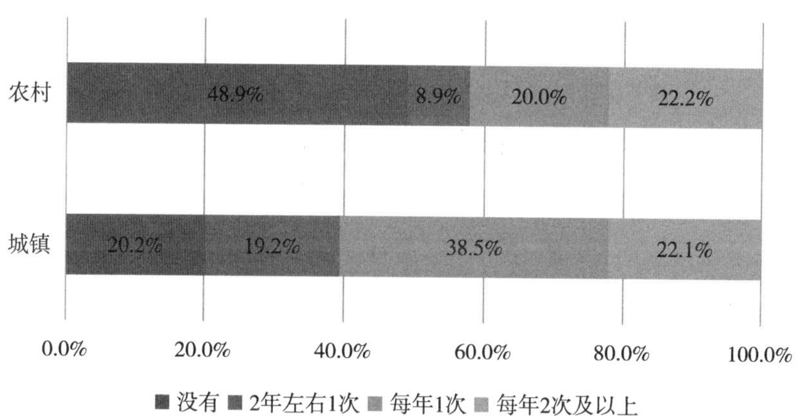

图3-33　城镇和农村校长参加家庭教育指导工作相关培训的频率

（2）班主任培训

《中华人民共和国家庭教育促进法》第39条规定："中小学校、幼儿园应当将家庭教育指导服务纳入工作计划，作为班主任业务培训的内容。"

此次针对班主任参加家庭教育指导服务培训的调研发现，相对而言，班主任参与"学校组织的培训"比例最高，具体来看，对于"学校组织的培训"，27.1%的班主任参加频率为"每学期2次及以上"，37.7%的班主任"每学期1次"，20.6%的班主任"每学年1次"，但也有14.6%的班主任没有参加过。

对于“上级单位组织的培训”，16.2%的班主任参加频率为“每学期2次及以上”，34.0%的班主任“每学期1次”，21.5%的班主任“每学年1次”，28.3%的班主任没有参加过。对于“自己选择的社会培训”，15.0%的班主任参加频率为“每学期2次及以上”，26.1%的班主任“每学期1次”，17.9%的班主任“每学年1次”，41.0%的班主任没有自己选择社会培训的经历（见图3–34）。

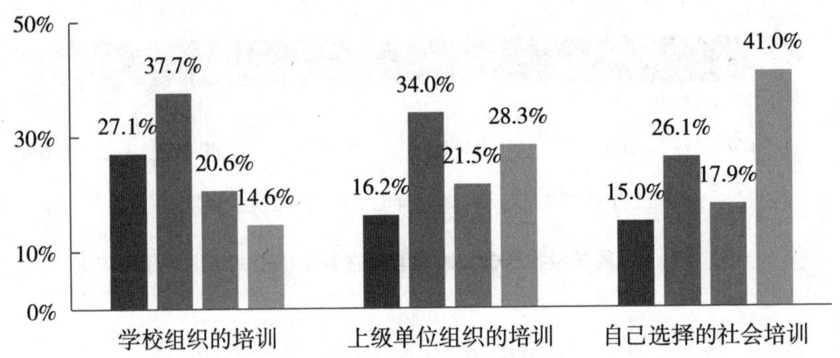

图3–34　班主任参加家庭教育指导服务相关培训的情况

分学段结果显示，不同学段班主任均选择参加“学校组织的培训”比例最高，集中在每学期1次或2次以上。具体来看，幼儿园班主任参加“学校组织的培训”和“上级单位组织的培训”比例最高，且频次在“每学期2次及以上”的比例分别为31.7%和20.6%，均明显高于小学和初中班主任；而小学班主任自己选择参加社会培训的比例最高，为17.4%（见表3–90）。

分城乡看，城镇班主任参加各级培训的比例均高于农村班主任，且在各级培训中，“每学期2次及以上”和“每学期1次”的比例也高于农村班主任（见表3–91）。

表3–90　不同学段班主任参加家庭教育指导服务相关培训的情况

		幼儿园	小　学	初　中
学校组织的培训	每学期 2 次及以上	**31.7%**	26.1%	25.4%
	每学期 1 次	38.6%	39.9%	34.2%
	每学年 1 次	19.9%	19.7%	22.2%
	没　有	9.8%	14.3%	18.2%

（续表）

		幼儿园	小　学	初　中
上级单位组织的培训	每学期2次及以上	**20.6%**	15.7%	14.0%
	每学期1次	35.6%	35.0%	31.7%
	每学年1次	19.7%	20.6%	23.7%
	没　有	24.0%	28.6%	30.7%
自己选择的社会培训	每学期2次及以上	12.9%	**17.4%**	13.2%
	每学期1次	26.8%	27.1%	24.5%
	每学年1次	17.8%	18.4%	17.4%
	没　有	42.4%	37.1%	44.9%

表3-91　城镇和农村班主任参加家庭教育指导服务相关培训的情况

		城　镇	农　村
学校组织的培训	每学期2次及以上	**28.7%**	20.9%
	每学期1次	**38.5%**	34.7%
	每学年1次	20.5%	20.9%
	没　有	12.3%	23.6%
上级单位组织的培训	每学期2次及以上	**17.1%**	12.9%
	每学期1次	**34.8%**	31.1%
	每学年1次	21.1%	22.8%
	没　有	27.0%	33.2%
自己选择的社会培训	每学期2次及以上	**15.3%**	13.6%
	每学期1次	**26.8%**	23.8%
	每学年1次	18.0%	17.1%
	没　有	39.9%	45.5%

此外，本次调研还考察了学校邀请专业人士指导班主任开展家庭教育工作的情况。结果发现，69.8%的学校邀请过专业人士指导学校班主任开展家庭教育工作。不同学段间差异明显，初中邀请专业人士指导学校班主任开展家庭教育工作的比例最高，为82.2%；幼儿园次之，为68.4%；小学相对较低，为62.1%。

本次调研基于《全国家庭教育指导大纲（修订）》（以下简称《大纲》）

中给出的不同年龄段的家庭教育指导内容要点，对不同学段班主任参加过的有关家庭教育指导的培训内容进行了调研。

结果发现，幼儿园班主任参加的培训内容排在前三位的依次是“规则意识与社会适应”、“关心尊重他人与学会交往”和“家长与儿童安全意识”，比例分别为80.0%、79.1%、74.5%；而仅有59.7%和59.1%的幼儿园班主任参加过“引导家长参与家校社协同教育”和“丰富儿童感性经验”的培训，选择比例相对较低（见图3-35）。

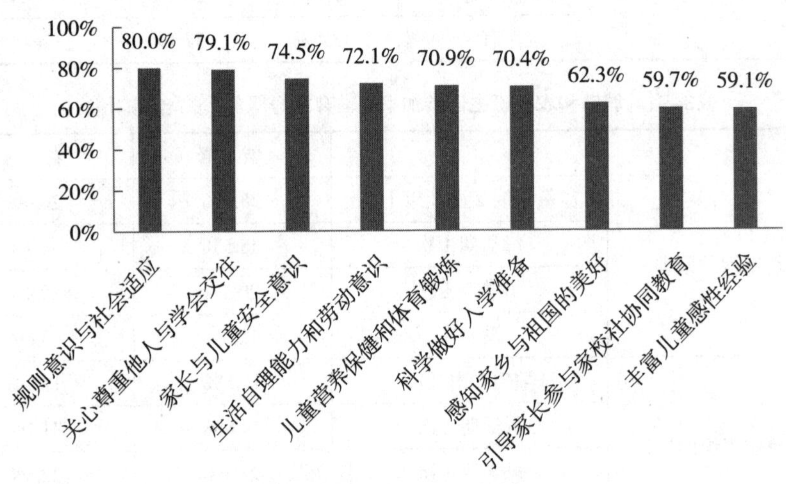

图3-35　幼儿园班主任参加家庭教育指导的培训内容情况

对小学班主任而言，参加的培训内容排在前三位的依次是“良好的学习习惯”、“珍惜生命与尊重自然”和“道德修养”，比例分别为83.6%、79.2%、75.1%；而仅有约41%的小学班主任参加过“指导家长进行性教育”和“指导家庭提高学生信息素养”的培训，选择比例相对较低（见图3-36）。

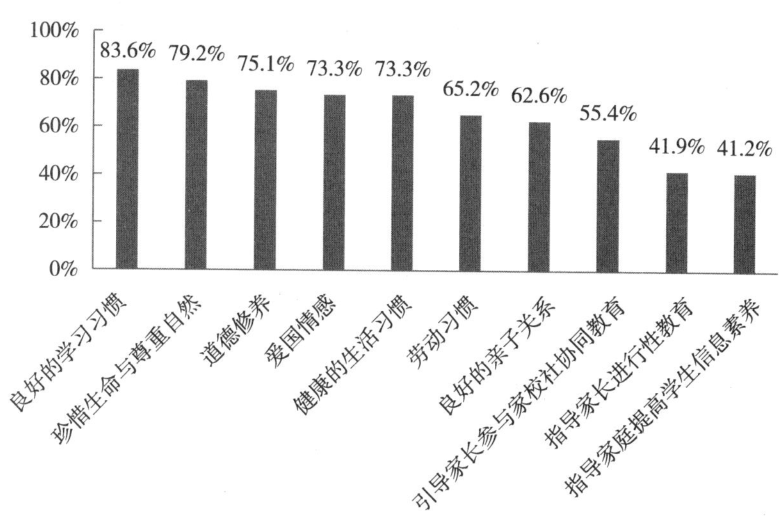

图3-36　小学班主任参加家庭教育指导的培训内容情况

对初中班主任而言，参加的培训内容排在前三位的依次是“进行生命教育”、“学习动力”和“健康的生活习惯”，比例分别为73.0%、71.9%、66.8%；而《大纲》中提出的很多主题，如“指导家庭提高学生信息素养”“指导家长进行性教育”“引导家长参与家校社协同教育”“引导家长认识青春期发展特征”，初中班主任参加的比例均不足40%（见图3-37）。

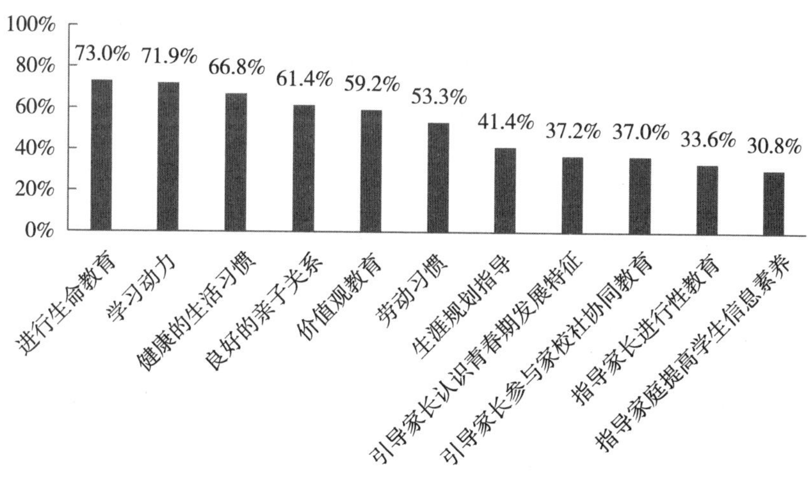

图3-37　初中班主任参加家庭教育指导的培训内容情况

可见，整体上，班主任参加的培训内容能够与所处学段相对应，具有较强的针对性。同时也应看到，培训内容中有关指导家长参与协同育人的比例较低，中小学阶段针对青春期发展特征和性教育的培训内容涉及较少，提高学生信息素养的培训比例最低。在以后的培训主题上还要进一步丰富。

（四）家校社协同育人的资源保障

充足的资源保障有利于学校更好地发挥主导作用，开展家校社协同育人工作，本次调研主要考察了学校在场地设备、经费保障等方面的基本情况。

1. 场地和设备保障

该部分调研了学校开展家校协同育人工作的场地和设备情况，调研结果发现，52.3%的校长表示有专用的家校社活动场地和设备，33.6%的校长表示有共用的活动场地和设备，但仍有9.4%的校长表示需要借用场地设备，4.7%的校长表示在场地和设备上存在极大困难。

分学段结果显示，初中校长反映在场地设备方面的保障情况较好，57.8%的初中校长表示有共用的场地设备，35.6%的初中学校有专用场地设备。需要借用场地设备和有困难的初中学校占比仅为6.6%，低于幼儿园9.2个百分点，低于小学11.5个百分点。

分城乡结果显示，城镇和农村校长反映在场地设备方面的保障情况有所差异。42.2%的农村校长表示有共用的场地设备，高于城镇学校12.4%；54.8%的城镇校长表示有专用的场地设备，高于农村学校8.1%；需要借用场地设备和有困难的城镇学校占比为15.4%，高于农村4.3%（见表3-92和表3-93）。

表3-92　开展家校协同育人工作的场地和设备——分学段描述

	幼儿园	小　学	初　中
有共用场地设备	52.6%	48.5%	**57.8%**
有专用场地设备	31.6%	33.3%	**35.6%**
需借用场地设备	10.5%	13.6%	**2.2%**
有困难	5.3%	4.5%	**4.4%**

表3-93　开展家校协同育人工作的场地和设备——分城乡描述

	城　镇	农　村
有共用场地设备	29.8%	**42.2%**
有专用场地设备	**54.8%**	46.7%
需借用场地设备	9.6%	8.9%
有困难	5.8%	2.2%

在班主任上学年利用场地资源开展家校社协同育人活动方面，调研发现，班主任使用的场地资源的选择比例居前三位的是“图书馆”、“体育馆”和“社区相关场地”，比例依次为49.4%、38.4%、32.8%，而选择比例最低的三项依次是“儿童活动中心”、“美术馆/展览馆”和“家庭教育服务站”（见图3-38）。

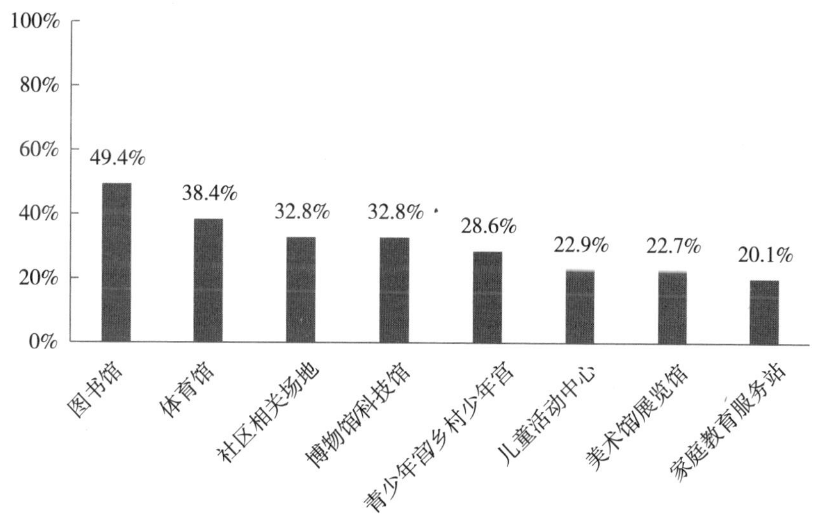

图3-38　班主任开展活动利用过的场地资源情况

分学段结果显示，幼儿园班主任利用频率居前三位的是“社区相关场地”、“图书馆”和“儿童活动中心”，小学和初中班主任利用频率居前三位的均为“图书馆”、“体育馆”和“博物馆/科技馆”。可见，相对而言，在场地资源的使用方面，学校能根据不同年龄段孩子的特点使用相应的场地设备。但各类场地资源的利用率并不高。

分城乡看，城镇班主任利用频率居前三位的是“博物馆 / 科技馆”、“青少年宫 / 乡村少年宫”和“图书馆”；农村班主任利用频率居前三位的是“图书馆”、“儿童活动中心”和“青少年宫 / 乡村少年宫”。可见，相对而言，在场地资源的使用方面具有城乡差异，但总体上各类场地资源的利用率并不高（见表3–94和表3–95）。

表3–94　不同学段班主任开展活动利用过的场地资源情况

	幼儿园	小　学	初　中
图书馆	**34.5%**	**58.5%**	**47.3%**
体育馆	24.8%	**38.9%**	**46.6%**
社区相关场地	**52.0%**	29.0%	25.4%
博物馆 / 科技馆	28.1%	**35.2%**	**32.8%**
青少年宫 / 乡村少年宫	24.0%	33.3%	25.5%
儿童活动中心	**28.3%**	25.4%	16.3%
美术馆 / 展览馆	23.8%	25.1%	18.9%
家庭教育服务站	25.0%	19.3%	17.8%

表3–95　城镇和农村班主任开展活动利用过的场地资源情况

	城　镇	农　村
图书馆	**46.2%**	**37.8%**
体育馆	36.5%	26.7%
社区相关场地	37.5%	20.0%
博物馆 / 科技馆	**51.0%**	22.2%
青少年宫 / 乡村少年宫	**46.2%**	**28.9%**
儿童活动中心	33.7%	**33.3%**
美术馆 / 展览馆	33.7%	13.3%
家庭教育服务站	20.2%	22.2%

2. 经费保障

本部分调研了学校开展家校社协同育人工作的经费来源，结果显示，34.9%的校长表示没有开展相关工作的经费。而在有经费的学校中，学校自筹经费的比例最高，占比为66.0%，上级拨款占比为45.4%，挪用其他经费和社会捐助占比分别为10.5%和9.3%，相对较少。可见，学校在开展家校社协同育人工作时面临着经费保障不足的问题，超过五成的学校需要通过学校自筹、社会捐助等方式筹集开展工作的经费。

分学段结果显示，在有经费的学校中，66.7%的幼儿园和73.8%的小学主要通过“学校自筹”的方式获得开展家校社协同育人活动的经费，而“上级拨款”是初中开展家校社协同育人活动经费的最主要来源，占比为61.3%（见表3–96）。

分城乡看，在有经费的学校中，53.8%的城镇学校主要通过“学校自筹”的方式获得开展家校社协同育人活动的经费；44.4%的农村学校主要通过“上级拨款”的方式获得开展家校社协同育人活动的经费（见表3–97）。

表3–96　不同学段学校开展家校社协同育人活动的经费来源

	幼儿园	小　学	初　中
学校自筹	**66.7%**	**73.8%**	54.8%
上级拨款	41.7%	35.7%	**61.3%**
挪用其他	8.3%	9.5%	12.9%
社会捐助	0.0%	16.7%	6.5%

表3–97　城镇和农村学校开展家校社协同育人活动的经费来源

	城　镇	农　村
学校自筹	**53.8%**	40.0%
上级拨款	26.0%	**44.4%**
挪用其他	4.8%	17.8%
社会捐助	6.7%	8.9%

此外，本部分还调研了校长对学校开展家庭教育指导工作是否需要专项经费的看法。结果显示，总体而言，87.3%的校长认为“非常需要”或“比较需要”专项经费；分学段而言，幼儿园园长认为需要专项经费的比例为94.7%，高于小学校长和初中校长的比例分别为14.4%和3.6%。

二、学校开展家校社协同育人工作中的实施过程机制

（一）家校社协同育人的组织形式

1. 家长委员会的运行状况

《教育部关于加强家庭教育工作的指导意见》（以下简称《指导意见》）中明确指出，“中小学幼儿园要将家长委员会纳入学校日常管理，制订家长委员会章程，将家庭教育指导服务作为重要任务。家长委员会要邀请有关专家、学校校长和相关班主任、优秀父母组成家庭教育讲师团，面向广大家长定期宣传党的教育方针、相关法律法规和政策，传播科学的家庭教育理念、知识和方法，组织开展形式多样的家庭教育指导服务和实践活动。”因此，该部分对家长委员会的运行管理情况进行了分析。

结果发现，67.5%的家长委员会纳入了学校管理且能够定期举办活动，64.3%的家长委员会制定了相关管理章程。可见，整体而言，大部分学校的家长委员会能够进行较好的运行和管理。但家长委员会“有家庭教育讲师团”的比例仅为33.3%（见图3–39）。

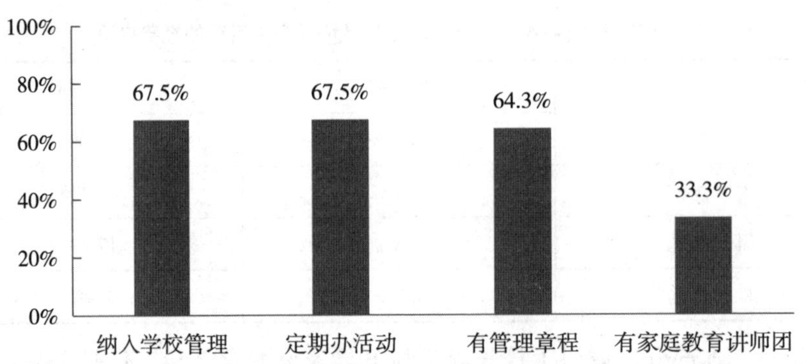

图3–39 家长委员会运行总体情况

分学段看，不同学段家长委员会的运行情况略有差异，76.5%的幼儿园家长委员会纳入了学校管理，70.6%的幼儿园家长委员会有管理章程，而小学家长委员会在这两项上的比例最低，均为57.7%。初中家长委员会在“定期办活

动”和“有家庭教育讲师团”方面比例最高，分别为75.0%和35.0%，而幼儿园在这两项上比例最低。

分城乡看，城镇和农村家长委员会的运行情况略有差异，69.0%的城镇学校家长委员会纳入了学校管理，明显高于农村学校（55.2%）。64.0%的城镇学校家长委员会有管理章程，明显高于农村学校（58.6%）。在其他两项上，城镇和农村学校的差异不大（见表3–98和表3–99）。

表3–98　家长委员会分学段的运行情况

	幼儿园	小　学	初　中
纳入学校管理	**76.5%**	57.7%	72.5%
定期办活动	55.9%	69.2%	**75.0%**
有管理章程	**70.6%**	57.7%	67.5%
有家庭教育讲师团	32.4%	32.7%	**35.0%**

表3–99　家长委员会分城乡的运行情况

	城　镇	农　村
纳入学校管理	**69.0%**	55.2%
定期办活动	66.0%	65.5%
有管理章程	**64.0%**	58.6%
有家庭教育讲师团	32.0%	34.5%

职能完善的家长委员会有利于形成家庭、学校教育的合力，帮助家长提升自身家庭教育水平，为学生的健康成长创造有利的条件。因此，本研究还对家长委员会在家校社协同育人实践中实际参与的工作进行了调研。结果显示，“反馈家长意愿”、“支持学校活动”和“监督教学活动”是目前家长委员会参与最主要的工作，比例依次是79.1%、76.7%和64.3%。而“通报学校工作”、“参与学校决策”和“宣传政府规章”方面比例较低，均不到50%。由此可见，整体而言，大部分学校的家长委员会能在家校社协同育人工作中发挥参与学校管理、支持和监督学校日常活动等基本职能（见图3–40）。

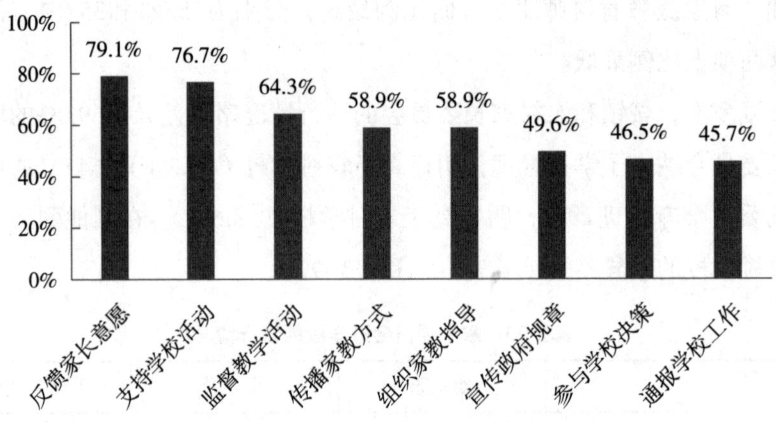

图3-40 家长委员会主要参与的工作的总体情况

分学段结果显示，幼儿园、小学、初中三个学段家长委员会参与最多的均为“反馈家长意愿”、“支持学校活动”和“监督教学活动”，但各项比例差异较大。例如，初中家长委员会参与“反馈家长意愿”“支持学校活动”的比例分别为90.0%和85.0%，但小学家长委员会这两项参与比例为67.9%和71.7%；在“传播家教方式”方面，幼儿园家长委员会的参与比例为66.7%，明显高于小学和初中。可见，家长委员会的实际参与工作上还存在一定的学段差异，小学家长委员会参与学校各项工作的情况有待改善。

分学段看，城镇和农村家长委员会参与最多的三项均为“反馈家长意愿”、“支持学校活动”和“监督教学活动”，但各项比例差异较大。例如，在以上三项参与工作中，城镇学校家长委员会的参加比例均明显高于农村学校。可见，家长委员会实际参与的工作还存在城乡差异，农村学校家长委员会参与学校各项工作的情况有待改善（见表3-100和表3-101）。

表3-100 家长委员会主要参与的工作——分学段描述

	幼儿园	小 学	初 中
反馈家长意愿	83.3%	67.9%	90.0%
支持学校活动	75.0%	71.7%	85.0%
监督教学活动	69.4%	52.8%	75.0%

（续表）

	幼儿园	小　学	初　中
传播家教方式	66.7%	52.8%	60.0%
参与学校决策	55.6%	43.4%	42.5%
宣传政府规章	52.8%	43.4%	55.0%
组织家教指导	52.8%	58.5%	65.0%
通报学校工作	44.4%	37.7%	57.5%

表3-101　家长委员会主要参与的工作——分城乡描述

	城　镇	农　村
反馈家长意愿	**85.0%**	**58.6%**
支持学校活动	**80.0%**	**65.5%**
监督教学活动	**66.0%**	**58.6%**
传播家教方式	61.0%	51.7%
参与学校决策	51.0%	31.0%
宣传政府规章	54.0%	34.5%
组织家教指导	62.0%	48.3%
通报学校工作	46.0%	44.8%

2. 家长学校的运行状况

为发挥好家长学校的协同育人作用，《指导意见》中指出，“中小学幼儿园要把家长学校纳入学校工作的总体部署，帮助和支持家长学校组织专家团队，聘请专业人士和志愿者，设计较为具体的家庭教育纲目和课程，开发家庭教育教材和活动指导手册”。因此，本次调研了各学段家长学校的基本运行管理情况。

结果发现，在设有家长学校的中小学幼儿园中，84.8%的校长报告家长学校“已纳入总体部署”，75.9%报告会“定期举办活动”，63.3%报告家长学校“有教学计划”；仅有34.2%的校长报告家长学校“有家庭教育教材”，选择比例最小（见图3-41）。

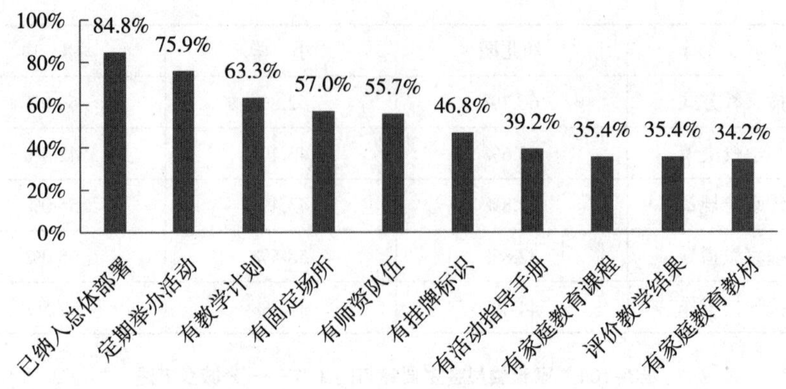

图3-41　家长学校运行的总体情况

分学段结果显示，幼儿园、小学、初中三个学段在家长学校开展的不同工作方面表现不同，在“已纳入总体部署”“有教学计划”“有固定场所”“有挂牌标识”“有家庭教育课程”方面，小学家长学校的比例均最高；而在“有师资队伍”方面，幼儿园家长学校的比例最高；初中家长学校在“定期举办活动”“有活动指导手册”“评价教学结果”“有家庭教育教材”方面比例最高。

分城乡看，城镇和农村在家长学校开展的不同工作方面表现不同，在“定期举办活动”、“有师资队伍”和“评价教学结果”方面，城镇学校的比例相对更高；而在“已纳入总体部署”“有挂牌标识”“有活动指导手册”“有家庭教育教材”方面，农村家长学校的比例相对更高（见表3-102和表3-103）。

表3-102　家长学校运行——分学段描述

	幼儿园	小　学	初　中
已纳入总体部署	80.0%	**89.7%**	83.3%
定期举办活动	65.0%	75.9%	**83.3%**
有教学计划	60.0%	**65.5%**	63.3%
有固定场所	55.0%	**58.6%**	56.7%
有师资队伍	**60.0%**	51.7%	56.7%

（续表）

	幼儿园	小　学	初　中
有挂牌标识	30.0%	**55.2%**	50.0%
有活动指导手册	30.0%	34.5%	**50.0%**
有家庭教育课程	35.0%	**37.9%**	33.3%
评价教学结果	25.0%	37.9%	**40.0%**
有家庭教育教材	25.0%	31.0%	**43.3%**

表3–103　家长学校运行——分城乡描述

	城　镇	农　村
已纳入总体部署	84.1%	**87.5%**
定期举办活动	**79.4%**	62.5%
有教学计划	63.5%	62.5%
有固定场所	57.1%	56.3%
有师资队伍	**58.7%**	43.8%
有挂牌标识	46.0%	**50.0%**
有活动指导手册	36.5%	**50.0%**
有家庭教育课程	34.9%	37.5%
评价教学结果	**36.5%**	31.3%
有家庭教育教材	31.7%	**43.8%**

《指导意见》还进一步指出，“中小学家长学校每学期至少组织1次家庭教育指导和1次家庭教育实践活动；幼儿园家长学校每学期至少组织1次家庭教育指导和2次亲子实践活动。”因此，本次调研对家长学校开展家庭教育指导活动的频次进行了考察。

调研结果发现，在开展家庭教育指导活动方面，只有极少数的家长学校不开展活动，占比仅为1.3%；89.8%的家长学校都能做到每学期至少组织1次家庭教育指导活动。在开展家庭教育实践／亲子实践活动上，只有2.5%的学校不开展此类活动，74.7%的家长学校能做到每学期至少开展1次。可见，绝大多数家长学校能根据《指导意见》的要求开展相应活动（见图3–42）。

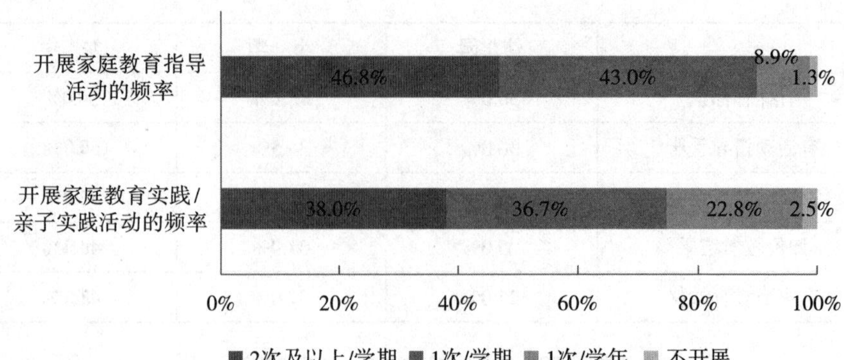

图3-42　家长学校开展家庭教育指导活动和实践活动的频率

分学段结果显示，在家长学校开展家庭教育指导活动方面，幼儿园、小学、初中的家长学校每学期开展1次及以上家庭教育指导活动的比例分别为85.0%、89.6%和93.3%，其中初中比例最高。5.0%的幼儿园家长学校没有开展过家庭教育指导活动，而小学和初中该比例为0.0%。在家长学校开展家庭教育实践／亲子实践活动方面，幼儿园家长学校每学期开展2次及以上亲子实践活动的比例为60.0%，初中和小学每学期开展家庭教育实践活动1次及以上的比例分别达到了70.0%和72.4%；但是，3.4%的小学和3.3%的初中家长学校没有开展过家庭教育实践活动（见表3-104）。

表3-104　家长学校开展家庭教育指导活动和实践活动的频率——分学段描述

		幼儿园	小　学	初　中
开展家庭教育指导活动的频率	1次及以上/学期	85.0%	89.6%	**93.3%**
	1次/学年	10.0%	10.3%	6.7%
	不开展	**5.0%**	0.0%	0.0%
开展家庭教育实践/亲子实践活动的频率	2次及以上/学期	60.0%	27.6%	33.3%
	1次/学期	25.0%	44.8%	36.7%
	1次/学年	15.0%	24.1%	26.7%
	不开展	0.0%	3.4%	3.3%

分城乡看，在家长学校开展家庭教育指导活动方面，93.8%的农村学校每学期开展1次及以上，高于城镇学校；在家庭教育实践／亲子实践活动方面，城镇和农村家长学校每学期开展1次及以上的比例分别为76.2%和68.8%，城镇学校高于农村学校（见表3-105）。

表3-105　家长学校开展家庭教育指导活动和实践活动的频率——分城乡描述

		城　镇	农　村
开展家庭教育指导活动的频率	1次及以上/学期	**88.9%**	**93.8%**
	1次/学年	9.5%	6.3%
	不开展	1.6%	0.0%
开展家庭教育实践/亲子实践活动的频率	1次及以上/学期	**76.2%**	**68.8%**
	1次/学年	22.2%	25.0%
	不开展	1.6%	6.3%

（二）家校社协同育人的活动开展

1. 活动形式

本次调研考察了班主任开展家校社协同育人活动的情况，具体有3组自编题目，包括“班主任开展的家校社协同育人活动内容”、“班主任具体开展了哪些主题的家庭教育指导”以及“各类活动开展的频次”。具体结果如下。

在活动内容方面，调研结果发现，在班主任开展的家校社协同育人活动中，开展最多的活动是“绘画、运动等兴趣培养活动”、“春游、秋游等亲子活动”和“帮助家长解决孩子的托管等问题”，选择比例依次是54.4%、43.1%和42.7%，开展最少的是“和社区共同组织演出等活动”，选择比例仅有18.9%（见图3-43）。

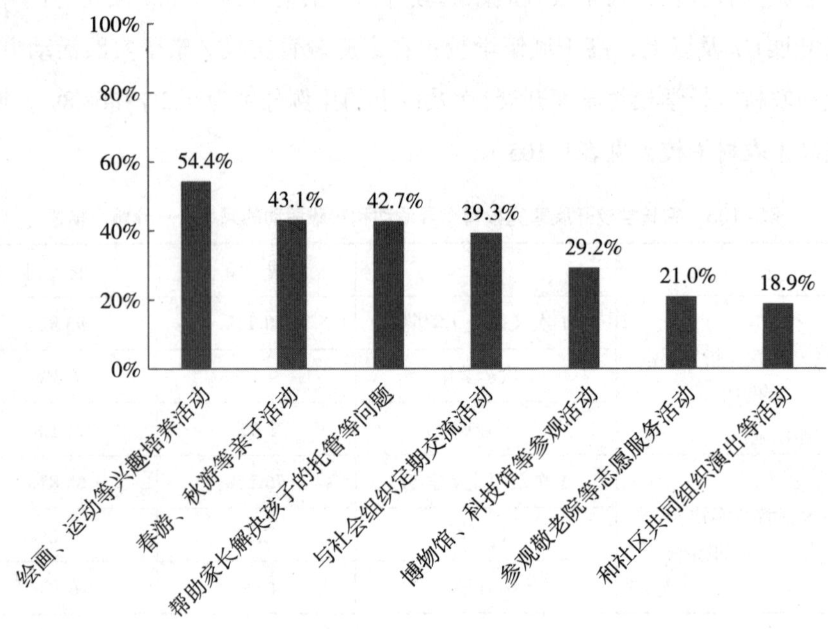

图3-43　活动开展形式总体情况

分学段看，幼儿园和初中班主任开展最多的活动是“绘画、运动等兴趣培养活动”、“春游、秋游等亲子活动”和“帮助家长解决孩子的托管等问题”；小学班主任开展最多的活动是“绘画、运动等兴趣培养活动”、“春游、秋游等亲子活动”和“和社区共同组织演出等活动”。但在各项上比例差异较大，如在“绘画、运动等兴趣培养活动”上，幼儿园班主任开展的比例达到60.3%，但初中的比例仅为44.6%。此外，在“博物馆、科技馆等参观活动”上，中小学的比例较高（见表3-106）。

表3-106　活动开展形式——分学段描述

	幼儿园	小　学	初　中
绘画、运动等兴趣培养活动	**60.3%**	**58.7%**	**44.6%**
春游、秋游等亲子活动	**39.1%**	**45.5%**	**42.5%**
和社区共同组织演出等活动	38.9%	**51.1%**	33.9%
帮助家长解决孩子的托管等问题	**43.7%**	37.4%	**38.9%**
博物馆、科技馆等参观活动	19.7%	32.5%	31.5%

（续表）

	幼儿园	小　学	初　中
参观敬老院等志愿服务活动	27.6%	21.4%	15.7%
与社会组织定期交流活动	24.9%	18.8%	14.7%

分城乡看，城镇学校班主任开展最多的活动是“绘画、运动等兴趣培养活动”、“春游、秋游等亲子活动”和“帮助家长解决孩子的托管等问题”；农村学校班主任开展最多的活动是“绘画、运动等兴趣培养活动”、“与社会组织定期交流活动”和“帮助家长解决孩子的托管等问题”（见表3–107）。

表3–107　活动开展形式——分城乡描述

	城　镇	农　村
绘画、运动等兴趣培养活动	**47.7%**	**45.9%**
春游、秋游等亲子活动	**39.9%**	28.2%
和社区共同组织演出等活动	16.1%	18.0%
帮助家长解决孩子的托管等问题	**38.4%**	**32.2%**
博物馆、科技馆等参观活动	27.2%	18.6%
参观敬老院等志愿服务活动	17.8%	19.8%
与社会组织定期交流活动	33.7%	**36.1%**

2. 活动主题

在班主任开展的家庭教育指导主题方面，根据《大纲》要求，家庭教育指导的侧重点应根据儿童的身心发展规律和特点的不同而有所不同，因此本次调研关注了班主任开展家庭教育指导服务的主题。结果表明，幼儿园班主任目前开展最多的家庭教育指导主题居前三位的分别是教导儿童“关心尊重他人与学会交往”、“规则意识与社会适应性”和“培养儿童生活自理能力”，分别占比86.9%、85.6%和84.8%（见图3–44）。

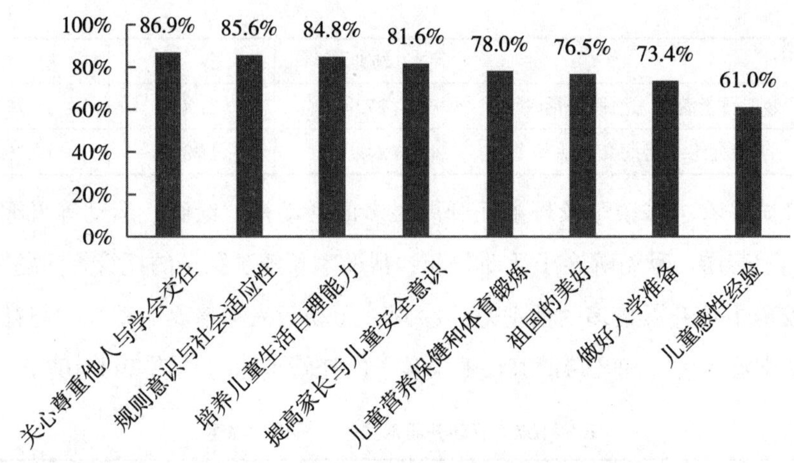

图3-44　幼儿园班主任开展的家庭教育指导主题

就小学班主任而言，指导家长“培养儿童学习习惯”、“培养儿童生活习惯”和培养“儿童的爱国情感”是其开展最多的家庭教育指导主题，分别占比83.5%、76.4%和72.6%（见图3-45）。

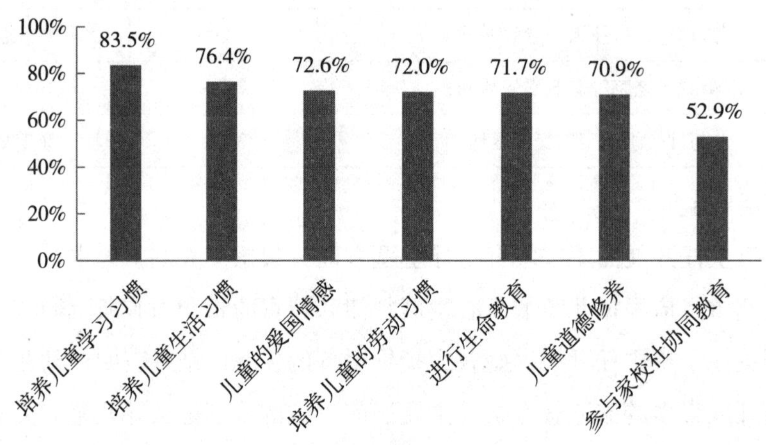

图3-45　小学班主任开展的家庭教育指导主题

初中班主任则最常围绕“构建良好亲子关系”“认识青春期人格发展特征”“开展价值观教育”三个主题开展家庭教育指导，分别占比63.0%、59.2%和58.6%。而“对儿童进行性教育”和“提高儿童信息素养”是班主任开展最少的两个家庭教育指导主题（见图3-46）。

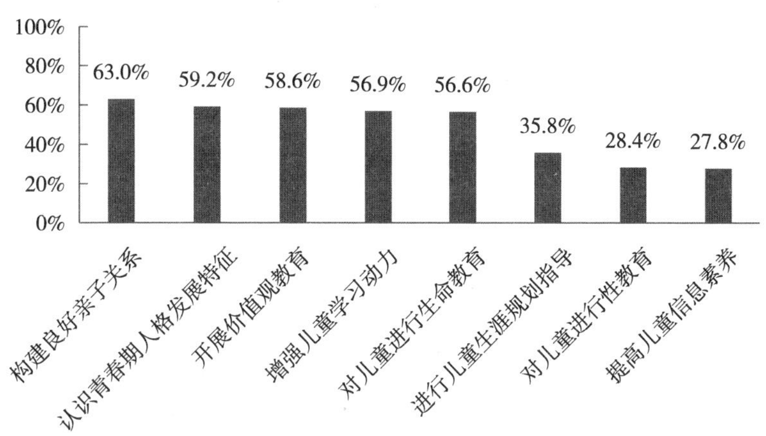

图3-46　初中班主任开展的家庭教育指导主题

可见，不同学段的班主任能够根据该学段学生的年龄和发展特点开展不同主题的家庭教育指导服务，且活动形式和主题丰富。进一步调研了班主任开展家庭教育指导活动主题的来源，结果发现，最主要的来源是“上级单位提出的内容”，占74.1%，“家长实际需求”和“《全国家庭教育指导大纲》”分别占57.9%和42.2%，也有部分主题是班主任自主确定，或外包单位直接安排的（见图3-47）。

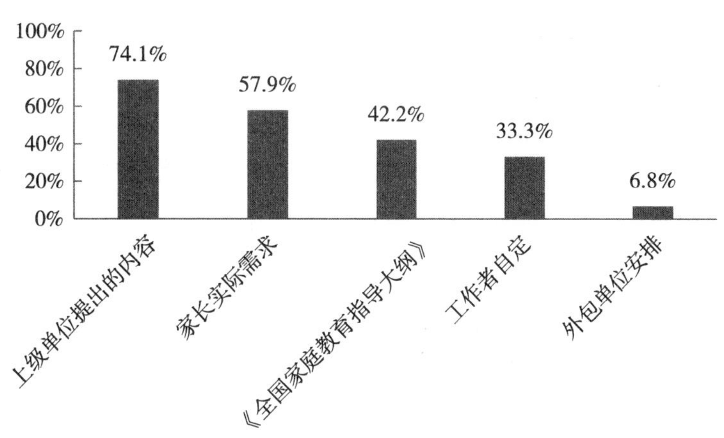

图3-47　班主任家庭教育指导活动的主题来源

3. 开展频率

在不同形式的家校社协同育人活动的开展频率方面，总体来看，家长会是目前开展范围最广、频率最高的活动，“没开展过”的比例仅占5.5%，68.3%的学校半年开展一次；家长咨询服务、家访、家长经验交流会的开展频率也处于较高水平；而亲子文体活动和亲子社会实践活动是目前开展频率最低的活动，约三成班主任反映没有开展过（见表3-108）。

表3-108　不同形式的家校社协同育人活动的开展频率

	没开展过	一年一次	半年一次	一个月一次	一个月多次
家长会	5.5%	6.8%	68.3%	13.9%	5.5%
家长咨询服务	14.8%	6.8%	14.5%	17.3%	46.6%
家　访	15.3%	8.5%	33.8%	20.3%	22.1%
家长经验交流会	18.3%	10.2%	37.2%	16.1%	18.1%
学校开放日 / 接待日	23.3%	15.5%	42.9%	12.5%	5.6%
发放家庭教育相关学习资料	23.9%	11.4%	29.1%	20.4%	15.2%
家庭教育专家讲座（线上 / 线下）	25.6%	14.9%	36.6%	15.4%	7.6%
亲子社会实践活动	30.1%	14.8%	33.1%	14.3%	7.6%
亲子文体活动	30.7%	13.7%	31.3%	15.6%	8.6%

（三）家校社协同育人的信息沟通

本部分主要通过家校沟通内容来反映学校和家长的信息沟通情况。结果显示，班主任沟通最多的三方面内容是“学习习惯与兴趣”、“道德品质培养”和“心理状况（包括情绪状况）”，沟通比例分别为67.3%、47.6%和41.6%。而沟通相对较少的内容是“公民意识的培养”、“人际交往”和“兴趣爱好或特长培养”，占比均在15%以下（见图3-48）。

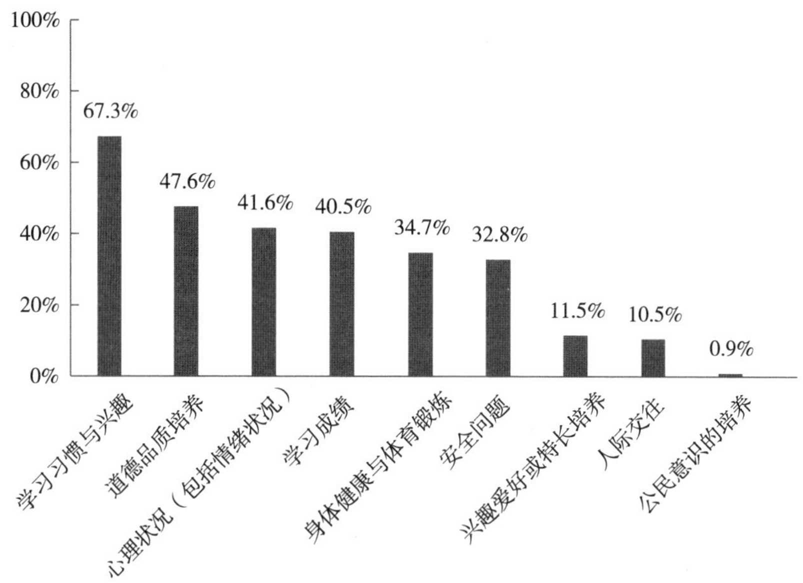

图3-48　班主任与家长的沟通内容情况

分学段看，不同学段班主任与家长的沟通内容差异较大。在幼儿园阶段，班主任与家长沟通最多的三项内容是“学习习惯与兴趣”、“身体健康与体育锻炼”和“心理状况（包括情绪状况）”；而在小学和初中阶段，班主任与家长沟通最多的三项内容都是“学习习惯与兴趣”、“道德品质培养”和“学习成绩”，尤其在初中阶段，关于学习相关问题（习惯与兴趣、成绩）的沟通比例明显升高（见表3-109）。

分城乡看，在城镇学校中，班主任与家长沟通最多的三项内容是“学习习惯与兴趣”、“道德品质培养”和“心理状况（包括情绪状况）”；而在农村学校中，班主任与家长沟通最多的三项内容是“学习习惯与兴趣”、“学习成绩”和“道德品质培养”（见表3-110）。

表3-109　不同学段班主任与家长的沟通内容

	幼儿园	小　学	初　中
学习习惯与兴趣	**59.5%**	**74.7%**	**63.2%**
道德品质培养	40.5%	**50.7%**	**48.4%**

（续表）

	幼儿园	小 学	初 中
心理状况（包括情绪状况）	**44.5%**	35.6%	47.3%
学习成绩	3.9%	**45.0%**	**58.5%**
身体健康与体育锻炼	**55.2%**	30.5%	26.9%
安全问题	43.0%	34.8%	23.7%
兴趣爱好或特长培养	21.6%	10.1%	6.9%
人际交往	23.8%	6.4%	7.1%
公民意识的培养	1.1%	1.0%	0.6%

表3-110 城镇和农村班主任与家长的沟通内容

	城 镇	农 村
学习习惯与兴趣	**68.3%**	**63.0%**
道德品质培养	**48.3%**	**45.3%**
心理状况（包括情绪状况）	**43.2%**	35.3%
学习成绩	38.9%	**47.2%**
身体健康与体育锻炼	35.4%	32.4%
安全问题	31.1%	39.2%
兴趣爱好或特长培养	11.4%	11.9%
人际交往	11.4%	7.3%
公民意识的培养	0.6%	2.1%

（四）家校社协同育人的资源协同

《指导意见》指出，“各地教育部门和中小学幼儿园要积极引导多元社会主体参与家庭教育指导服务，利用各类社会资源单位开展家庭教育指导和实践活动，扩大活动覆盖面，推动有条件的地方由政府购买公益岗位。”本次调研主要通过2组自编题考察学校在开展家庭教育相关活动时的资源协同情况。

首先，考察了学校在开展家庭教育相关活动时是否会主动寻求社会资源或招募合作者。结果发现，52.3%的校长表示会“引入社会机构开展家庭教育工作”，87.2%的校长表示会“招募合作者（如社区工作人员、家长等）”共同开展相关活动，81.9%的校长表示会“寻求社会资源（场地、师资等）”来开展活动（见图3-49）。可见，大多数学校在开展家校社协同育人活动时能够有意识地寻求社会资源的支持，也会招募合作者，但引入社会机构开展家庭教育工作的学校比例相对较低。

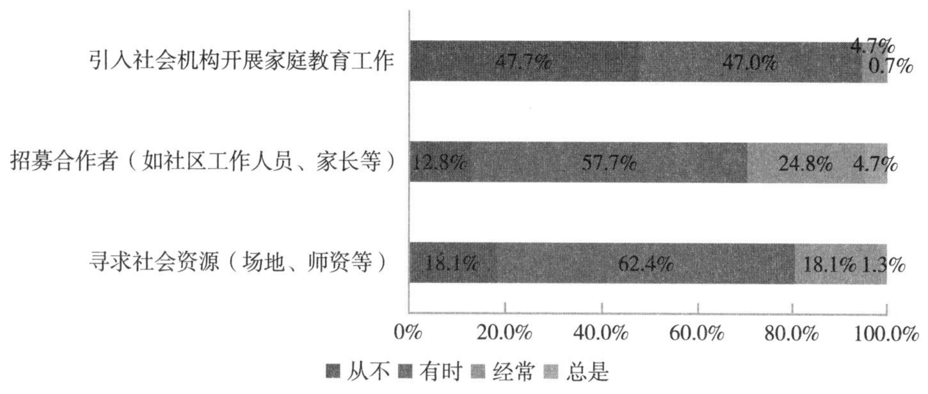

图3-49　家校社协同育人活动中的资源协同情况

分学段看，在“寻求社会资源（场地、师资等）”和“招募合作者（如社区工作人员、家长等）”上，幼儿园选择“从不”选项的比例最高，分别为26.3%和18.4%，初中比例最低，分别仅为8.9%和2.2%。在“引入社会机构开展家庭教育工作”上，幼儿园选择“从不”选项的比例仍最高。可见，整体而言，在开展家庭教育相关活动时，初中学校的资源协同情况相对最好，幼儿园相对较弱（见表3-111）。

分城乡看，在“引入社会机构开展家庭教育工作”上，城镇学校和农村学校选择“从不”选项的比例均较高，分别为47.1%和48.9%；在“招募合作者（如社区工作人员、家长等）”上，城镇学校和农村学校选择“从不”选项的比例分别为9.6%和20.0%。整体而言，目前学校还应该积极探索引入社会机构开展家庭教育工作（见表3-112）。

表3-111　不同学段学校家校社协同育人的资源协同情况

		幼儿园	小　学	初　中
寻求社会资源（场地、师资等）	从　不	26.3%	19.7%	8.9%
	有　时	52.6%	59.1%	75.6%
	经　常	15.8%	21.2%	15.6%
	总　是	5.3%	0.0%	0.0%

（续表）

		幼儿园	小 学	初 中
招募合作者（如社区工作人员、家长等）	从 不	18.4%	16.7%	2.2%
	有 时	50.0%	59.1%	62.2%
	经 常	21.1%	21.2%	33.3%
	总 是	10.5%	3.0%	2.2%
引入社会机构开展家庭教育工作	从 不	63.2%	37.9%	48.9%
	有 时	31.6%	56.1%	46.7%
	经 常	2.6%	6.1%	4.4%
	总 是	2.6%	0.0%	0.0%

表3-112 城镇和农村学校家校社协同育人的资源协同情况

		城 镇	农 村
寻求社会资源（场地、师资等）	从 不	15.4%	24.4%
	有 时	63.5%	60.0%
	经 常	19.2%	15.6%
	总 是	1.9%	0.0%
招募合作者（如社区工作人员、家长等）	从 不	**9.6%**	**20.0%**
	有 时	55.8%	62.2%
	经 常	29.8%	13.3%
	总 是	4.8%	4.4%
引入社会机构开展家庭教育工作	从 不	**47.1%**	**48.9%**
	有 时	48.1%	44.4%
	经 常	3.8%	6.7%
	总 是	1.0%	0.0%

本次调研还测查了学校开展家庭教育相关活动时利用的社会资源情况。总体来看，有12.1%的学校没有利用过社会资源开展活动。在利用社会资源的学校中，利用最多的三项分别是“图书馆”、“科技馆／博物馆／纪念馆”和“青少年宫／乡村少年宫”，选择比例分别为49.6%、48.1%和46.6%（见图3-50）。

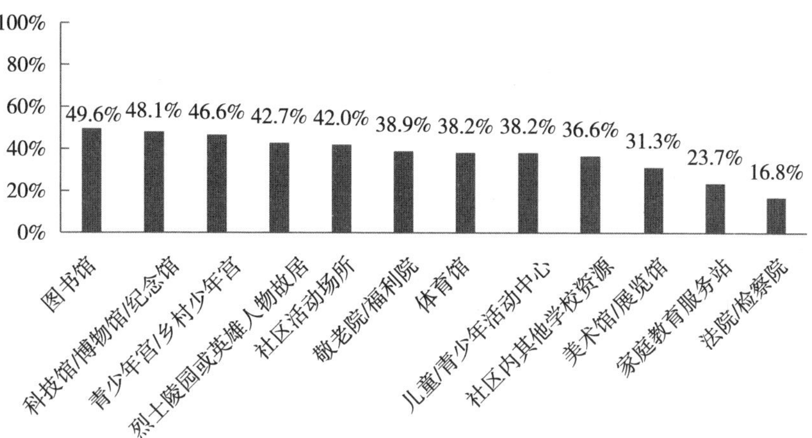

图3-50　学校利用的社会资源情况

分学段看，不同学段学校在各项社会资源的利用率上差异较大，相对而言，初中对各项社会资源的利用率最高，小学相对较低。具体来看，幼儿园在开展活动时利用最多的三项社会资源分别是“图书馆”、“社区活动场所”和“社区内其他学校资源”，小学利用最多的三项社会资源分别是“图书馆”、“科技馆／博物馆／纪念馆”和“青少年宫／乡村少年宫”，初中利用最多的三项社会资源分别是“科技馆／博物馆／纪念馆”、“青少年宫／乡村少年宫”和“烈士陵园或英雄人物故居”（见表3-113）。

表3-113　不同学段学校利用的社会资源情况

	幼儿园	小　学	初　中
图书馆	**48.4%**	**41.9%**	63.2%
科技馆／博物馆／纪念馆	41.9%	**37.1%**	**71.1%**
青少年宫／乡村少年宫	32.3%	**41.9%**	**65.8%**
烈士陵园或英雄人物故居	32.3%	32.3%	**68.4%**
社区活动场所	**48.4%**	35.5%	47.4%
敬老院／福利院	38.7%	29.0%	55.3%
体育馆	38.7%	32.3%	47.4%
儿童／青少年活动中心	35.5%	33.9%	47.4%
社区内其他学校资源	**48.4%**	25.8%	44.7%

（续表）

	幼儿园	小　学	初　中
美术馆 / 展览馆	35.5%	21.0%	44.7%
家庭教育服务站	25.8%	22.6%	23.7%
法院 / 检察院	9.7%	9.7%	34.2%

分城乡看，城镇和农村学校对各项社会资源的利用率差异较大，相对而言，城镇学校对各项社会资源的利用率高于农村学校（除“家庭教育服务站”外）。具体来看，城镇学校利用最多的三项社会资源分别是“图书馆”、“科技馆／博物馆／纪念馆”和“青少年宫／乡村少年宫”，农村学校利用最多的三项社会资源分别是“图书馆”、“儿童／青少年活动中心”和“青少年宫／乡村少年宫”（见表3–114）。

表3–114　城镇和农村学校利用的社会资源情况

	城　镇	农　村
图书馆	**46.2%**	**37.8%**
科技馆 / 博物馆 / 纪念馆	**51.0%**	22.2%
青少年宫 / 乡村少年宫	**46.2%**	**28.9%**
烈士陵园或英雄人物故居	46.2%	17.8%
社区活动场所	37.5%	20.0%
敬老院 / 福利院	40.4%	20.0%
体育馆	36.5%	26.7%
儿童 / 青少年活动中心	33.7%	**33.3%**
社区内其他学校资源	40.4%	28.9%
美术馆 / 展览馆	33.7%	13.3%
家庭教育服务站	20.2%	22.2%
法院 / 检察院	18.3%	6.7%

由此可见，超过八成的学校能够利用社会资源来开展家校社协同育人活动，为不同年龄段孩子及其家庭提供家庭教育指导服务，主要体现在依托图书馆、科技馆／博物馆／纪念馆、少年宫等公共服务阵地，各学段和城乡之间利用的社会资源各有不同。

三、学校开展家校社协同育人工作中的评价机制

家校社协同育人活动的效果需要通过健全的评价机制来评估和反馈，以确保能及时总结经验、发现不足并及时调整和改进。本次调研分别考察了学校上级主管部门、学校以及活动举办者（班主任）对学校开展的家校社协同育人活动的考核评价。

（一）上级主管部门的评价

本次调研首先考察了学校的家庭教育指导工作是否受到上级部门评价。结果显示，71.1%的校长表示上级主管部门会对学校开展的家庭教育指导工作进行考核评价。分学段结果显示，幼儿园、小学、初中各学段校长反映上级主管部门开展考核的比例分别为71.1%、69.7%和73.3%，各学段差异不大。分城乡结果显示，城镇、农村校长反映上级主管部门开展考核的比例分别为72.1%、68.9%，城乡差异不大。

（二）学校的评价

从学校评价来看，结果显示，88.0%的校长表示学校会对家庭教育指导工作计划的开展情况进行定期检查或评价；65.1%的校长表示学校会将开展家庭教育指导活动的情况计入教师工作考核。

分学段看，整体而言，初中学校对家庭教育工作计划的开展情况进行检查或评价的比例最低，为80.0%，低于幼儿园和小学的比例分别为11.2%和12.2%；小学将家庭教育指导活动的开展情况纳入教师工作考核的比例最低，为57.6%，低于幼儿园和初中的比例分别为18.7%和9.1%（见表3-115）。

表3-115　不同学段学校对家庭教育相关工作开展情况的评价

	幼儿园	小　学	初　中
学校是否会对家庭教育工作计划的开展情况进行定期检查或评价？	91.2%	92.2%	80.0%
贵校是否将家庭教育指导活动的开展情况纳入班主任工作考核？	76.3%	57.6%	66.7%

分城乡看，农村学校对家庭教育工作计划的开展情况进行检查或评价的比例为82.8%，低于城镇学校6.8个百分点；城镇学校和农村学校将家庭教育指导活动的开展情况纳入教师工作考核的比例差异不大，分别为64.4%和66.7%（见表3–116）。

表3–116　城乡学校对家庭教育相关工作开展情况的评价

	城　镇	农　村
学校是否会对家庭教育工作计划的开展情况进行定期检查或评价?	89.6%	82.8%
贵校是否将家庭教育指导活动的开展情况纳入班主任工作考核?	64.4%	66.7%

（三）班主任的自我评价

本次调研通过2个自编题考察了班主任对家校协同效果的评价情况，包括自己是否能胜任家庭教育指导服务工作和对当前家校合作活动的满意程度。结果显示，83.8%的班主任认为自己能够胜任家庭教育指导服务工作，94.6%的班主任对当前家校合作活动满意。

分学段看，幼儿园班主任认为自己能胜任家庭教育指导服务工作的比例最高，为90.8%；同时，幼儿园班主任对当前家校合作活动的满意程度也最高，为86.1%。分城乡看，城镇班主任和农村班主任认为自己能胜任家庭教育指导服务工作的比例相差不大，分别为84.0%和83.0%；同时，城镇班主任对当前家校合作活动的满意程度为71.2%，高于农村班主任3.8%（见表3–117和表3–118）。

表3–117　不同学段班主任对家校协同的评价情况

		幼儿园	小　学	初　中
您认为，您是否能胜任家庭教育指导服务工作?	完全胜任	**18.9%**	19.6%	20.1%
	比较胜任	**71.9%**	63.7%	59.7%
	比较不能胜任	9.0%	14.5%	17.6%
	完全不能胜任	0.2%	2.2%	2.5%

（续表）

		幼儿园	小　学	初　中
总的来说，您对当前家校合作活动的满意程度如何？	非常满意	**16.2%**	13.1%	17.0%
	比较满意	**69.9%**	64.7%	68.1%
	不太满意	11.8%	19.2%	12.5%
	非常不满意	2.1%	3.0%	2.4%

表3–118　城镇和农村班主任对家校协同的评价情况

		城　镇	农　村
您认为，您是否能胜任家庭教育指导服务工作？	完全胜任	**19.5%**	**20.0%**
	比较胜任	**64.5%**	**63.0%**
	比较不能胜任	14.6%	13.4%
	完全不能胜任	1.4%	3.5%
总的来说，您对当前家校合作活动的满意程度如何？	非常满意	**2.3%**	**2.5%**
	比较满意	**68.9%**	**64.9%**
	不太满意	11.5%	16.7%
	非常不满意	17.4%	15.9%

由此可见，七成的校长报告上级主管部门会对学校的家庭教育指导工作进行考核评价，近九成的学校会对家庭教育工作计划的开展情况进行定期检查或评价，且有65.1%的学校将家庭教育指导活动的开展情况纳入班主任工作考核。通过班主任自评也发现，八成以上班主任认为自己能胜任家庭教育指导服务工作，且对当前家校合作活动的满意度也很高。

四、学校开展家校社协同育人工作的困难与需求

（一）学校开展家校社协同育人活动的困难

本次调研通过自编调研题，考察学校在开展家校社协同育人工作中遇到的困难。结果发现，总体而言，校长认为在开展家校社协同育人工作中排名前三的困难是“经费不足”、“人员不足”和“资源整合困难”，选择比例依次为58.4%、55.7%和55.0%（见图3–51）。

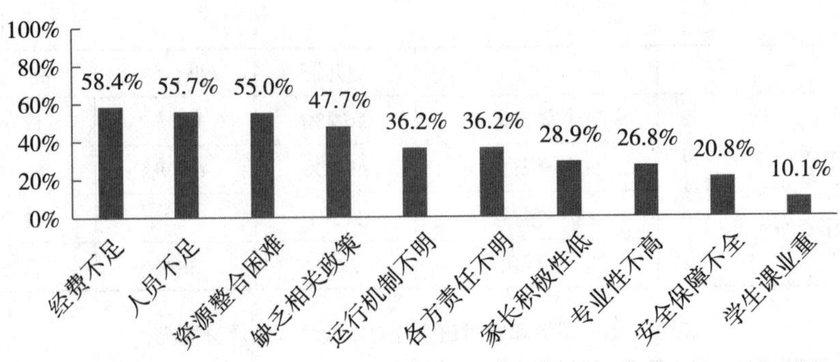

图3-51　校长在开展家校社协同育人工作中遇到的困难

分学段来看，不同学段校长认为开展家校社协同育人工作中遇到的困难存在差异。具体来看，幼儿园和初中校长认为在开展家校社协同育人工作中排在前三位的困难分别是“人员不足”、“经费不足”和“资源整合困难”；小学校长则认为排在前三位的困难分别是“经费不足”、“资源整合困难”和“缺乏相关政策”。此外，在“家长积极性”方面，初中校长认为该方面存在困难的比例最高，为44.4%，幼儿园仅为15.8%（见表3-119）。

表3-119　不同学段校长在开展家校社协同育人工作中遇到的困难

	幼儿园	小　学	初　中
经费不足	**60.5%**	**59.1%**	**55.6%**
人员不足	**65.8%**	42.4%	**66.7%**
资源整合困难	**55.3%**	**53.0%**	**57.8%**
缺乏相关政策	47.4%	**50.0%**	44.4%
运行机制不明	31.6%	36.4%	40.0%
各方责任不明	28.9%	40.9%	35.6%
家长积极性低	15.8%	25.8%	44.4%
专业性不高	23.7%	21.2%	37.8%
安全保障不全	18.4%	21.2%	22.2%
学生课业重	0.0%	9.1%	20.0%

分城乡看，城镇和农村校长在开展家校社协同育人工作中遇到的困难存在差异。具体来看，城镇校长认为排在前三位的困难分别是“资源整合困难”、“经费不足”和“人员不足”，农村校长则认为排在前三位的困难分别是

“经费不足”、“人员不足”和“缺乏相关政策”（见表3–120）。

表3–120　城镇和农村校长在开展家校社协同育人工作中遇到的困难

	城　镇	农　村
经费不足	**60.6%**	**53.3%**
人员不足	**59.6%**	**46.7%**
资源整合困难	**61.5%**	40.0%
缺乏相关政策	48.1%	**46.7%**
运行机制不明	38.5%	31.1%
各方责任不明	37.5%	33.3%
家长积极性低	25.0%	37.8%
专业性不高	28.8%	22.2%
安全保障不全	20.2%	22.2%
学生课业重	5.8%	20.0%

（二）学校开展家校社协同育人活动的需求

1. 学校对协同育人模式的需求

本次调研了在家校社协同育人活动中，学校期望的学校与社区合作的模式。总体来看，学校最期待的校社合作模式是“由政府主导，学校和社会的相关机构共同投入人力物力”，占比达到46.3%；其次，37.6%的学校期望采用“由学校主导，长期合作”的模式；另外，8.1%的校长希望采用“由社区主导，学校提供支持”的模式，8.1%的校长希望采用“以项目为纽带，短期合作”的模式。

分学段看，幼儿园园长最期待的校社合作模式是“由学校主导，长期合作”，占比达到47.4%；小学和初中校长最期待的校社合作模式均是“由政府主导，学校和社会的相关机构共同投入人力物力”，占比分别达到45.5%和53.3%（见表3–121）。

分城乡看，城镇和农村校长最期待的校社合作模式均是“由政府主导，学校和社会的相关机构共同投入人力物力”，比例分别为43.3%和53.3%，城镇学校对“由学校主导，长期合作”模式期待的比例为42.3%，高于农村15.6%（见表3–122）。

表3-121 不同学段校长期望的学校与社区合作模式

	幼儿园	小 学	初 中
以项目为纽带，短期合作	7.9%	7.6%	8.9%
由学校主导，长期合作	**47.4%**	37.9%	28.9%
由政府主导，学校和社会的相关机构共同投入人力物力	39.5%	**45.5%**	**53.3%**
由社区主导，学校提供支持	5.3%	9.1%	8.9%

表3-122 城镇和农村校长期望的学校与社区合作模式

	城 镇	农 村
以项目为纽带，短期合作	7.7%	8.9%
由学校主导，长期合作	**42.3%**	26.7%
由政府主导，学校和社会的相关机构共同投入人力物力	**43.3%**	**53.3%**
由社区主导，学校提供支持	6.7%	11.1%

可见，在与社区的合作模式上，近五成的校长倾向于由政府主导，近四成的校长倾向于由学校主导的长期合作，仅有不到一成的校长赞同由社区主导合作或以项目为纽带进行短期合作。

2. 班主任对社区和学校的需求

（1）班主任对学校支持的需求情况

本次调研了在家校社协同育人中，班主任希望学校为其提供的支持和帮助。调研结果显示，班主任最希望学校提供的帮助是“学校聘请专业人士开展活动”，占比达到79.8%，其次是“提供活动场地和设备”，占比为72.9%，再次是“学校对班主任进行培训”，占比为67.3%；也有61.2%的班主任表示希望学校提供活动经费。

分学段看，幼儿园班主任最希望学校提供的帮助是“学校对班主任进行培训”，占比为78.4%；小学和初中班主任最希望提供的帮助是“学校聘请专业人士开展活动”，分别占比83.5%和76.7%。分城乡看，城镇班主任在各项需求上的比例均高于农村班主任，此外城镇和农村班主任最希望学校提供的帮助均是“学校聘请专业人士开展活动”，分别占比80.9%和75.6%（见表3-123和表3-124）。

表3-123　不同学段班主任对学校需求的情况

	幼儿园	小　学	初　中
学校聘请专业人士开展活动	77.5%	**83.5%**	**76.7%**
提供活动场地和设备	76.9%	72.5%	71.0%
学校对班主任进行培训	**78.4%**	63.3%	65.2%
提供活动经费	65.9%	59.3%	60.4%

表3-124　城镇和农村班主任对学校需求的情况

	城　镇	农　村
学校聘请专业人士开展活动	**80.9%**	**75.6%**
提供活动场地和设备	73.7%	70.1%
学校对班主任进行培训	68.2%	63.9%
提供活动经费	62.9%	54.1%

（2）班主任对社区／社会支持的需求情况

总体上看，在家校社协同育人过程中，班主任最希望从社区／社会获得的帮助是“社区或社会提供专业指导人员”“社区或社会提供的活动场地或设备”，分别占比78.3%和76.8%；同时，70.4%的班主任希望社区／社会能够协助组织相关活动，也有60.8%的班主任希望“由社区开展家庭教育相关工作”。

分学段看，不同学段班主任最希望从社区／社会获得的帮助均是“社区或社会提供的活动场地或设备”和“社区或社会提供专业指导人员”。同时，幼儿园和小学班主任对社区／社会各项需求的比例均高于初中（见表3-125）。

表3-125　不同学段班主任对社区/社会需求的情况

	幼儿园	小　学	初　中
社区或社会提供专业指导人员	**79.9%**	**79.0%**	**76.3%**
社区或社会提供的活动场地或设备	**84.8%**	**77.3%**	**71.1%**
社区或社会协助组织相关活动	77.9%	71.0%	64.7%
由社区开展家庭教育相关工作	61.2%	63.4%	57.2%

分城乡看，城镇和农村班主任最希望从社区／社会获得的帮助均是“社区或社会提供专业指导人员”和“社区或社会提供的活动场地或设备”，但城镇班主任各项需求的比例均高于农村（见表3-126）。

表3-126　城镇和农村班主任对社区/社会需求的情况

	城　镇	农　村
社区或社会提供专业指导人员	**80.0%**	**71.2%**
社区或社会提供的活动场地或设备	**78.2%**	**71.0%**
社区或社会协助组织相关活动	71.0%	67.6%
由社区开展家庭教育相关工作	62.0%	55.7%

（3）班主任对专业发展的需求情况

本次通过调研班主任“对于如何开展家庭教育指导服务，您是否需要进行学习、得到指导？”来测查班主任对家庭教育指导专业发展的需求。

结果发现，总体而言，94.9%班主任认为对于开展家庭教育指导服务“很需要”或“比较需要”进行学习和得到指导，其中，幼儿园班主任认为有指导需求的比例为98.1%，高于小学和初中班主任的比例分别为3.9%和4.6%。农村班主任认为有指导需求的比例为94.4%，城镇班主任认为有指导需求的比例为95%，差异不大。

可见，在家校社协同育人过程中，班主任最希望得到的是专业力量的支持，包括由学校聘请／社区提供专业人士开展相关活动、学校对班主任进行专业培训，同时班主任也希望社区／社会能在场地资源、活动组织方面提供支持。大部分班主任希望自己能对相关知识进行学习并得到指导，也在一定程度上反映了目前班主任在该方面专业知识储备不足的问题。

五、结论与建议

本节内容从学校视角出发，全面呈现了学校牵头的家校社协同育人工作的运行机制，具体体现学校在管理保障、实践过程、考核评价等方面的机制，同时分析了学校在家校社协同育人工作中的困难与需求。本部分将对调研结果进行梳理总结，并在此基础上提出相应的建议。

（一）结论

第一，学校各主体能够认识到家校社协同育人的重要性，但对家校关系

的认知仍有待提升。

本次调研发现，70%以上的校长和班主任能够意识到家长、学校和社会在教育中均具有重要作用，对三者在协同育人中的职责认知清晰，责任边界划分合理。八成以上的校长和班主任认为学校应该为家长提供家庭教育服务，并且“在育人过程中，学校需要与社区合作”。但就协同育人中的家校关系而言，仍有45.6%的校长和31.8%的班主任认为“家长只需要根据学校要求，参与学校相关活动即可”。综上不难看出，学校已经认识到“家庭、学校、社会是促进儿童健康成长的共同体”，并且重视家校社协同育人活动的开展，但在对家校关系的认识上仍存在一种“大包大揽”的思想，认为家长应该服从学校要求。

第二，在管理保障机制方面还需进一步健全，尤其在人力和经费保障等方面。

本次调研发现，90%以上的学校有可供开展协同育人工作使用的场地设备，但学校在家庭教育指导的专业队伍建设方面存在的问题尤为突出：学科教师兼职是大部分学校解决家庭教育指导专业人才缺乏问题的主要途径，仅有16.1%的学校配有专职家庭教育指导教师，27.5%的学校完全没有家庭教育指导教师。可见，专业人员不足已成为影响学校开展家校社协同育人工作的首要困难之一。另外，对校长、班主任进行家庭教育指导培训的工作也有待加强。例如，71.1%的校长参加过家庭教育指导工作相关培训，但存在显著的学段差异，小学校长的参与占比（57.6%）显著低于幼儿园园长（78.9%）和初中校长（84.4%）。此外，学校在开展家校社协同育人工作时还存在经费保障不足的显著问题。调研显示，超过五成的学校需要通过学校自筹、社会捐助等方式筹集家校社协同育人工作的经费，甚至仍有34.9%的学校在开展家校社协同育人工作时没有任何经费支持，有相当比例的校长反映经费不足是阻碍学校开展家校社协同育人活动的首要困难。

第三，相关政策法规支撑不力，缺乏有关家校社协同育人的可操作性工作规范，各方主体权责不明，运行机制不清晰，严重影响教育合力的形成。

家校协同教育，涉及学校、老师、家长、学生等众多因素，应当有充分的法律依据或者明确授权。目前，我国家校协同的政策法规依据比较薄弱，缺少明晰的法律规定和足够的制度保障。尽管国家已颁布《全国家庭教育指导大纲（修订）》《家长家庭教育基本行为规范》《教育部关于加强家庭教育工作的指导意见》等纲领性政策文件，但从法律条文规定来看，现行法律对家校协同的规定比较宏观，对于学校、家长、教师等相关责任主体，在家校协同的法律地位、性质、关系上都未做具体表述和明确说明。《中华人民共和国家庭教育促进法》第24条规定："省级人民政府或者有条件的设区的市级人民政府应当组织有关部门编写或者采用适合当地实际的家庭教育指导读本，制定相应的家庭教育指导服务工作规范和评估规范。"然而，本次调研发现，83.2%的校长表示学校所在地区的上级教育主管部门下发过有关家庭教育指导的相关文件，16.2%则表示没有下发过相关文件。此外，71.8%的校长反映上级主管部门制定过家庭教育指导的具体实施办法，而28.2%则反映未制定过相关实施办法。相关政策法规的薄弱导致家庭、学校和社区三方主体在实践操作中责任边界模糊不清，难以形成有效的协同育人运行机制。调研结果也表明，超过三分之一的校长表示"运行机制不明确""各方责任不明确"仍是学校在开展家校社协同育人工作中面临的主要困难。

第四，大部分学校有家庭教育工作的年度计划，并能对工作落实情况进行考核，但还存在相当比例的校长不了解国家相关政策、考核评价机制不完善的情况。

调研结果显示，83.2%的学校有家庭教育工作的年度或阶段性计划，且其中88.0%的学校会对家庭教育工作计划的开展情况进行定期检查或评价。但也发现，40.3%的校长表示所在地区的上级教育主管部门没有制定相关年度计划。虽然67.8%的校长认为自己了解家庭教育相关政策，但具体到每一项政策的了解程度并不高。在对学校协同育人工作的评价考核方面，71.1%的校长表示上级主管部门会对学校的家庭教育指导工作进行考核评价，但34.9%的学校并没有将其纳入工作考核。整体而言，这在一定程度上反映了上级教育主管部门对家庭教育工作的重视不足，也反映了相关文件的解读和推进落实情况不够理想，对学校的指导和管理工作存在不足。

第五，学校家校社协同育人实践有序进行，生机勃发，协同实践机制初具雏形，家长整体满意度较高，但仍需进一步完善。

首先，学校家校社协同育人实践显现出依托家长委员会和家长学校进行，活动形式多样，活动主题丰富适龄的特点。86.6%的学校都设置了家长委员会，将家长委员会纳入学校管理，并定期举办相关活动。绝大部分学校的家长委员会运营状况良好，是家长反馈自身意愿、支持学校活动和监督教学活动的重要途径。52.3%的学校设有家长学校，且90%以上的家长学校每学期至少组织开展1次家庭教育指导和1次家庭教育实践活动。其次，学校在组织开展家庭教育指导活动时，活动形式丰富多样，其中采用最多的三种活动形式分别为“绘画、运动等兴趣培养活动”、“春游、秋游等亲子活动”和“帮助家长解决孩子的托管等问题”，比例依次是54.4%、43.1%和42.7%。在活动主题方面，学校能够在一定程度上根据学生的年龄特点开展不同的主题活动，但学校目前开展的主题活动与家长的需求之间存在差距。最后，学校整合利用社会资源的能力有限，限制了与社区协同育人工作的开展。大部分学校在开展协同育人工作时都主动需求过社会资源，主要包括寻求社会资源（场地、师资等）、招募合作者（如社区工作人员、家长等）和引入社会机构开展家庭教育工作。七成以上的班主任表示希望社会或社区在家校社协同育人工作中能够提供活动场地或设备、专业指导人员，并协助组织相关活动。此外，目前大部分学校对社会资源的利用主要集中在对图书馆、科技馆／博物馆／纪念馆和青少年宫／乡村少年宫等公共服务阵地的使用，而对机关、社会团体、企事业单位等潜在资源利用较少。与此同时，还有12.1%的学校表示没有利用过任何社会资源。以上调研结果均说明目前大部分学校整合利用社会资源的能力十分有限，尽管有协同的意愿和客观需求，但是在实践中由于种种因素和困难的影响和阻碍，学校整合社会资源的主观能动性相对较低，也很难有持续性。

（二）建议

第一，立足我国国情和教育发展实践，以问题为导向，深化家校社协同

育人理论研究，引导全社会逐步形成“学习共同体”的意识，这也是构建我国终身学习体系，打造学习型社会的应有之义。

正如我国仍处于并将长期处于社会主义初级阶段的基本国情，我国的家校社协同育人工作也处于形成和发展的初级阶段，面临着种种困难和挑战。我国幅员辽阔，国情复杂，地区间经济社会发展不平衡不协调的情况较为突出，同时，家校社协同育人本身也是一个涉及多主体、多学科的复杂命题。实践中，家校社合作方式单一、合作地位失衡、合作内容单薄等现象反映出各主体对家校社协同育人理念认识不深、权责不清、协同能力不足的问题。因此，系统、深入、以问题为导向的理论研究就显得尤为必要，在充分研究国际成熟理论和经验的基础上，围绕家校社协同育人的概念框架、模型建构、实践路径和成效评估等，创造性地构建适合中国国情的家校社互动理论将有助于提升相关制度建设的科学性，避免政策陷入定而不落、落而不实的僵局，逐步形成“理论指导实践—实践发现问题—研究问题完善理论—实践检验再发现”的良性循环。家校社各主体也能在这样的循环中经由观念的转变、能力的提升、步调的协同，达成促进学生全面发展的共同目标，同时，实现共同学习和终身学习。

第二，加强党和政府的领导统筹，加快出台相关政策和细则，普及科学育人理念，界定各方权责，营造互助共商同发展的协同育人氛围；促进资源整合，打通现有问题的壁垒，助力协同育人实践获得充分的财力物力的保障。

首先是积极宣传科学育人理念，增强家校社各主体协同育人的责任感和主观能动性，营造重视和支持协同育人的社会环境和舆论氛围。鉴于我国区域发展水平并非齐头并进这一状况，学校所在区的上级教育主管部门要及时传达国家相关文件精神，如《全国家庭教育指导大纲（修订）》《家长家庭教育基本行为规范》等，确保当地学校校长、教师以及家长知晓政策并了解其具体内容。

其次是聚焦家校社协同育人的实践困境，如学校的大包大揽、家长的被动配合、社区（会）力量的边缘化等现象，从政策法规层面寻找突破口，界定各方基本权责的同时，随着各主体共育能力的提升，倡导基于多元协商形成有一定弹性的边界，帮助家校社建立地位平等、相互独立，协作共建、相互支持，进退有度、动态平衡的关系。

最后是由政府建立家校社协同育人的协调领导机制。针对目前大部分学校整合社会资源能力和效果有限的情况，政府牵头打通难关，制定具体实施办法，建立系统完善的育人平台，汇集各方资源，为构建协同育人支持体系提供有力的内外部支撑，具体表现为：加大资金投入，积极拓宽经费来源渠道，鼓励和支持社会力量参与学校管理和家庭教育工作，形成以政府为主导、以社会力量为补充的家校社协同育人经费保障机制。改善教育信息化基础设施建设和网络支撑条件，汇聚多方资源，搭建规模庞大的家庭、学校、社会协同育人网络平台，优化教育管理服务。加大资源整合力度，倡导有条件的机关、社会团体、企事业单位为学生提供各类志愿服务和职业体验的机会，从而开创学校、社区（会）指导、支援家庭教育，家长、社区（会）参与学校管理，学校、家庭促进社区（会）建设的共建共享共赢新局面。

第三，多措并举，着力打造高素质家校社协同教育人才队伍，强化家校社协同育人的人力资本保障及其能力建设。

面对时代发展变化和新政策的出台，专业人才的匮乏是影响我国家校社协同育人效果的关键因素之一。因此，我们要多措并举，构建协同育人人才保障机制。一要汇聚各方人才，建立专家智库与实施队伍。挑选一批具有家国情怀并扎根群众的、思想开放与学贯中西的、能学以致用与理论联系实际的人才队伍，整合跨学科、跨年龄段、跨部门的专家资源，组成专家智库，做好科研、科教、科普三个层面的协同教育机制顶层设计。二要支持有条件的高校加强家庭教育相关专业和课程建设，培养更多高素质家庭教育相关专业人才，扩大家庭教育服务供给。三要充分借助学校教育的系统性优势，将家庭教育指导相关内容纳入中小学校长和幼儿园园长、教师岗前培训及其专业发展培训体系，定期组织经验交流、考察学习等活动，提高教师的家庭教育指导工作及研究能力。其中，尤其要注重班主任家庭教育指导能力的提升和持续性建设，围绕家庭教育基本理论和方法、相关法律文件、家庭教育指导的基本原则和内容进行系统性学习和能力训练。四要依托区域高校科研院所、家长学校和社区妇女儿童活动中心等机构，积极引导家长树立正确的育人观念，帮助家长把握育人规律，习得科学的育人方法，从而能认清孩子的发展需求，鼓励家长成为孩子学习生活的支持者，同时也是终身学习的践行者。

第四，建立完善且高效的监管机制，探索多元评估机制，促进家校社协同育人工作的高质量、高水平发展。

高效的监管机制是家校社协同育人工作的推动力。教育行政部门、学校应该秉持以评价促改进、促发展的理念，建立科学的家校协同工作评价体系和奖惩制度。一要建立合理的评价标准，学校应在上级主管部门的指导下，制定本校年度或阶段性协同育人计划并在执行过程中进行定期检查，教育行政部门、学校应依据学校计划，从参与从事家庭教育指导人员的基本能力是否胜任、指导方法是否有效、指导效果是否良好等角度评价，从而督促相关人员不断提升其在家庭教育指导方面的能力和水平，保障家校社协同工作的有效性。二要完善评价奖励机制，学校应建立家庭教育指导工作档案，定期对相关教师的家庭教育指导工作进行考核，考核结果作为其聘任、奖励和职务晋升的重要依据。三要健全监督通报机制，通过监督、检查等方式，及时总结典型经验，发现存在的问题，提出改进的策略和意见。通过完善高效的监管机制的运行，实现协同育人体系地不断调整，从而确保其能适应新情况，解决新问题。

第五，注重在家校社协同育人实践中发挥学校的主导作用，以平等尊重相互协商为基础，充分挖掘家庭、社区多方面的教育资源，调动各主体参与的积极性，丰富合作内容，增强协同活动的针对性。

学校因具备系统化、制度化的教育教学平台，在家校社协同关系建立中应起到主导作用，在以学校为主导的家校合作实践中，尤其注意要本着平等互商的原则，由家校社各方共同确定活动主题，以保证各方对该主题都关注并明确自己有参与的愿望和行动。在此基础上，学校可根据家长、社区的综合参与能力，选择进行分层协同和分类协同，目的都是期望通过不同的协同策略，更好地协调、利用各方面资源提高育人效率，最大化协同效果。良好的家校社关系有利于协同育人活动的持续开展，因此，学校在充分利用家庭资源、社区资源促进学校教育的同时，主动为家庭教育提供指导和服务，有意识地为社区发展提供力所能及的支持和帮助是很有必要的。期望通过家校社协同育人机制的构建，形成学校主导下的学校、家庭、社会各主体多元参与、相互协作、资源共享的学习型社会，实现人的可持续发展，成就人的终身幸福。

第四节　社区牵头的家校社协同育人实践机制

本部分将从社区牵头的“家校社协同育人”管理保障中的机制、实施过程中的机制、评价工作中的机制，以及协同育人工作的困难与需求四个方面进行数据分析和结果呈现。

除了“管理保障中的机制”中的“目标认识”会基于参与调研的全部工作者的数据进行分析，其他内容的分析中不考虑还未开展家庭教育相关工作的社区，只分析已开展家庭教育相关工作的8806个社区。

一、社区开展家校社协同育人工作的保障机制

“家校社协同育人”工作保障机制主要包括目标认识、制度保障、人员保障、资源保障四个方面。

（一）工作者对家校社协同育人的目标认识

本次调研主要通过考察社区工作者对社区育人责任，以及社区参与“协同育人”工作的角色认知，来考察社区工作者对“家校社协同育人”的目标认识，结果如下。

1. 工作者对社区育人责任的认知

从表3-127中可以看到社区工作者对社区提供家庭教育指导服务的必要性和重要性的认识程度，有86.4%的工作者认为社区提供家庭教育指导服务是必

要的，88.1%的工作者认为社区提供家庭教育指导服务是重要的，由此可见，绝大多数社区工作者对社区开展家庭教育相关工作是持肯定态度的。

表3-127 工作者对社区育人责任的认知

必要性	占比（%）	重要性	占比（%）
没必要	3.7%	不重要	2.5%
不太必要	9.9%	不太重要	9.4%
比较必要	45.6%	比较重要	49.6%
非常必要	40.8%	非常重要	38.5%

在社区工作者中，有86.8%的社区工作者认为社区能在不同方面促进孩子的发展，从图3-52中可以看到，排在前三位的分别是道德品质培养（83.3%）、身体健康（73.4%）、安全意识和行为（73.4%），排在后三位的分别是学习成绩（30.5%）、人际交往（50.2%）、公民意识（60.3%）。可见，超过三分之二的社区工作者都认为社区工作能够在促进孩子品德发展、安全防护和身体健康发展方面发挥作用，而认为能够促进孩子学习成绩的社区工作者不足三分之一。

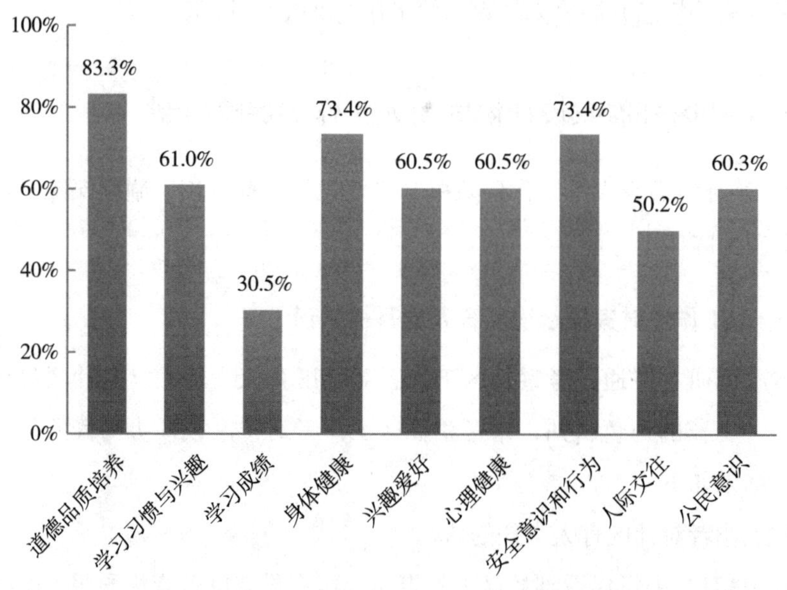

图3-52 社区在哪些方面可以促进孩子的发展

2. 工作者对社区参与“协同育人”工作的角色认知

从表3-128中可以看到在社区在“协同育人”中的角色认知方面，有89.5%的工作者赞同社区需要与学校合作，有90.8%的工作者赞同“在孩子的教育上，社区与家庭、学校是合作者”，有87.8%的工作者赞同“社区是连接家庭与保育机构以及其他儿童服务之间的桥梁”，有83.2%的工作者赞同“社区是为父母减轻压力的‘社会支持’”。可见，大部分社区工作者都认可社区在“协同育人”中的“合作者、桥梁、社会支持”的角色和作用。

表3-128　工作者对社区育人责任的认知

	需要与学校合作	“合作者”	“桥梁”	“社会支持”
不赞同	3.3%	2.8%	3.1%	4.3%
不太赞同	7.3%	6.4%	9.0%	12.5%
比较赞同	44.0%	43.9%	47.3%	47.8%
非常赞同	45.5%	46.9%	40.5%	35.4%

对于“社区是为父母减轻压力的‘社会支持’”这个角色，社区工作者认为应该做些什么来支持家长呢？调研结果表明，有81.7%的工作者认为社区应该为儿童发展提供场地条件，如社区书屋、活动场地等；68.3%的工作者认为社区应该为儿童及家长提供参与社会实践的机会和平台；68.7%的工作者认为社区应该了解家长的家庭教育需求，提供有针对性的服务和活动；60.5%的工作者认为社区应该加强社区文化建设，将教育融入社区生活环境；49.0%的工作者认为社区应该为家长看护照顾孩子提供服务，如托育服务、四点半课堂。从结果可以看到，相较于对内容和人员投入需要较多的文化建设和看护照顾服务而言，有更多的工作者认为提供功能型的场地和实践平台是社区支持家长应做和可做的内容。

3. 工作者对社区育人责任的认知与角色认知之间的关系

为了考察工作者对社区育人责任的认知与角色认知之间的关系，进行了相关分析，从表3-129中可以看到，工作者对社区育人责任的认知与角色认知之间存在显著的正相关关系，并且都达到了中等程度的相关，认知一致性较高。其中，越认可“在孩子的教育上，社区与家庭、学校是合作者”，越认为社区需要与学校合作（r=0.74，p<0.001）；认为社区育人责任越重要，越认可“社区是连接家庭与保育机构以及其他儿童服务之间的桥梁”（r=0.67，p<0.001）。

表3-129 工作者对社区育人责任的认知与角色认知的相关

	1	2	3	4	5
1. 必要性	1				
2. 重要性	0.80***	1			
3. 需要与学校合作	0.61***	0.65***	1		
4. 角色——“合作者”	0.61***	0.65***	0.74***	1	
5. 角色——“桥梁”	0.62***	0.67***	0.67***	0.77***	1
6. 角色——“社会支持”	0.56***	0.60***	0.56***	0.62***	0.72***

注：*代表p<0.05，**代表p<0.01，***代表p<0.001

4. 不同社区中的工作者在社区育人理念上的差异

为了考察不同社区类别（城市社区、农村社区）和社区类型（开展家庭教育相关工作、目前还未开展家庭教育相关工作）的工作者在对社区育人责任的认知以及角色认知上是否存在差异，进行了方差分析，结果如下。

从表3-130中可以看到，社区类别与社区类型在对社区育人责任的认知上、“社校合作”态度上存在显著的交互作用，在社区的“桥梁”角色和“社会支持”角色上不存在显著的交互作用，主效应显著。

表3-130 工作者“协同育人”理念在社区类别和社区类型上的交互作用

项　目	*ss*	*df*	*F*	*p*
1. 必要性	5.29	1	9.01**	0.003
2. 重要性	2.59	1	5.11*	0.024
3. 需要与学校合作	6.60	1	12.02**	0.001
4. 角色——“合作者”	4.85	1	9.46**	0.002
5. 角色——“桥梁”	0.30	1	0.54	0.462
6. 角色——“社会支持”	0.06	1	0.09	0.762

注：*代表p<0.05，**代表p<0.01，***代表p<0.001

对交互作用显著的项目进行进一步事后检验，如表3-131所示，在社区类别层面，不论是在已经开展家教工作的社区，还是在目前尚未开展相关工作的社区，农村社区的工作者都比城市社区的工作者要更认同社区开展工作的重要性和必要性，有着更积极的“社校合作”态度，更认同社区作为“合作者”的角色。

在社区类型层面，不论在城市社区，还是在农村社区，开展家庭教育工作的社区工作者都比仍未开展相关工作的工作者更认同社区开展家教工作的重要性和必要性，有着更积极的“社校合作”态度，更认同社区作为“合作者”的角色。

表3-131　不同类别和类型的社区在育人责任的认知、“社校合作”态度上的分析

		t	*df*	*p*	事后比较
社区开展家教工作的必要性	社区类别				
	开展工作	−13.93	8804	0.000	农村社区 > 城市社区
	未开展工作	−9.48	4604	0.000	农村社区 > 城市社区
	社区类型				
	城市社区	6.44	4507	0.000	开展工作 > 未开展工作
	农村社区	7.45	8901	0.000	开展工作 > 未开展工作
社区开展家教工作的重要性	社区类别				
	开展工作	−13.93	8804	0.000	农村社区 > 城市社区
	未开展工作	−9.47	4604	0.000	农村社区 > 城市社区
	社区类型				
	城市社区	5.66	4507	0.000	开展工作 > 未开展工作
	农村社区	7.54	8901	0.000	开展工作 > 未开展工作
社区需要与学校合作	社区类别				
	开展工作	−9.71	8804	0.000	农村社区 > 城市社区
	未开展工作	−7.93	4604	0.000	农村社区 > 城市社区
	社区类型				
	城市社区	7.93	4507	0.000	开展工作 > 未开展工作
	农村社区	9.33	8901	0.000	开展工作 > 未开展工作

（续表）

		t	*df*	*p*	事后比较
“在孩子的教育上，社区与家庭、学校是合作者”	社区类别				
	开展工作	−11.11	8804	0.000	农村社区 > 城市社区
	未开展工作	−8.46	4604	0.000	农村社区 > 城市社区
	社区类型				
	城市社区	6.53	4507	0.000	开展工作 > 未开展工作
	农村社区	7.74	8901	0.000	开展工作 > 未开展工作

（3）从对社区类别和社区类型在社区的“桥梁”角色和“社会支持”角色上的主效应分析中可以看到，农村社区的工作者（M=3.32）比城市社区的工作者（M=3.06），已开展家庭教育相关工作的社区工作者（M=3.25）比还未开展相关工作的工作者（M=3.13）更认可社区的“桥梁”作用和“社会支持”作用（$p<0.001$，$p<0.001$）。

（二）家校社协同育人的制度保障

本次调研主要通过考察社区工作者对家庭教育工作相关政策的了解，以及社区家庭教育工作计划和监督情况，来考察社区“家校社协同育人”的制度保障，结果如下。

1. 对家庭教育工作相关政策的了解

家庭教育工作的相关政策是社区开展相关工作在方向和内容上的重要参考。在本次调研的开展家庭教育工作的社区中，有6.1%的社区的工作者认为自己非常了解家庭教育相关政策，有51.9%的社区的工作者认为自己对家庭教育相关政策比较了解，有35.8%的社区的工作者不太了解相关政策，还有6.2%的社区的工作者对相关政策非常不了解。可见，有超过五分之二的社区工作者对家庭教育相关政策缺乏了解。

在调研中，选择了妇联系统牵头发布的《全国家庭教育指导大纲（修订）》《家长家庭教育基本行为规范》《关于进一步加强家长学校工作的指导意见》三个家庭教育相关的文件。从表3-132中可以看到，对于这三个文件，有超过二分之一的工作者知道，但是不了解其中的具体内容；只有三分之一左右的工作者不仅知道，还了解其中的具体内容；还有超过十分之一的工作者不知道有这些文件。从这个结果中可以看到，相关文件的宣传、解读和推进工作在社区层面还不够理想，如何使发布的文件真正落地还需要进一步探讨。

表3–132　社区家庭教育工作者对相关政策的了解情况

	知道，并了解内容	知道，但不了解内容	不知道
《全国家庭教育指导大纲（修订）》	29.4%	56.0%	14.6%
《家长家庭教育基本行为规范》	32.3%	54.7%	13.0%
《关于进一步加强家长学校工作的指导意见》	33.4%	53.8%	12.8%

为了进一步探讨对家庭教育相关政策的了解在城市社区和农村社区中是否存在差异，分别进行了t检验，结果表明：

城市社区的工作者和农村社区的工作者在对家庭教育政策的了解程度、对《全国家庭教育指导大纲（修订）》《家长家庭教育基本行为规范》《关于进一步加强家长学校工作的指导意见》的了解上均存在显著差异。如表3–133所示，在对家庭教育政策的了解程度自评上，农村社区的工作者要优于城市社区的工作者，在对三个妇联系统牵头下发的具体文件的了解程度上，农村社区的工作者也略优于城市工作者，结合图3–53，也可以看到差异比较小，主要体现在“知道，并了解内容”和“不知道”这两种情况。

表3–133　不同类别社区工作者对相关政策了解程度的差异

	城市社区（$M \pm SD$）	农村社区（$M \pm SD$）	t	p
政策了解程度	2.56 ± 0.69	2.61 ± 0.70	-4.1^{***}	0.000
《全国家庭教育指导大纲（修订）》	1.87 ± 0.65	1.84 ± 0.65	2.53^{*}	0.012
《家长家庭教育基本行为规范》	1.83 ± 0.65	1.79 ± 0.64	3.29^{**}	0.001
《关于进一步加强家长学校工作的指导意见》	1.81 ± 0.65	1.78 ± 0.64	2.15^{*}	0.032

注：*代表$p<0.05$，**代表$p<0.01$，***代表$p<0.001$

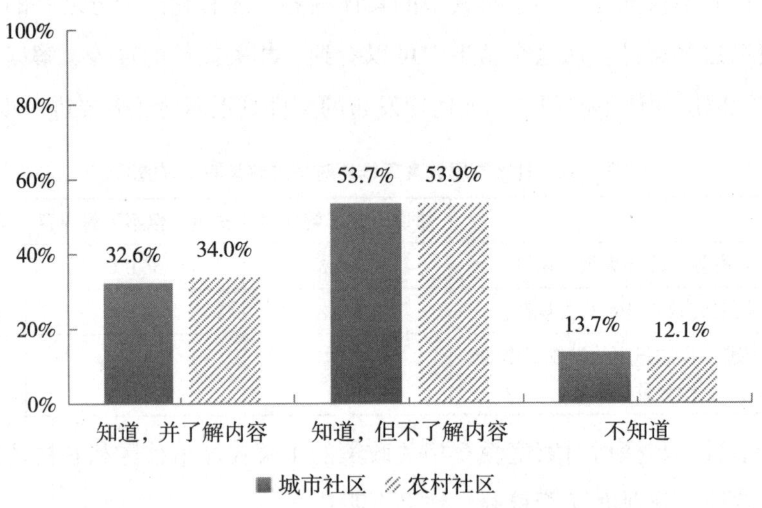

图3–53　不同社区工作者对家庭教育政策的了解情况

2. 计划监督机制

计划与监督机制不仅体现着社区对家庭教育工作的重视程度，更是关系着家庭教育指导服务工作的落实情况。

在参与本次调研的社区中，有67.0%的社区有年度或阶段性的工作计划，有33.0%的社区没有相关工作计划；在有家庭教育工作计划的社区中，有91.8%的社区的家庭教育工作计划纳入了社区整体工作计划，有8.2%的社区的家庭教育工作计划未纳入社区整体工作计划；同时，有91.8%的社区的家庭教育工作计划会定期检查落实，有8.2%的社区的家庭教育工作计划并没有定期检查落实。也就是说，有三分之一的社区开展家庭教育工作但是没有计划，还有约十分之一的社区有计划但是没有定期检查落实，家庭教育工作的开展还需要进一步规范化。

从表3–134中可以看到，在有家庭教育工作计划的社区中，计划是否纳入社区整体工作计划以及计划是否定期检查落实的情况。可见，将社区家庭教育工作计划纳入社区整体工作计划能够在很大程度上保障计划得以落实。

表3-134　社区家庭教育工作计划和落实

	有定期检查落实	未定期检查落实	合　计
纳入社区工作计划	5166（95.5%）	245（4.5%）	5411
未纳入社区工作计划	240（49.4%）	246（50.6%）	486
合　计	5406	491	5897

为了进一步了解城市社区和农村社区在家庭教育工作计划方面是否存在差异，进行了卡方分析。结果表明，在制定家庭教育计划方面，城市社区与农村社区之间存在显著差异（X^2=131.83，df=1，p=0.000），如图3-54所示，制定家庭教育工作计划的城市社区明显多于农村社区；在将社区计划纳入社区整体工作计划方面，城市社区与农村社区之间存在显著差异（X^2=21.30，df=1，p=0.000），如图3-55所示，将家庭教育工作计划纳入社区整体工作计划的城市社区明显多于农村社区；在工作计划的定期检查落实方面，城市社区与农村社区之间存在显著差异（X^2=29.03，df=1，p=0.000），如图3-56所示，定期检查落实工作计划的城市社区明显多于农村社区。从这些结果中可以看出，城市社区在开展家庭教育相关工作的过程中更有计划性，更重视计划的推进和落实。

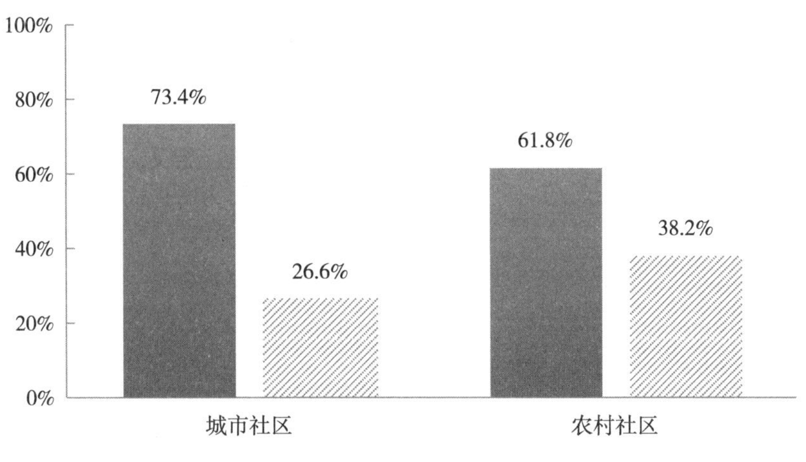

图3-54　不同社区家庭教育工作计划制定情况

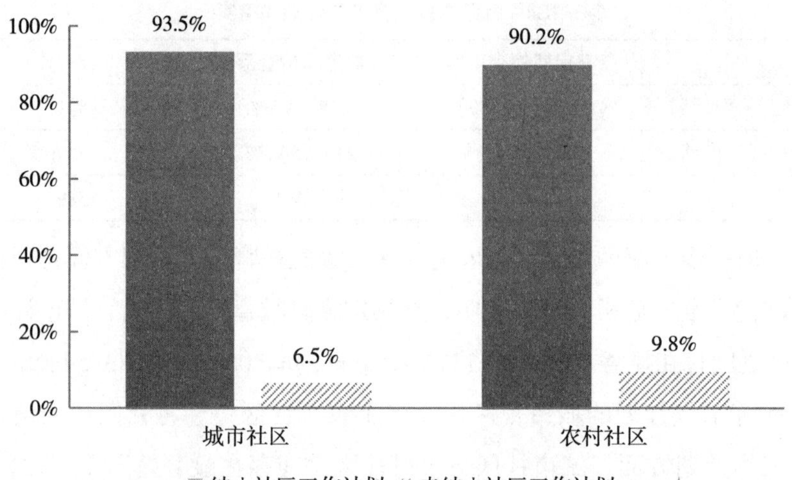

图3-55　不同社区家庭教育工作计划纳入社区工作计划情况

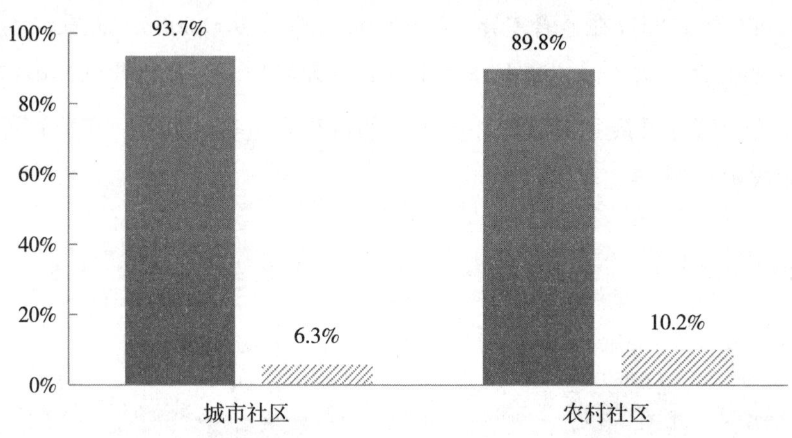

图3-56　不同社区家庭教育工作计划检查落实情况

（三）家校社协同育人的人员保障

在人员保障方面，本次调研主要考察了社区家庭教育指导服务人员的队伍组成和队伍建设两个方面，结果如下。

1. 社区负责开展家庭教育的工作者以社区的普通工作人员为主，有6981人，占工作者整体的79.3%，社区书记或主任等负责人有1282人，占工作者整体的14.6%。

2. 在开展家庭教育工作的社区中，社区工作者从事社区工作的平均年限为5.31年（中位数为3年），从事社区家庭教育工作的年限为1.83年（中位数为2年），两者相关显著，r=0.57，p<0.001。从表3-135中可以更清楚地看到社区家庭教育工作者的从业年限分布情况，可以看到有近70.0%的工作者在近五年开始从事家庭教育工作。

表3-135　社区家庭教育工作者从业年限分布

年　限	从事社区工作年限	从事社区家庭教育工作年限
0—5 年	43.9%	68.7%
6—10 年	27.0%	18.1%
11—20 年	21.8%	9.6%
21—30 年	6.4%	3.1%
31—40 年	0.8%	0.5%
41—50 年	0.1%	0.0%

为了更进一步地考察城市社区和农村社区的工作者在家庭教育工作年限上是否存在差异，进行了卡方检验。结果表明，城市社区和农村社区的工作者在家庭教育从业年限方面存在显著差异（X^2=520.50，df=5，p<0.001），从表3-136中可以看到，城市社区和农村社区中的家庭教育工作者从业年限都主要集中在近五年，尤其是在城市社区，有五分之四的社区工作者都是近五年开始从事家庭教育工作的。

表3-136　不同社区家庭教育工作者从业年限分布

年　限	城市社区	农村社区
0—5 年	80.0%	59.7%
6—10 年	14.7%	20.8%
11—20 年	4.6%	13.6%
21—30 年	0.7%	5%
31—40 年	0.0%	0.9%
41—50 年	0.0%	0.0%

3. 在从事家庭教育的社区工作者中，有15.9%的工作者是专职从事家庭教

育工作的，即明确分工只负责家庭教育工作的人员，平均人数为1.8 ± 4.74人（中位数为1人）；有84.1%的社区工作者以兼职为主，兼职工作者平均人数为2.43 ± 4.30人（中位数为1人），这些工作者平均有21.2%（中位数为19%）的工作时间用于家教工作。

在专职工作者数量上，城市社区（M=1.27，SD=3.79）和农村社区（M=2.22，SD=5.34）相比，农村社区的专职工作者显著多于城市社区的专职工作者，t=−9.76，p<0.001；在兼职工作者数量上，城市社区（M=2.20，SD=3.27）和农村社区（M=2.62，SD=4.97）相比，农村社区的兼职工作者显著多于城市社区的兼职工作者，t=−4.52，p<0.001。

4. 在参与本次调研的社区工作者中，认为目前社区从事家庭教育的工作人员不到位、不太到位、比较到位、到位的比例依次为12.7%、32.8%、40.3%和14.2%，可以看出，在一半以上的社区中，家庭教育工作人员已经基本到位。

城市社区（M=2.46，SD=0.90）和农村社区（M=2.64，SD=0.87）相比，农村社区的人员到位情况显著优于城市社区，t=−9.69，p<0.001，与上面农村社区专兼职工作者数量的结果一致。

5. 对于家庭教育指导服务工作中的师资力量，目前情况并不理想，有32.0%的社区工作者认为师资力量不足，42.8%的社区工作者认为师资力量不太充足；城市社区（M=1.91，SD=0.82）和农村社区（M=2.04，SD=0.87）相比，农村社区的师资情况显著优于城市社区，t=−6.72，p<0.001。

6. 目前社区发动组织的志愿者队伍主要有网格员、“五老”队伍（即老干部、老战士、老专家、老教师、老模范等）、父母、祖辈，分别占社区总体的72.6%、36.3%、34.5%、12.1%，可以看到，网格员是目前家庭教育工作发动组织的主要力量。

为了考察城市社区和农村社区在家庭教育志愿者队伍的人员组成上是否存在差异，进行了卡方分析。从表3–137中可以看到，除了祖辈志愿者，城市社区和农村社区在网格员、“五老”队伍、父母这三类家庭教育志愿者的占比上存在显著差异，城市社区家庭教育志愿者队伍中的网格员和“五老”队伍占比显著高于农村社区，但是父母志愿者占比显著低于农村社区，可见，城市社区的家庭教育志愿者以网格员和“五老”队伍为主，农村社区的家庭教育志愿者以网格员和父母为主。

表3–137　城市社区和农村社区家庭教育志愿者队伍的人员组成

	社区类别	占比（%）	X^2，*df*	*p*
网格员	城市社区	79.2%	154.89***	0.000
	农村社区	67.3%		
“五老”队伍	城市社区	42.0%	99.34***	0.000
	农村社区	31.7%		
父　母	城市社区	28.3%	118.49***	0.000
	农村社区	39.4%		
祖　辈	城市社区	11.6%	1.62	0.203
	农村社区	12.5%		

注：*代表$p<0.05$，**代表$p<0.01$，***代表$p<0.001$

7. 在社区工作人员队伍建设方面，有8.9%的社区从没有为工作人员提供如何服务社区家长的学习，有67.5%的社区偶尔会组织工作人员学习，有20.3%的社区经常会组织工作人员学习，只有3.4%的社区总是会安排工作人员的相关学习。

在工作者参加的家庭教育相关培训中，有36.8%是来自社区组织的培训，42.7%是来自上级单位组织的培训，9.7%是工作者自己选择的社会培训，还有10.8%的社区工作者没有参加过家庭教育相关培训，也就是说，来自单位和上级单位组织的培训是工作者提升自己家庭教育相关工作能力的主要途径。

在本次调研中，主要从四个方面考察了社区工作者目前从事家庭教育相关工作的状态：感知到的压力情况、胜任状态、对如何开展社区家庭教育工作的清晰程度以及做好社区家庭教育工作的自信程度。从表3–138中可以看到社区家庭教育工作者在这四个方面的基本情况，可以看到，大部分工作者承担家庭教育相关工作的压力较小，对家庭教育指导服务工作比较胜任，也比较清楚社区应该如何开展家庭教育工作，对做好社区家庭教育工作比较有信心。

表3–138　社区家庭教育工作者工作状态

项　目	内　容	数　值	项　目	内　容	数　值
压力情况	*M* ± *SD*	2.43 ± 0.78	胜任状态	*M* ± *SD*	2.74 ± 0.68
	没有压力	10.8%		不能胜任	4.5%
	压力较小	**45.5%**		不太胜任	22.3%
	压力较大	36.1%		比较胜任	**62.8%**
	压力很大	7.60%		完全胜任	10.4%
清晰程度	*M* ± *SD*	2.84 ± 0.68	自信程度	*M* ± *SD*	2.93 ± 0.71
	完全不清楚	2.7%		完全没信心	2.6%
	不太清楚	23.0%		不太有信心	16.8%
	比较清楚	**61.6%**		比较有信心	**59.3%**
	非常清楚	12.7%		非常有信心	21.3%

为了进一步了解城市社区和农村社区是否存在差异，进行了t检验。从表3–139的结果中可以看到：（1）城市社区和农村社区在工作者感知到的压力情况、胜任状态、如何做好社区家庭教育工作的清晰程度和自信程度四个方面存在显著的差异；（2）城市社区工作者比农村社区工作者感知到的压力更大，而农村社区的工作者比城市社区的工作者胜任感更强、更有信心做好家庭教育工作，也更清楚如何在社区开展家庭教育工作。

表3–139　不同社区家教工作者工作状态

	城市社区（*M* ± *SD*）	农村社区（*M* ± *SD*）	*t*	*p*
压力情况	2.48 ± 0.77	2.35 ± 0.78	7.66^{***}	0.000
胜任状态	2.72 ± 0.66	2.85 ± 0.69	-9.22^{***}	0.000
清晰程度	2.82 ± 0.67	2.86 ± 0.66	-2.38^{*}	0.017
自信程度	2.92 ± 0.70	3.05 ± 0.69	-8.94^{***}	0.000

注：*代表p<0.05，**代表p<0.01，***代表p<0.001

（四）家校社协同育人的资源保障

在资源保障方面，本次调研主要考察了社区家庭教育指导服务的场地设备和经费保障情况，结果如下。

1. 社区家庭教育指导服务的场地和设备保障情况

在开展家庭教育相关工作的社区中，有25.6%的社区有专门做家庭教育活动的场地和设备，有47.1%的社区有共用的活动场地和设备，有17.7%的社区需要借用其他单位的场地和设备，还有9.7%的社区在场地和设备方面存在困难，已经影响指导服务工作的开展（见图3-57）。

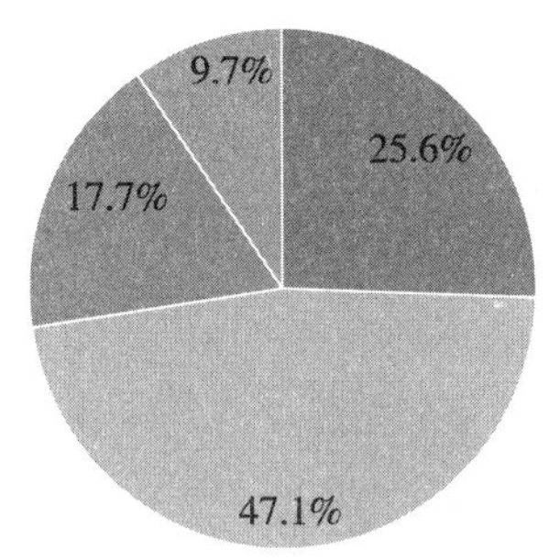

图3-57　社区家庭教育指导服务的场地设备情况

为了进一步考察城市社区和农村社区在开展家庭教育工作的场地和设备方面是否存在差异，进行了卡方检验。结果表明，城市社区和农村社区在开展家庭教育工作的场地和设备方面存在显著差异（X^2=137.91，df=3，p<0.001），从表3-140中可以看到，城市社区、农村社区中有专门活动场地和设备的社区比例分别为28.7%、23.1%，"有困难，已影响开展指导服务工作"比例分别为7.4%、11.4%，可见，和农村社区相比，城市社区在场地和设备方面有更好的保障。

表3-140　不同社区开展家教工作的场地和设备情况

类　别	有专门的活动场地和设备	有共用的活动场地和设备	需借用其他单位的场地和设备	有困难，已影响开展指导服务工作	小　计
城市社区	28.7%	50.2%	13.7%	7.4%	100%
农村社区	23.1%	44.6%	20.8%	11.4%	100%

2. 社区家庭教育指导服务的经费保障情况

社区家庭教育指导服务的经费情况主要从是否有专项经费、经费是否充足、需要自筹的比例三个方面进行考察。

在参与此次调查的社区中，有51.2%的社区认为社区家庭教育工作经费不足，只有3.0%的社区认为工作经费非常充足（见图3-58）。

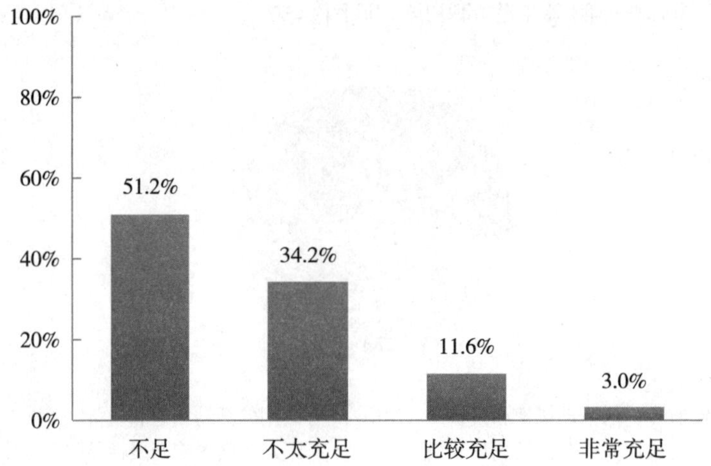

图3-58　社区家庭教育指导服务经费是否充足

从图3-59中可以看到社区开展家庭教育工作的经费情况，有27.3%的社区全部需要自筹，有17.3%的社区不需要自筹，自筹比例在20%以下的社区占比为38.7%，自筹比例超过80%的社区占比为34.2%，有11.1%的社区自筹比例在40%—60%。

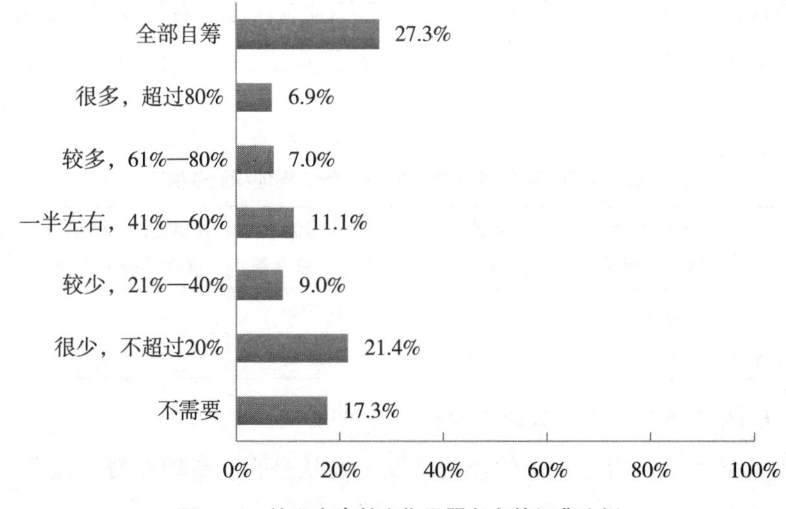

图3-59　社区家庭教育指导服务自筹经费比例

为了进一步考察城市社区和农村社区在家庭教育工作经费方面的差异，进行了t检验，结果表明：

（1）城市社区和农村社区在经费充足情况上存在显著差异（t=–2.27，p=0.023），农村社区的工作者对家庭教育工作经费的充足情况的评价优于城市社区的工作者。

（2）城市社区和农村社区在经费自筹比例上存在显著差异（t=5.61，p=0.000），表3–141为两类社区在自筹经费比例上的分布情况，可以看到，一方面两类社区中自筹经费比例在60%以上的社区均占到了40%左右，其中有超过四分之一的社区开展家庭教育工作的经费需要全部自筹；另一方面农村社区自筹经费比例在20%以下的占到了41%，城市社区为35.9%，比农村社区低了5.1个百分点，从整体上看，农村社区开展家庭教育工作的经费情况要好于城市社区。

表3–141 不同类别社区开展家教工作自筹经费情况

类 别	不需要	不超过 20%	21%—40%	41%—60%	61%—80%	超过 80%	全部自筹	小 计
城市社区	17.5%	18.4%	9.0%	10.4%	7.2%	7.2%	30.3%	100%
农村社区	17.2%	23.8%	9.0%	11.7%	6.9%	6.6%	24.9%	100%

（3）对家庭教育工作经费的充足情况的评价与经费自筹情况进行了相关分析，发现两者之间存在显著的负相关关系，但是相关性并不是很高，r=–0.27，p<0.001，也就是说，在统计上，确实自筹经费的比例越低，越觉得经费充足，但是在现实中，对经费充足与否的感受与自筹经费的比例之间的相关有限，对经费的感受不仅受实际经费的影响，还受其他因素的影响。

二、社区开展家校社协同育人工作的实施过程机制

“家校社协同育人”实施过程机制主要包括组织形式、主题内容、信息沟通、资源协同、家长参与五个方面。

（一）家校社协同育人的组织形式

在组织形式方面，本次调研主要考察了社区家庭教育指导服务的时间安

排和活动组织的情况，结果如下。

1. 社区家庭教育指导服务的时间安排

社区家庭教育指导服务的时间安排主要涉及活动开展时间、频率和时长。

（1）大部分社区组织集体性的家庭教育活动的时间主要安排在双休日或节假日的白天和周一到周五工作日的白天，分别占比45.4%和39.3%，安排在工作日晚上和双休日或节假日晚上的社区比较少，分别为7.3%和8.1%。

与此相对应，参与此次调查的社区工作者也根据自己的经验，选择了自己认为集体性家庭教育活动最适合安排的时间，其中有48.0%的工作者认为安排在双休日或节假日的白天最合适，有33.3%的工作者认为安排在周一到周五工作日的白天最合适，不足10%的工作者认为安排在晚上比较合适。

从表3-142可以看出，目前开展活动的时间安排现状与工作者的经验是基本一致的，集体性的家庭教育活动适合安排在双休日或节假日的白天。

表3-142　家庭教育集体指导服务的时间安排

	现　状	工作者经验
工作日白天	3459（39.3%）	2903（33.3%）
工作日晚上	640（7.3%）	786（9.0%）
双休日或节假日白天	**3994（45.4%）**	**4186（48.0%）**
双休日或节假日晚上	713（8.1%）	847（9.7%）

（2）近五年，有63.8%的社区每年平均组织1—6次家庭教育相关活动，有23.4%的社区每年平均组织7—12次家庭教育相关活动，有6.2%的社区每年平均组织13—18次活动，有3.0%的社区每年平均组织19—24次活动，有3.5%的社区每年平均组织24次以上活动。

通常情况下，社区组织的每次家庭教育活动的时长主要在2小时以内，其中有53.9%的社区活动时长主要在1—2小时，35.9%的社区活动时长主要在1小时以内，活动时长在2小时以上的占10.2%。

（3）为了进一步了解城市社区和农村社区在组织集体性的家教指导服务时间安排上是否存在差异，进行了卡方分析，结果表明，城市社区和农村社区在家教指导服务的时间安排上存在显著差异（X^2=618.34，df=3，p=0.000），结合图3-60可以看到，城市社区组织集体性的家庭教育活动的时间主要安排在周一到周五工作日的白天（52.6%），显著高于农村社区（$p<0.001$）；农村社区组织集体性的家庭教育活动的时间主要安排在双休日或节假日的白天（52.5%），显著高于城市社区（$p<0.001$）；安排在双休日或节假日晚上的农村社区也显著多于城市社区（$p<0.001$）。

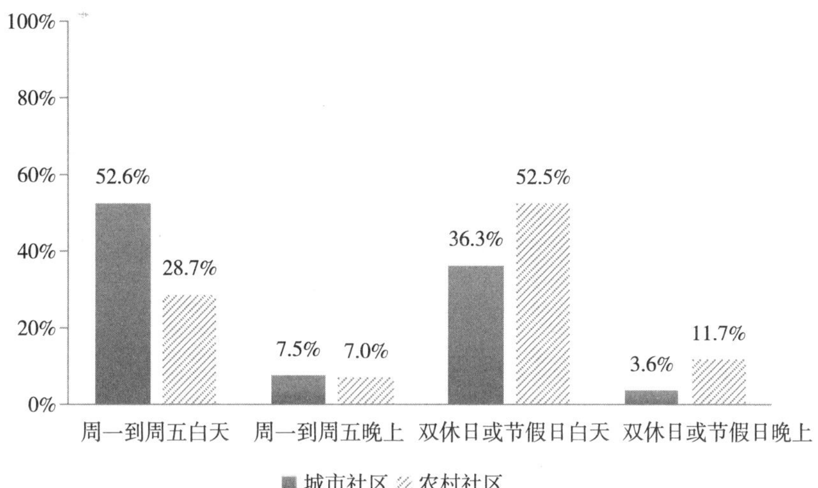

图3-60　不同社区组织集体性家庭教育指导服务的时间安排

城市社区和农村社区的工作者根据经验倾向的集体性家庭教育指导服务的时间安排也存在显著差异（X^2=494.45，df=4，p=0.000），结合图3-61可以看到，虽然比例与目前组织活动的时间安排略有差异，但是特点是一致的，和农村社区工作者相比（24.4%），有更多的城市社区工作者（44.5%）倾向集体性家庭教育活动时间安排在周一到周五工作日的白天，显著高于农村社区（$p<0.001$）；和城市社区工作者相比（40.6%），有更多的农村社区工作者（53.0%）倾向集体性家庭教育活动时间安排在双休日或节假日的白天，显著高于城市社区（$p<0.001$）；倾向安排在双休日或节假日晚上的农村社区工作者也显著多于城市社区（$p<0.001$）。

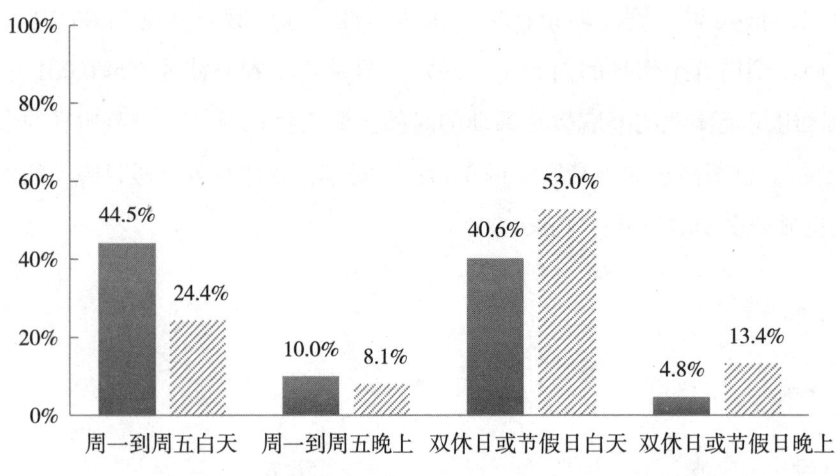

图3-61　不同社区工作者在家庭教育指导服务时间安排方面的经验

近五年，城市社区和农村社区每年平均组织的家庭教育相关活动次数存在显著差异（X^2=19.77，df=4，p=0.001），从表3-143中可以看到，差异主要表现在平均每年组织1—6次活动还是7—12次活动。每年组织1—6次活动的农村社区略多于城市社区，每年组织7—12次活动的城市社区略多于农村社区。

表3-143　不同社区每年平均组织家庭教育活动次数情况

	1—6 次	7—12 次	13—18 次	19—24 次	24 次以上	合　计
城市社区	61.7%	25.5%	6.5%	3.0%	3.2%	100%
农村社区	65.5%	21.8%	6.0%	3.0%	3.7%	100%

城市社区和农村社区组织的每次家庭教育活动的时长也存在显著差异（X^2=80.33，df=3，p=0.000），从表3-144中可以看到，活动时长在2—3小时的农村社区多于城市社区，活动时长在1小时以内以及1—2小时的城市社区多于农村社区。

表3-144　不同社区每次组织家庭教育活动的时长情况

	1 小时以内	1—2 小时	2—3 小时	3 小时以上	合　计
城市社区	37.2%	55.9%	5.5%	1.4%	100%
农村社区	35%	52.3%	10.4%	2.3%	100%

2. 社区家庭教育指导服务的组织形式

社区家庭教育指导服务主要分为个体指导服务和集体指导服务两大类。

（1）在参与此次调查的社区中，有13.7%的社区目前还没有向居民提供个体指导的家庭教育服务，有86.3%的社区向居民提供了家庭教育个体指导服务。

社区采用线上线下不同方式为居民提供家庭教育个体指导服务，这些方式被采用的比例从高到低依次为：采用在社区接待方式的有66.3%的社区，采用家访方式的有65.4%的社区，采用电话和网络方式的分别有64.4%和40.9%。

可见，目前大部分社区都为居民提供了个体指导服务，虽然有线上线下两种途径，但是传统的社区接待、家访以及电话联系仍是目前社区开展个体指导服务的主要方式，均高于线上方式24个百分点以上。

（2）在组织集体指导活动时，按照采用方式的比例从高到低依次为：采用专题讲座方式的有64.7%的社区，采用亲子活动方式的有59.2%的社区，采用家长经验交流方式的有58.9%的社区，采用文体活动形式的有12.2%的社区。

家长在这些活动形式中的参与度各不相同，参与度由高到低依次是亲子文体活动（37.8%）、家长经验交流（22.2%）、专题讲座（21.3%）、社会实践活动（17.1%）及其他（0.4%）。可见，在社区组织的集体活动中，家长更愿意参与的是互动性活动，比如亲子文体活动、家长经验交流。

（3）为了解城市社区和农村社区在指导服务的组织形式上是否存在差异，做了进一步分析，结果表明，城市社区（M=2.02，SD=0.60）和农村社区（M=2.05，SD=0.59）在提供个体指导类的家庭教育服务方面存在统计上的显著差异（t=−2.026，p=0.043），农村社区在提供个体指导服务方面比例略高于城市社区。

从表3-145中可以看到，在提供个体指导服务的社区所使用的方式中，除了网络交流这种方式在城市社区和农村社区中不存在显著差异外，其他方式都存在显著差异。家访的方式在农村社区比城市社区采用得更多，社区接待的方式在城市社区采用比例显著高于农村社区，电话的方式在城市社区采用比例略高于农村社区，这一结果在一定程度上也反映出城市和农村生活方式特点的不同。

表3-145　不同社区个体指导服务方式使用情况

	社区类别	占比（%）	X^2，*df*	*p*
家　访	城市社区	61.5%	40.75***	0.000
	农村社区	68.5%		
社区接待	城市社区	81.3%	596.38***	0.000
	农村社区	54.6%		
电　话	城市社区	65.7%	4.33*	0.037
	农村社区	63.4%		
网络交流	城市社区	41.4%	0.66	0.416
	农村社区	40.5%		

注：*代表p<0.05，**代表p<0.01，***代表p<0.001

从表3-146中可以看到，在提供集体指导服务所使用的几种方式中，城市社区与农村社区之间均存在显著差异，专题讲座、亲子文体活动，以及社会实践活动这三种方式，在城市社区的使用比例都显著高于农村社区，而家长经验交流的方式在农村社区的使用比例显著高于城市社区。

表3-146　不同社区集体指导服务方式使用情况

	社区类别	占比（%）	X^2，*df*	*p*
专题讲座	城市社区	76.4%	413.46***	0.000
	农村社区	55.5%		
家长经验交流	城市社区	53.9%	71.92***	0.000
	农村社区	62.8%		
亲子文体活动	城市社区	68.9%	276.57***	0.000
	农村社区	51.4%		
社会实践活动	城市社区	56.9%	103.16***	0.000
	农村社区	46%		

注：*代表p<0.05，**代表p<0.01，***代表p<0.001

城市社区的家长与农村社区的家长在上述这些活动形式中的参与度也存在显著差异（X^2=413.49，df=5，p=0.000）。从图3-62中可以看到，在城市社区中，家长参与度由高到低的活动依次是亲子文体活动、专题讲座、社会实践活动、家长经验交流；在农村社区中，家长参与度由高到低的活动依次是亲子文体活动、家长经验交流、专题讲座、社会实践活动。可见，亲子文体活动是城市社区和农村社区家长都最喜欢参加的活动形式，比较有意思的现象是，城市社区的家长在家长经验交流中的参与度相对其他形式来说最低。

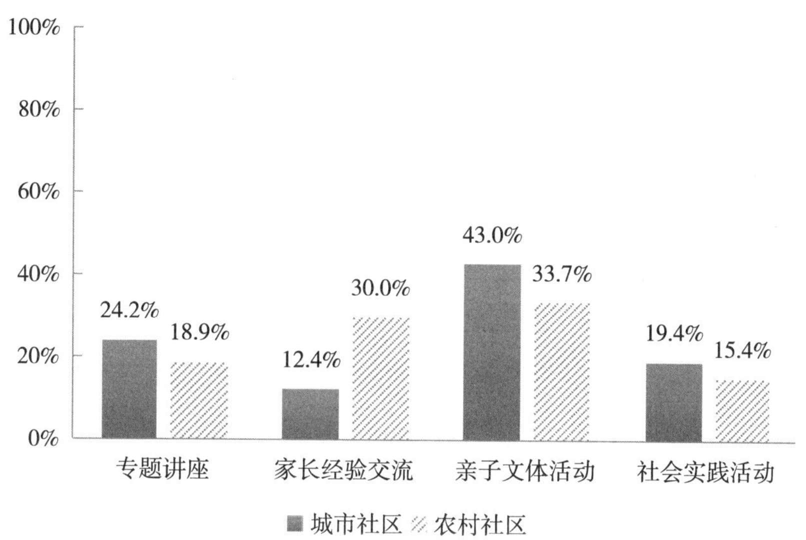

图3-62　不同社区的指导服务活动形式

（二）家校社协同育人的主题内容

在主题内容方面，本次调研主要考察了社区家庭教育指导服务活动的主题来源、教材以及围绕“立德树人”育人目标所做的工作情况，结果如下。

在社区日常工作安排中，家庭教育活动主题主要来自以下几个方面：按照上级单位提出的具体的指导服务内容（75.3%）、根据家长的实际需求选择指导服务内容（61.7%）、《全国家庭教育指导大纲》中的内容（43.2%）、工作者自定（29.6%）、外包单位安排（12.2%）。可以看到，上级单位指定的内容、家长的实际需求是社区开展家庭教育活动主题的主要来源。

与此相对应，社区开展家庭教育工作使用的教材或材料也有所不同，有45.6%的社区使用的是上级单位规定指导内容的专题并推荐的参考材料，有26.8%的社区使用的是上级单位规定并提供的外来的教材，有20.5%的社区使用的是工作者自选的材料，还有7.8%的社区使用的是社区自编的教材。

社区与家庭和学校一样，肩负着“立德树人”的育人目标，社区开展德育工作主要是在环境和活动中融入相应内容。在本次调研中，大部分社区都比较注重在环境或是活动中弘扬社会公德（*M*=3.08，*SD*=0.70）、宣传家庭美德（*M*=3.16，*SD*=0.67）以及社会成员的优良品德（*M*=3.17，*SD*=0.67），从图3-63中可以看到，“非常符合”和“比较符合”的总比例均达到90%左右，只有10%左右的社区还未在环境和活动中融入有关“社会公德”“家庭美德”“社会成员优良品德”的内容。

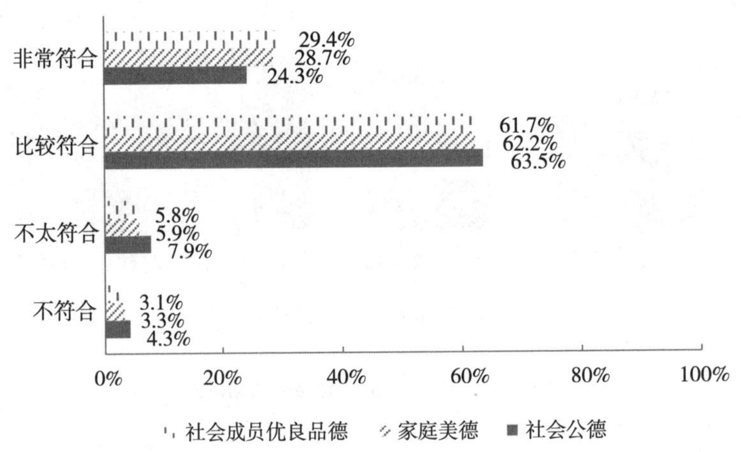

图3-63 社区在环境和活动中弘扬和宣传“德”的情况

除此以外，社区还围绕“立德树人”为儿童组织各种不同主题的活动，这些活动按社区组织的比例从高到低依次为：在中国传统节日或纪念日组织教育实践活动（70.9%），组织社区志愿劳动实践（63.5%），组织法治、安全、健康主题教育实践活动（63.5%），通过社区文化建设或是营造环境氛围传递核心价值观（56.0%），关爱社区特殊儿童群体的教育实践活动（53.0%），组织科普、文化艺术主题教育实践活动（52.1%），组织中华优秀传统文化主题教育实践活动（43.6%）。由此可以看出，适合社区组织的活动，或者说社区擅长组织的活动主要是那些贴近生活的活动。

（三）家校社协同育人的信息沟通

在本次调研中，社区家庭教育指导服务的信息沟通主要包括社区向家长宣传、推送、收集信息和与家长沟通的渠道。

1. 社区向家长宣传、推送信息方面

有74.4%的社区有向家长宣传和推送文化、娱乐、社会支持等服务信息的有效渠道，有25.6%的社区目前还没有推送这些信息的有效渠道。比如，有69.9%的社区有家庭教育宣传栏，宣传栏向居民推送的内容主要包括：政策宣传（85.7%）、育儿知识（70.6%）、活动预告（53.4%）以及社区内外的资源推介（37.0%），可以看到，宣传栏在社区向家长宣传家庭教育相关政策、科普育儿知识、推送社区活动信息方面发挥着重要作用。

在宣传栏向居民推送的内容方面，如表3–147所示，除了在社区内外资源推介方面，城市社区和农村社区不存在显著差异以外，在其他几项内容上都存在显著差异。在活动预告方面，城市社区宣传栏的推送要略多于农村社区；在政策宣传和育儿知识方面，农村社区宣传栏的推送均要多于城市社区。

表3–147　不同社区集体指导服务方式使用情况

	社区类别	占比（%）	X^2，*df*	*p*
活动预告	城市社区	54.9%	4.23*	0.040
	农村社区	52.2%		
政策宣传	城市社区	83.8%	14.33***	0.000
	农村社区	87.2%		
育儿知识	城市社区	67.2%	27.80***	0.000
	农村社区	73.4%		
资源推介	城市社区	37.2%	0.03	0.859
	农村社区	36.9%		

注：*代表p<0.05，**代表p<0.01，***代表p<0.001

2. 社区收集家长信息、与家长沟通方面

（1）有76.0%的社区有收集家长的需求或建议等信息的有效渠道，有24.0%的社区目前还没有收集家长需求等信息的有效渠道。

城市社区和农村社区在收集家长需求方面存在显著差异（t=–3.66，p=0.000），和城市社区（M=2.81，SD=0.80）相比，农村社区（M=2.88，SD=0.82）更认可目前社区收集家长需求的渠道，认为更有效。

（2）有63.2%的社区认为在家教指导服务工作中，社区与家长的沟通渠道还是比较顺畅的，有24.7%的社区认为社区与家长的沟通渠道不太顺畅，认为目前沟通渠道不顺畅和非常顺畅的分别有6.0%和6.1%。

城市社区和农村社区的工作者对与家长沟通渠道的评价存在显著差异（t=−2.16，p=0.031），农村社区的工作者（M=2.68，SD=0.67）对与家长沟通渠道的评价略优于城市社区的工作者（M=2.71，SD=0.68）。

（3）对家长的了解在一定程度上反映着与家长沟通的效果，也在一定程度上影响着组织家长参与活动的效果。在参与本次调研的社区中，表示对社区家长“不了解”和“不太了解”的分别占8.2%和40.4%，表示“比较了解”和“非常了解”的分别占45.7%和5.7%。

（4）目前社区主要是通过电话联系（70.0%）、在日常社区生活中了解（65.0%）、问卷调查（52.2%）、家访（52.1%）这四种方式了解家庭情况、收集家庭需求以及与家长沟通。

城市社区和农村社区在与家长联系的方式上存在显著差异（见表3-148），电话联系和在日常生活中了解这两种方式在农村社区的使用多于城市社区，分别高出城市社区11.5个和2个百分点，问卷调查和家访这两种方式在城市社区的使用多于农村社区，分别高出农村社区13个和3.4个百分点。

表3-148　不同社区与家长联系的方式情况

	社区类别	占比（%）	X^2，df	p
电话联系	城市社区	45.7%	113.76***	0.000
	农村社区	57.2%		
在日常社区生活中了解	城市社区	68.9%	4.24*	0.040
	农村社区	70.9%		
问卷调查	城市社区	59.5%	146.99***	0.000
	农村社区	46.5%		
家　访	城市社区	66.9%	11.45**	0.001
	农村社区	63.5%		

注：*代表p<0.05，**代表p<0.01，***代表p<0.001

从结果中可以看到，大部分社区都有收集家长信息、与家长进行沟通的有效渠道，社区通常采用2—3种方式与居民建立连接，其中电话和社区日常生活是社区与居民沟通和了解的直接渠道、主要渠道，同时也可以看到，问卷和家访也成为社区深入了解居民需求的有效选择。城市社区和农村社区在与家长的沟通工作中有着各自的特点。

（四）家校社协同育人的资源协同

1.“社校协同”实践

在组织家庭教育相关活动时，有9.5%的社区从来不会主动寻求学校的资源（场地、师资、组织等），59.8%的社区有时会主动寻求学校的资源，25.3%的社区经常会寻求学校资源，5.4%的社区一直在联动学校资源开展家庭教育活动。

在需要与学校协同的内容方面，如图3–64所示，从高到低依次为：有46.6%的社区工作者认为最需要协同学校的师资，有27.4%的社区工作者认为在活动的宣传组织方面最需要与学校协同，有12.8%的社区工作者认为最需要借助学校的场地，有12.4%的社区工作者认为在活动内容方面最需要与学校协同，还有0.7%的社区工作者认为最需要在经费和工作人员上与学校协同。

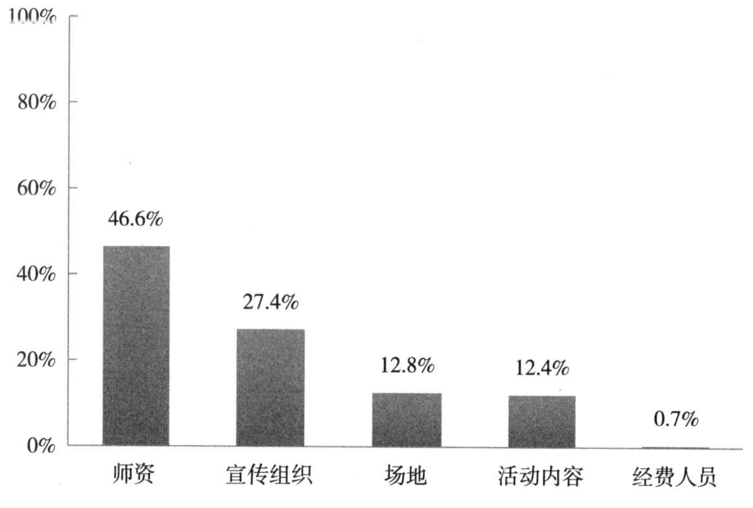

图3–64 社区需要与学校协同的内容

在与学校协同组织活动的难度方面，有12.5%的社区认为非常不容易，有

44.4%的社区认为不太容易，有38.2%的社区认为比较容易，有4.9%的社区认为还是非常容易的。总体来说，“社校协同”的推进还是比较有希望的，未来可以进一步探索“社校协同”比较容易的社区有哪些经验。

2.“社社协同”实践

在“社社协同”中，本次调研主要涉及三类社会资源：社会团体和企事业单位、社会机构、社会教育资源（博物馆、图书馆等）。

在主动寻求、招募社会力量（社会团体、企事业单位等）共同开展家庭教育相关活动方面，有10.9%的社区从来不主动寻求、招募社会力量，有64.8%的社区偶尔会寻求、招募社会力量，分别有20.4%和4.0%的社区经常或总是寻求、招募社会力量共同开展家庭教育活动。

在与上述社会力量共同开展家庭教育活动的难度方面，有15.5%的社区认为非常不容易，有54.4%的社区认为不太容易，有26.5%的社区认为比较容易，有3.6%的社区认为非常容易，总体来看，目前社区与社会力量（社会团体、企事业单位等）协同还是比较有难度的。

在以委托或外包形式引入社会机构负责开展家庭教育工作方面，有30.9%的社区目前还没有购买过第三方服务，有52.4%的社区引入过，有14.0%的社区经常使用第三方服务，有2.7%的社区一直是委托第三方开展相关工作。可见，社会机构正作为一种协同力量走入社区开展家庭教育相关工作。

在与其他社会教育资源（博物馆、图书馆等）合作开展家庭教育相关活动方面，有26.5%的社区目前还没有协同过相关资源，有56.9%的社区偶尔协同过相关资源，有13.9%的社区经常协同相关资源，有2.8%的社区总是和这类资源合作开展家庭教育活动。

在与社会教育资源协同开展过活动的社区中，按照协同对象的比例从高到低依次为：有61.5%的社区利用过家庭教育服务站，有49.6%的社区利用公共图书馆开展过活动，有27.4%的社区利用过公共体育馆，有22.5%的社区利用博物馆开展过活动，有18.3%的社区利用少年宫开展过活动，还有6.9%的社区利用过安全生产基地、爱国主义教育基地等场地。

3. 不同社区在“社校”“社社”协同方面的差异

为了进一步了解“社校协同”“社社协同”在城市社区和农村社区中是否存在差异，进行了t检验，从表3-149中可以看到：

城市社区和农村社区在寻求“社校协同”、“社校协同”难度、寻求“社社协同”、协同社会教育资源上存在显著差异，与农村社区相比，城市社区会更主动地寻求学校以及社会力量（社会团体、企事业单位等）的相关资源，城市社区的工作者感觉与学校协同组织活动更难。在协同社会教育资源方面，农村社区略好于城市社区。在“社社协同”难度和引入第三方方面，城市社区和农村社区之间不存在显著差异。

表3-149 不同社区“社校协同”“社社协同”情况

	城市社区（$M \pm SD$）	农村社区（$M \pm SD$）	t	p
寻求“社校协同”	2.30 ± 0.71	2.24 ± 0.70	3.49***	0.000
“社校协同”难度	2.67 ± 0.75	2.63 ± 0.77	−2.51*	0.012
寻求“社社协同”	2.22 ± 0.68	2.14 ± 0.65	5.90***	0.000
“社社协同”难度	2.82 ± 0.72	2.82 ± 0.74	0.13	0.895
引入第三方	1.89 ± 0.73	1.88 ± 0.74	0.18	0.857
协同社会教育资源	1.91 ± 0.71	1.94 ± 0.72	−2.18***	0.030

注：*代表p<0.05，**代表p<0.01，***代表p<0.001

（五）家校社协同育人的家长参与

在家长参与方面，本次调研主要从社区工作者和家长两个视角进行了考察。在社区工作者层面，主要调研了家长在社区家庭教育指导服务活动中的参与度、黏度和深度；在家长层面，调研了家长从社区获得支持的情况、了解社区家校社协同育人活动的途径、对社区家校社协同育人活动的参与度和对社区协同育人活动的满意度四个方面，结果如下。

1. 社区工作者视角下的家长参与

（1）在组织家长参与社区家庭教育指导服务活动的困难程度方面，M=2.38，SD=0.77，分别有12.5%和42.0%的工作者认为没有困难、困难较小，有40.3%和5.3%的工作者认为困难较大、非常困难。

（2）在家长参与度方面，社区家长参加家庭教育相关活动的比例（出席人数／通知的总数）情况：28.6%的社区家长参与率不足20%，28.0%的社区家长参与率在20%—40%，26.9%的社区家长参与率在40%—60%，12.6%的社区家长参与率在60%—80%，参与率在80%以上的社区非常少，只有3.8%。可见，有80%以上的社区家长活动参与率不足60%。

（3）在家长参与活动的黏度方面，在过去的五年，能够参与社区50%活动的家长，在32.1%的社区中不超过20%，在29.1%的社区中有20%—40%，在27.1%的社区中有40%—60%，只有11.7%的社区中有60%以上的家长能参与一半的社区活动。可见，目前社区活动对家长的黏度比较小。

（4）在家长参与活动的深度方面，能为社区家庭教育活动出谋献策的家长也是非常少的，在41.7%的社区中能为社区活动出谋献策的家长比例不足20%，在29.3%的社区中能为社区活动出谋献策的家长比例在20%—40%，在19.9%的社区中能为社区活动出谋献策的家长比例在40%—60%，只有不足10%的社区中能为社区活动出谋献策的家长比例在60%以上。可见，出谋献策作为社区调动家长主动参与、深度参与的一个指标，目前的情况并不理想，也是未来需要关注的重点。

（5）为了进一步了解上述各方面在城市社区和农村社区中是否存在差异，进行了t检验，从表3-150中可以看出：

城市社区的工作者和农村社区的工作者在对社区家长的了解程度上存在显著差异，农村社区的工作者对家长的了解程度要好于城市社区的工作者。

城市社区的工作者和农村社区的工作者在组织家长参与的困难程度、家长参与度、黏度和深度这四点上均存在显著差异，在组织家长参与的困难程度方面，城市社区工作者比农村社区工作者感觉难度更大；在家长参与度方面，农村社区的家长参与度要高于城市社区；在家长持续参与活动的黏度方面，农村社区比城市社区有更多家长能够参与50%的活动；农村社区也比城市社区有更多家长能为社区家庭教育活动出谋献策。总体来看，农村社区在家长参与的各方面都要优于城市社区。

表3-150　不同社区的家长参与情况

	城市社区 （*M*±*SD*）	农村社区 （*M*±*SD*）	*t*	*p*
了解程度	2.41 ± 0.72	2.55 ± 0.73	−9.34***	0.000
困难程度	2.46 ± 0.75	2.32 ± 0.78	8.67***	0.000
参与度	2.28 ± 1.12	2.40 ± 1.14	−4.79***	0.000
黏　度	2.12 ± 1.03	2.28 ± 1.09	−6.73***	0.000
深　度	1.86 ± 0.96	2.07 ± 1.07	−9.58***	0.000

注：*代表p<0.05，**代表p<0.01，***代表p<0.001

2. 家长视角下的家校社协同育人参与

（1）家长从社区获得支持的情况

就家长获取社区家庭教育支持的状况而言，本次调查发现，总体上看61.4%的家长表示没有从社区那里得到过家庭教育支持，其中幼儿园家长比例为63.1%，城镇家长比例为64.4%，“大专及以上”学历家长比例为64.5%。

对于曾在社区获得过家庭教育支持的家长来说，获得的前三项支持分别是“家庭教育知识指导”“实践活动”“孩子的心理辅导”，占比分别为56.6%、45.1%、41.1%（见图3-65）。

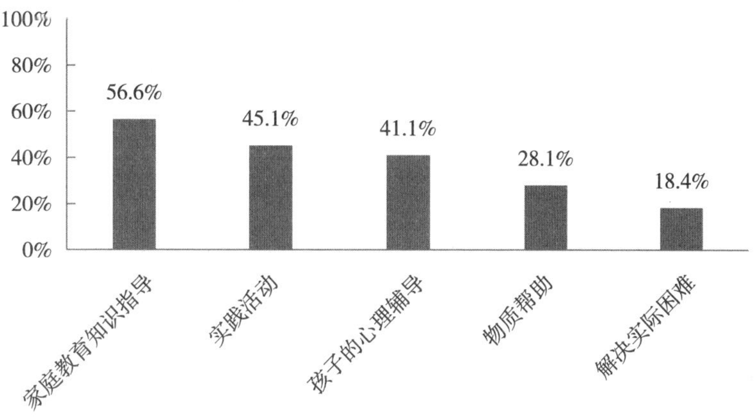

图3-65　家长获得社区家庭教育支持的总体情况

从表3-151、表3-152、表3-153中可以看到，对于家长获取的社区家庭教育支持，不同学段、城乡和父母学历，排名前三的均为“家庭教育知识指导”“实践活动”“孩子的心理辅导”。其中，“家庭教育知识指导”是不同群体家长获得较多的协同育人帮助，获得帮助的比例均达到一半以上。但是，不同群体之间在获得各项帮助上存在一定差异。在“家庭教育知识指导”方面，初中家长、农村家长、初中及以下学历的家长获得帮助的比例较大；在“实践活动”方面，幼儿园家长、城镇家长、大专及以上学历的家长获得帮助的比例较大；在“孩子的心理辅导”方面，初中家长、农村家长、初中及以下学历的家长获得帮助的比例较大。

表3-151 不同学段家长获得社区家庭教育支持内容的情况

	幼儿园	小 学	初 中
家庭教育知识指导	**52.8%**	**53.6%**	**61.6%**
实践活动	**52.9%**	**48.9%**	**37.7%**
孩子的心理辅导	**35.2%**	**38.4%**	**46.6%**
物质帮助	29.2%	27.5%	28.5%
解决实际困难	16.9%	19.6%	17.6%

表3-152 城乡家长获得社区家庭教育支持内容的情况

	城 镇	农 村
家庭教育知识指导	**53.0%**	**60.9%**
实践活动	**49.8%**	**39.7%**
孩子的心理辅导	**37.0%**	**45.9%**
物质帮助	26.1%	30.5%
解决实际困难	17.5%	19.5%

表3-153 不同学历家长获得社区家庭教育支持内容的情况

	初中及以下	高中 / 职高 / 技校 / 中专	大专及以上
家庭教育知识指导	**61.6%**	**61.5%**	**51.0%**
实践活动	**36.3%**	**42.5%**	**51.9%**
孩子的心理辅导	**48.8%**	**44.3%**	**34.8%**
物质帮助	31.8%	28.1%	25.8%
解决实际困难	21.1%	18.3%	16.8%

（2）家长了解社区家校社协同育人活动的途径

本次调查发现，总体上看，47.9%的家长表示没有了解社区开展家校社协同育人活动的途径。其中，幼儿园家长表示没有了解途径的比例高达52.2%，城镇家长表示没有了解途径的比例高达51.8%，大专及以上学历的家长表示没有了解途径的比例高达52.9%。

在表示有了解途径的家长中，了解社区开展的协同育人活动的前三类途径分别是“QQ、微信等”“宣传栏”“居委会／村委会”，占比分别为64.4%、36.0%、30.8%（见图3-66）。

可见，尽管部分家长能通过微信、宣传栏等途径了解社区家校社协同育人活动，但仍有近半数的家长没有任何获取相关信息的途径。

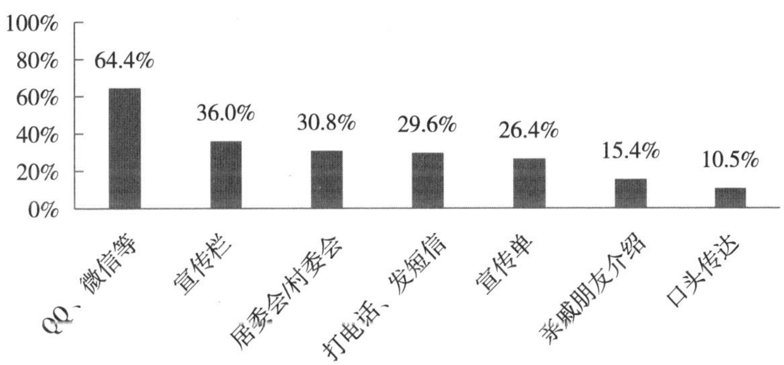

图3-66　家长了解社区家校社协同育人活动途径的总体情况

（3）家长参与社区组织的协同育人活动的情况

本次调查发现，总体上看，66.0%的家长表示没有参加过社区组织的家校社协同育人相关活动。其中，幼儿园、小学和初中家长未参与的比例分别为67.9%、66.9%和64.0%；城镇和农村家长未参与的比例分别为69.1%和61.7%；“初中及以下”、“高中／职高／技校／中专”和“大专及以上”学历家长未参与的比例分别为60.2%、64.8%和69.4%。

在参与过社区活动的家长中，其参与的前三项活动分别是“家庭教育专家讲座”、“社会实践活动”和“亲子文体活动”，占比分别为41.6%、41.3%和34.4%（见图3-67）。

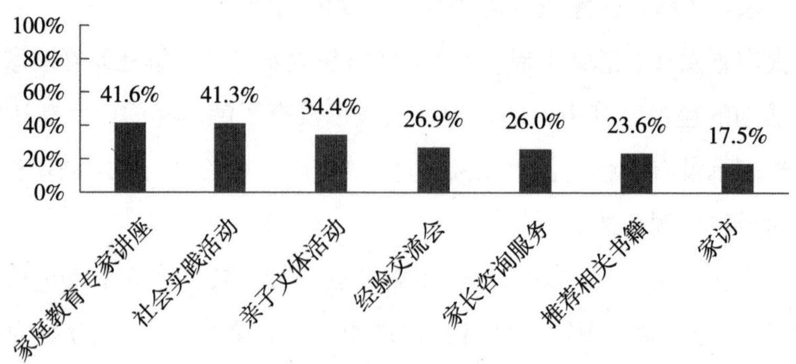

图3-67 家长参与社区家校社协同育人活动的状况

本次调查发现，不同学段、城乡和学历的家长，参与社区组织的协同育人活动的情况存在差异。

首先，不同学段家长参与社区开展的协同育人活动情况存在较大差异。具体而言，幼儿园家长选择的前三项是“亲子文体活动”、“社会实践活动”和“家庭教育专家讲座”，小学家长选择的前三项是“社会实践活动”、“家庭教育专家讲座”和“亲子文体活动”，初中家长选择的前三项是“家庭教育专家讲座”、“社会实践活动”和“家长咨询服务”（见表3–154）。

其次，城镇和农村家长参与社区开展的协同育人活动的前三项均为“家庭教育专家讲座”、“社会实践活动”和“亲子文体活动”，排名次序和比例略有差异（见表3–155）。

最后，不同学历家长参与社区开展的协同育人活动的情况存在差异。具体而言，“初中及以下”学历家长参与的前三项活动是“家庭教育专家讲座”、“社会实践活动”和“家长咨询服务”，比例分别为44.1%、33.8%和30.1%；“高中／职高／技校／中专”学历家长参与的前三项活动是“家庭教育专家讲座”、“社会实践活动”和“亲子文体活动”，比例分别为43.1%、41.0%和32.1%；“大专及以上”学历家长参与的前三项活动是“社会实践活动”、“亲子文体活动”和“家庭教育专家讲座”，比例分别为46.4%、39.6%和39.1%（见表3–156）。

表3-154　不同学段家长参与社区开展的家校社协同育人活动的情况

	幼儿园	小　学	初　中
家庭教育专家讲座	**38.5%**	**37.8%**	**47.1%**
社会实践活动	**44.5%**	**45.7%**	**34.8%**
亲子文体活动	**46.0%**	**37.1%**	27.1%
经验交流会	27.1%	26.0%	28.0%
家长咨询服务	26.3%	23.4%	**29.0%**
推荐相关书籍	18.8%	23.5%	25.4%
家　访	16.6%	14.9%	20.8%

表3-155　城乡家长参与社区开展的家校社协同育人活动的情况

	城　镇	农　村
家庭教育专家讲座	**40.5%**	**42.7%**
社会实践活动	**44.4%**	**37.7%**
亲子文体活动	**37.1%**	**31.4%**
经验交流会	25.8%	28.1%
家长咨询服务	24.7%	27.5%
推荐相关书籍	21.5%	25.9%
家　访	12.8%	22.9%

表3-156　不同学历家长参与社区开展的家校社协同育人活动的情况

	初中及以下	高中 / 职高 / 技校 / 中专	大专及以上
家庭教育专家讲座	**44.1%**	**43.1%**	**39.1%**
社会实践活动	**33.8%**	**41.0%**	**46.4%**
亲子文体活动	28.3%	**32.1%**	**39.6%**
经验交流会	28.6%	27.9%	25.3%
家长咨询服务	**30.1%**	25.4%	23.5%
推荐相关书籍	27.0%	25.5%	20.3%
家　访	25.5%	18.7%	11.5%

综上，家长对社区组织的家校社协同育人活动的参与度整体较低，超过六成的家长没有参与过任何相关活动。在参与过的家长中，参与比例最高的前两项活动是“家庭教育专家讲座”和“社会实践活动”，不同学段、城乡和不同学历家长在各项活动上的参与情况存在较大差异。

三、社区开展家校社协同育人工作的评价机制

在评价机制方面，本次调研主要考察了不同评价方对社区家庭教育指导服务工作的评价，包括单位或上级组织、服务对象以及自我评价情况，结果如下。

1. 在参与本次调研的社区中，有57.3%的工作者从未因为家庭教育工作而受到过单位或上级组织的表彰，有34.7%的工作者有时会受到单位或上级组织的表彰，只有1.5%的工作者总是会因为家庭教育工作而受到表彰。

有54.0%的社区从未因为家庭教育工作而受到过单位或上级组织的表彰，有37.8%的社区有时会受到单位或上级组织的表彰，只有1.5%的社区总是会因为家庭教育工作而受到表彰。

2. 来自家长的评价和反馈对家庭教育指导服务来说是非常重要的动力来源，在本次调研中，有14.3%的社区每次活动后都会收集家长对活动的满意度，有23.6%的社区经常会收集家长的满意度，有48.2%的社区偶尔会收集，还有13.8%的社区每次都不收集家长反馈。从这个结果中可以看到，目前大部分社区比较重视指导服务对象的评价和反馈。家长的评价和反馈是激励机制中不可或缺的一部分。

在本次调研中，还考察了社区工作者对家长满意度的评估，按百分制评估，社区工作者认为家长对社区开展的家庭教育相关活动的评分平均为68.92 ± 24.01，将评估分数按照0—59分、60—79分、80—100分划分为三档，可以看到有15.9%的社区工作者评分区间在60分以下，有28.1%的社区工作者评分区间在60—79分，有56.0%的社区工作者评分区间在80分及以上，也就是说，有超过一半的工作者对家长的满意度自评还是比较好的。同时，自评分数在60分以下的社区值得进一步关注分析。

3. 从表3-157中可以看到，不同评价方（单位或上级组织、服务对象、自我评价）与社区家庭教育指导服务工作的评价之间存在显著相关关系。从相关关系可以看出，工作者本人与单位因家庭教育工作受到单位或上级组织表彰之间有着较强的相关关系（r=0.78，p<0.001），一方面表明目前个人表彰和

集体表彰在较大程度上同时并举，另一方面，有一半以上的个体和集体从未受过任何鼓励，现阶段的激励标准有待完善，覆盖面有待提高。

同时从受表彰、收集家长反馈信息、工作者满意度自评之间存在显著相关关系也可以看到，经常受到表彰的社区，也更加重视在活动后收集家长的反馈信息；经常收集家长满意度的社区，也就是比较重视家长反馈的社区，在一定程度上，对家长满意度的自评也会比较积极。

表3–157　不同评价方对社区家教工作的评价之间的相关

	1	2	3
1 个人受表彰	1		
2 社区受表彰	0.78***	1	
3 是否收集家长反馈	0.30***	0.35***	1
4 满意度自评	0.10***	0.13***	0.28***

注：*代表p<0.05，**代表p<0.01，***代表p<0.001

4. 从图3–68和图3–69中可以看到城市社区和农村社区个体或集体受表彰的情况，不论是个体还是集体，受表彰的机会都比较少。对工作者个体来说，城市社区有约三分之二的个体都没有因为家庭教育工作受过表彰，农村社区的这个比例约为二分之一，城市社区从未受过表彰的个体比例要高出农村社区约13个百分点；对社区集体来说，差异稍有变化，城市社区从未受过表彰的比例高出农村社区约为8个百分点。

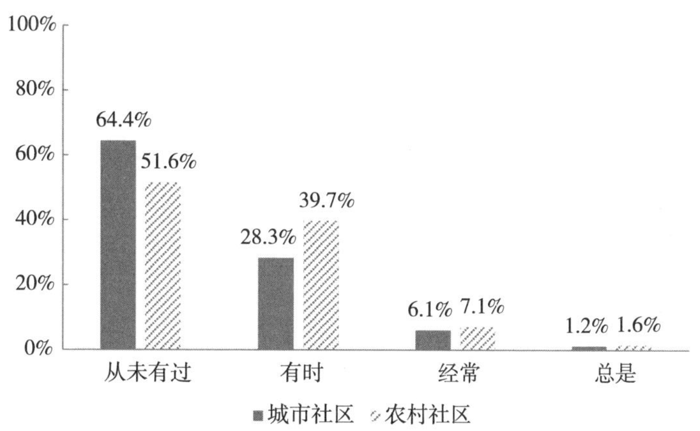

图3–68　不同社区工作者受表彰的情况

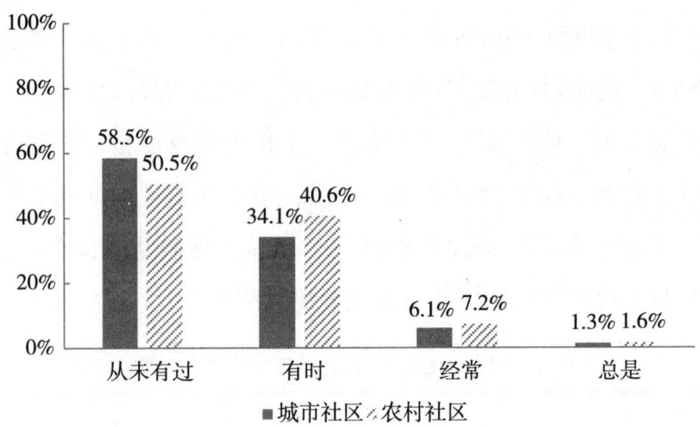

图3-69　不同社区受表彰的情况

从表3-158的t检验中也可以看到，农村社区的个体和集体受表彰的机会显著高于城市社区。

表3-158　不同社区的工作者及社区受表彰情况

	城市社区（$M \pm SD$）	农村社区（$M \pm SD$）	t	p
个人受表彰	1.44 ± 0.67	1.59 ± 0.70	-9.999^{***}	0.000
社区受表彰	1.50 ± 0.67	1.60 ± 0.70	-6.661^{***}	0.000

注：*代表p<0.05，**代表p<0.01，***代表p<0.001

从表3-159中可以看到城市社区和农村社区在活动后收集家长满意度以及工作者对家长满意度自评的差异情况，城市社区比农村社区更重视指导服务对象的评价和反馈（t=9.04，p<0.000）；工作者对家长满意度自评在城市社区和农村社区之间不存在显著差异（t=0.55，p=0.579）。将评估分数按照0—59分、60—79分、80—100分划分为三档，也可以看到城市社区和农村社区分数的分布比较一致，均有一半以上的工作者自评分数在80分以上。

表3-159　不同社区家长满意度情况

	城市社区（$M \pm SD$）	农村社区（$M \pm SD$）	t	p
家长满意度收集	2.48 ± 0.89	2.31 ± 0.89	9.042^{***}	0.000
家长满意度自评	69.08 ± 24.35	68.79 ± 23.74	0.554	0.579

注：*代表p<0.05，**代表p<0.01，***代表p<0.001

5. 家长对社区协同育人活动的满意度

在家长对社区开展的家校社协同活动的满意度方面，43.7%的家长表示不满意，其中幼儿园家长不满意的比例高达50.3%，城镇家长不满意的比例高达50.6%，大专及以上学历的家长不满意的比例高达53.6%。

具体分析家长认为帮助较大的活动，排在前三位的活动分别是“家庭教育专家讲座”“亲子社会实践活动”“经验交流会”，占比分别为46.5%、45.8%、33.5%（见图3-70）。

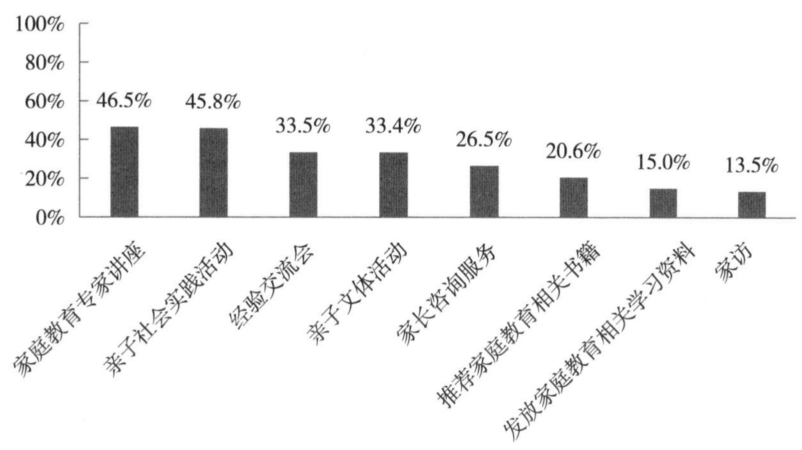

图3-70　对家长帮助最大的社区家校社协同育人活动

可见，家长最满意的三项社区开展的家校社协同育人活动是“家庭教育专家讲座”、“亲子社会实践活动”和“经验交流会”。但整体而言，家长对社区协同育人活动的满意度相对较低，仅有五成左右的家长对此感到满意。

四、社区开展家校社协同育人实践的困难和家长需求

（一）社区“协同育人”实践中的困难

在社区开展家庭教育实践中，都会涉及师资力量、活动内容、活动形式、动员宣传、经费场地、政策支持这六项基本内容。在本次调研中，请社区工作者对这些内容在组织活动过程中的难易程度进行了排序。结果表明，

从困难到容易依次为师资力量（*M*=4.27）、经费场地（*M*=3.75）、活动内容（*M*=2.69）、政策支持（*M*=2.52）、活动形式（*M*=2.48）、动员宣传（*M*=2.47）。

将城市社区和农村社区分开来看会略有不同，如图3–71所示，对城市社区来说，从困难到容易依次为师资力量、经费场地、活动内容、活动形式、政策支持、动员宣传；对农村社区来说，从困难到容易依次为师资力量、经费场地、活动内容、政策支持、动员宣传、活动形式。

可见，师资力量、经费场地、活动内容在不同类型的社区中都是处于比较困难的前三位。值得注意的是，对农村社区来说，位于第四位的是政策支持，这在一定程度上说明，对农村社区的工作者来说，政策的支持和保障对推动和开展家教工作来说有着非常重要的作用。

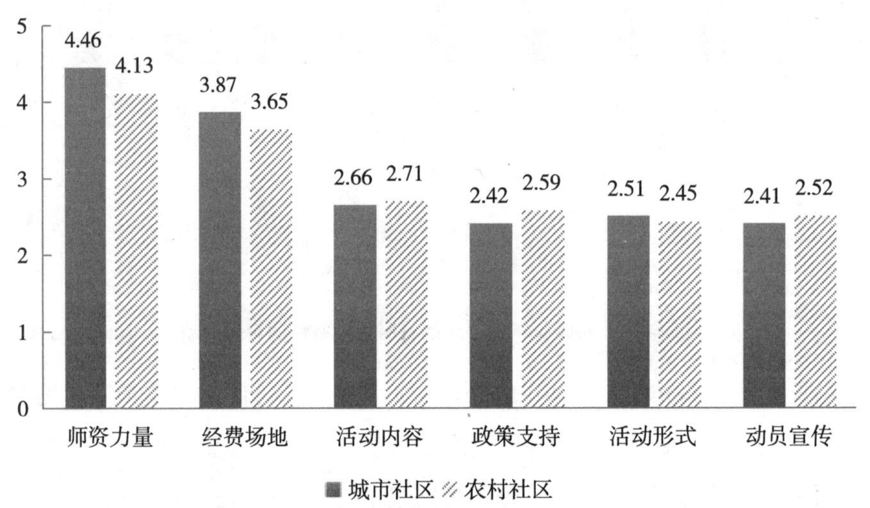

图3–71　社区需要与学校协同的内容

为了进一步考察在实践中哪些因素会影响社区开展家庭教育工作的顺利程度，以社区目前开展家教工作的顺利程度为目标变量，从管理保障中的机制、实践工作中的机制、评价过程中的机制三个方面，选取11个相关因素作为自变量，包括工作者对社区“家校社协同育人”的态度、工作效能感、经费保障、工作人员、师资队伍、接受培训情况、内容选择难度、宣传沟通渠道、与学校和其他社会资源协同的难度、是否有工作计划（0、1计分，0代表

"有计划"，1代表"没有计划"）、受激励情况等，依次进行了相关分析与回归分析。

从表3-160中可以看到选取的这11个因素与社区开展家庭教育工作的顺利程度均呈现显著相关关系。具体来看：（1）有8个变量与工作开展的顺利程度呈显著正相关，即工作者对社区"家校社协同育人"的态度和理念、工作效能感、经费充足程度、工作人员到位情况、师资力量充足情况、接受培训情况、个人或集体接受表彰情况、沟通渠道；（2）是否有工作计划、内容选择难度、与学校和其他社会资源协同的难度与工作开展顺利程度呈显著的负相关。

表3-160　社区开展家教工作顺利程度影响因素的相关分析

影响因素	1	2	3	4	5	6	7	8	9	10	11
1 顺利程度											
2 态度	.30***										
3 工作效能感	.37***	.50***									
4 经费充足程度	.32***	.10***	.11***								
5 工作人员到位	.49***	.29***	.34***	.27***							
6 师资队伍充足	.46***	.19***	.22***	.47***	.49***						
7 接受培训	.46***	.25***	.30***	.29***	.40***	.41***					
8 工作计划	-.39***	-.11***	-.20***	-.18***	-.27***	-.24***	-.29***				
9 受表彰	.34***	.14***	.18***	.32***	.28***	.40***	.39***	-.23***			
10 沟通渠道	.51***	.39***	.36***	.21***	.41***	.30***	.38***	-.28***	.24***		
11 内容选择难度	-.30***	-.13***	-.18***	-.18***	-.24***	-.24***	-.19***	.19***	-.17***	.22***	
12 协同难度	-.45***	-.28***	-.27***	-.31***	-.34***	-.41***	-.39***	.24***	-.38***	-.43***	.26***

注：*代表p<0.05，**代表p<0.01，***代表p<0.001

为了考察这些变量对社区开展家庭教育工作顺利程度的影响，进行了回归分析，结果如表3-161所示，进入回归方程的显著变量有8个，多元相关系数为0.69，能够联合解释社区开展家庭教育工作顺利程度的48.0%，从数据分析中可以看到，"沟通渠道"的预测力最好，解释量达到26.0%，其次是"师资队伍”“工作计划”，解释量分别为10.0%、4.0%，这两个变量的联合解释量为14.0%。

表3–161　社区开展家庭教育工作顺利程度影响因素的回归分析

影响因素	R	R^2	ΔR	β
1 沟通渠道	0.51	0.26	0.26	0.21
2 师资队伍	0.60	0.36	0.10	0.15
3 工作计划	0.64	0.41	0.04	–0.16
4 工作人员到位	0.66	0.43	0.03	0.15
5 工作者培训	0.67	0.45	0.02	0.13
6 与学校和其他社会资源合作难度	0.68	0.46	0.01	–0.11
7 工作效能感	0.69	0.47	0.01	0.09
8 内容选择	0.69	0.48	0.01	–0.08

从这个结果中可以看到，社区开展家教工作的顺利程度作为工作者的主观评价，其影响因素是非常复杂和多元的。“沟通渠道”中包含社区沟通渠道、宣传渠道和信息收集渠道三个部分。在目前阶段，对社区开展家教工作的顺利程度的预测力是最大的，这个变量的预测力也表明有效的信息传递是工作顺利开展的重要保证；“师资队伍”的预测力居于第二位，师资越充足，师资队伍建设越好，社区家教工作开展越顺利；有“工作计划”在一定程度上能够推进工作顺利进行，工作的计划性既表明对工作的重视程度，也能推动工作有序开展。方程中的其余变量虽然影响力比较小，但是也同样发挥着必不可少的作用，作用的大小与目前社区家庭教育工作所处阶段有关系，目前社区“家校社协同育人”工作还处于探索阶段，沟通渠道、师资队伍和工作计划的作用就格外突出。

（二）家长对社区“协同育人”的需求

首先，对于家长希望社区开展活动的主题，从图3–72中可以看到，家长选择比例最高的前三项分别是“良好习惯的养成”“儿童青少年身心发展规律特点”“家庭教育知识与方法”，占比分别为56.9%、53.1%、53.0%。

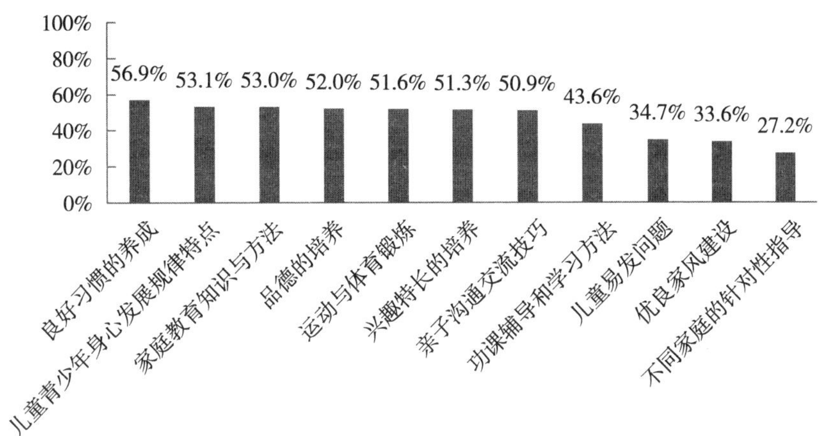

图3-72　家长希望社区开展的家校社协同育人活动主题的总体情况

具体而言，不同群体家长的需求存在一定差异。

从表3-162中可以看到不同学段家长的需求不同。幼儿园家长更关注“良好习惯的养成”“兴趣特长的培养”“亲子沟通交流技巧”，分别占比62.1%、59.5%、59.0%；小学家长更关注“良好习惯的养成”“儿童青少年身心发展规律特点”“家庭教育知识与方法”，分别占比57.1%、54.3%、52.8%；初中家长更关注“良好习惯的养成”“家庭教育知识与方法”“品德的培养”，分别占比54.6%、53.3%、50.9%。

表3-162　不同学段家长希望社区开展的家校社协同育人活动主题

活动主题	幼儿园	小　学	初　中
良好习惯的养成	**62.1%**	**57.1%**	**54.6%**
儿童青少年身心发展规律特点	55.6%	**54.3%**	50.6%
家庭教育知识与方法	53.0%	**52.8%**	**53.3%**
品德的培养	55.7%	51.7%	**50.9%**
运动与体育锻炼	56.7%	52.0%	49.2%
兴趣特长的培养	**59.5%**	51.9%	47.2%
亲子沟通交流技巧	**59.0%**	51.2%	47.3%
功课辅导和学习方法	39.4%	45.0%	43.3%
儿童易发问题	42.5%	36.0%	29.8%
优良家风建设	37.1%	33.6%	32.1%
不同家庭的针对性指导	29.8%	27.2%	26.3%

从表3-163中可以看到城乡家长的需求不同。城镇家长更关注“良好习惯的养成”“儿童青少年身心发展规律特点”“运动与体育锻炼”，分别占比57.4%、55.8%、54.8%；农村家长更关注“良好习惯的养成”“家庭教育知识与方法”“品德的培养”，分别占比56.4%、53.0%、52.0%。

表3-163　城乡家长希望社区开展的家校社协同育人活动主题

活动主题	城　镇	农　村
良好习惯的养成	**57.4%**	**56.4%**
儿童青少年身心发展规律特点	**55.8%**	49.4%
家庭教育知识与方法	53.2%	**53.0%**
品德的培养	52.1%	**52.0%**
运动与体育锻炼	**54.8%**	47.3%
兴趣特长的培养	52.6%	49.5%
亲子沟通交流技巧	53.5%	47.4%
功课辅导和学习方法	42.7%	44.8%
儿童易发问题	36.8%	31.7%
优良家风建设	35.2%	31.3%
不同家庭的针对性指导	28.8%	25.1%

从表3-164中可以看到不同学历家长的需求不同。“初中及以下”学历的家长和“高中／职高／技校／中专”学历的家长都很关注“良好习惯的养成”“家庭教育知识与方法”“品德的培养”，除此以外，他们关注的不同点主要体现在对“儿童青少年身心发展规律特点”“运动与体育锻炼”“兴趣特长的培养”的需求上，“高中／职高／技校／中专”学历的家长比“初中及以下”学历的家长对这些方面更加关注。学历为“大专及以上”的家长更关注“良好习惯的养成”“儿童青少年身心发展规律特点”“运动与体育锻炼”，除此以外，他们对“亲子沟通交流技巧”的需求也明显高于高中及以下学历的家长。

表3-164 不同学历家长希望社区开展的家校社协同育人活动主题

活动主题	初中及以下	高中/职高/技校/中专	大专及以上
良好习惯的养成	52.4%	57.7%	58.9%
儿童青少年身心发展规律特点	44.3%	53.5%	57.5%
家庭教育知识与方法	50.1%	55.5%	53.5%
品德的培养	48.3%	53.9%	53.1%
运动与体育锻炼	43.4%	49.8%	56.7%
兴趣特长的培养	45.1%	50.7%	54.7%
亲子沟通交流技巧	41.9%	49.9%	56.0%
功课辅导和学习方法	43.7%	45.9%	42.5%
儿童易发问题	26.7%	33.8%	39.2%
优良家风建设	27.0%	33.0%	37.2%
不同家庭的针对性指导	23.0%	26.4%	29.8%

其次，对于家长希望社区开展活动的形式，从图3-73中可以看到，家长选择比例最高的前三项分别是“社会实践活动”“家庭教育专家现场讲座”“亲子文体活动”，占比分别为53.6%、47.6%、45.8%。

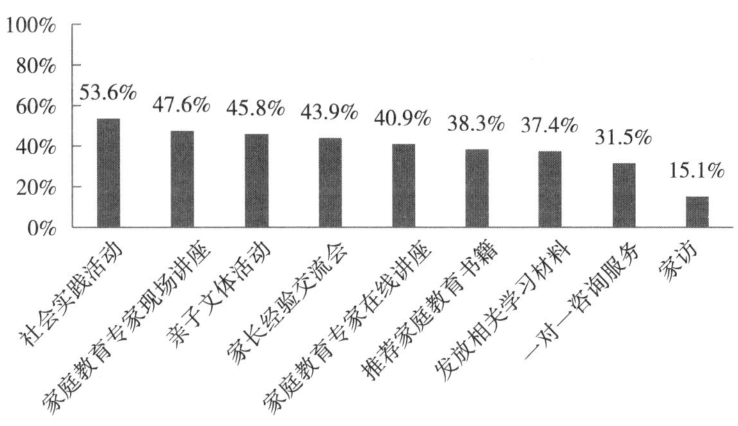

图3-73 家长希望社区开展的家校社协同育人活动形式

具体而言，不同群体家长的需求存在一定差异。

从表3-165中可以看到不同学段家长的需求不同。幼儿园家长更希望社区开展“社会实践活动”“亲子文体活动”“家庭教育专家现场讲座”，分别占比

64.1%、59.9%、47.5%；小学家长与幼儿园家长相同，更希望社区开展“社会实践活动”“亲子文体活动”“家庭教育专家现场讲座”，分别占比55.3%、47.8%、46.4%；初中家长更希望社区组织“家庭教育专家现场讲座”“社会实践活动”“家长经验交流会”，分别占比49.1%、47.3%、43.6%。

表3-165　不同学段家长希望社区开展的家校社协同育人活动形式

活动形式	幼儿园	小　学	初　中
社会实践活动	**64.1%**	**55.3%**	**47.3%**
家庭教育专家现场讲座	**47.5%**	**46.4%**	**49.1%**
亲子文体活动	**59.9%**	**47.8%**	37.7%
家长经验交流会	46.0%	43.5%	**43.6%**
家庭教育专家在线讲座	43.6%	40.0%	41.0%
推荐家庭教育书籍	41.2%	39.0%	36.2%
发放相关学习材料	39.8%	37.5%	36.2%
一对一咨询服务	36.3%	31.5%	29.4%
家　访	16.8%	14.4%	15.3%

从表3-166中可以看到城乡家长的需求不同。除家访外，城镇家长在各项活动形式上的需求比例均高于农村家长，尤其是在“社会实践活动”“亲子文体活动”上，城镇家长期望比例高于农村家长近10个百分点。

表3-166　城乡家长希望社区开展的家校社协同育人活动形式

活动形式	城　镇	农　村
社会实践活动	**58.2%**	**47.3%**
家庭教育专家现场讲座	48.7%	46.0%
亲子文体活动	**49.8%**	**40.3%**
家长经验交流会	44.0%	43.8%
家庭教育专家在线讲座	43.4%	37.4%
推荐家庭教育书籍	38.6%	37.8%
发放相关学习材料	37.6%	37.1%
一对一咨询服务	34.1%	27.7%
家　访	14.4%	16.0%

从表3–167中可以看到不同学历家长的需求不同。除家访外，学历为“高中／职高／技校／中专”“大专及以上”的家长在各项活动形式上的需求比例均高于“初中及以下”学历家长，尤其是在“社会实践活动”“亲子文体活动”等方面。

表3–167　不同学历家长希望社区开展的家校社协同育人活动形式

活动形式	初中及以下	高中／职高／技校／中专	大专及以上
社会实践活动	39.6%	51.0%	62.0%
家庭教育专家现场讲座	43.9%	47.8%	49.4%
亲子文体活动	33.7%	42.0%	53.7%
家长经验交流会	40.7%	44.8%	45.2%
家庭教育专家在线讲座	33.6%	39.9%	45.1%
推荐家庭教育书籍	35.0%	39.0%	39.7%
发放相关学习材料	33.9%	38.6%	38.6%
一对一咨询服务	24.5%	28.2%	36.4%
家　访	16.0%	14.2%	14.9%

从家长对社区开展活动的主题内容和活动形式需求中可以看到，家长对内容和形式需求相对来说还是比较集中的，尤其是对“良好习惯的养成”的需求，以及对“社会实践活动”“亲子文体活动”的需求，是各学段、各学历水平家长以及城乡不同地区家长都很关注的内容。

五、结论与建议

从社区参与“家校社协同育人”的现状调研结果中可以看到，目前以社区为主的“家校社协同育人”实践机制，主要围绕管理保障、实施过程、评价过程这三个方面，这三个方面之间的交互反馈进一步推动社区“家校社协同育人”工作的顺利开展。接下来就先通过梳理研究结果，明确目前我国社区“家校社协同育人”工作的现状及实践机制，并提出相应的建议。

（一）结论

第一，农村社区建立家长学校或家庭教育指导服务点的工作仍然比较

艰巨。

在本次调研中发现，城市社区中开展家庭教育工作的社区占86.4%，农村社区中开展家庭教育工作的社区占55.2%，还有接近一半（44.8%）的社区目前没有开展家庭教育相关工作。不难看出，在家庭教育指导服务工作方面，农村社区和城市社区相比还有较大差距，农村社区的家庭教育工作还有较大推动空间，要达到农村《中国儿童发展纲要（2021—2030年）》提出的“85%的农村社区（村）建立家长学校或家庭教育指导服务站点”，还需要在政策和现实支持各方面加大推动力度。

第二，社区“家校社协同育人”目前在管理保障机制方面仍然亟须加强。

1. 在社区工作者对家校社协同育人的目标认识方面结果比较积极

有85.0%以上的社区工作者对社区开展家庭教育相关工作持肯定态度，认同社区在推动家庭教育工作中的重要性和必要性。有超过三分之二的社区工作者都认为社区工作能够在促进孩子品德发展、安全防护和身体健康发展方面发挥重要作用。

有80.0%以上的社区工作者都认可社区在“协同育人”中的“合作者、桥梁、社会支持”的角色和作用，即“在孩子的教育上，社区与家庭、学校是合作者”，“社区是连接家庭与保育机构以及其他儿童服务之间的桥梁”，“社区是为父母减轻压力的‘社会支持’”。对于社区可以为父母提供的社会支持，相较于对内容和人员投入需要较多的文化建设和看护照顾服务而言，有更多社区工作者认为提供功能型的场地和实践平台是社区支持家长应做和可做的内容。

2. 在社区家校社协同育人的制度保障方面，不论是在家庭教育相关政策的下达、普及和解读方面，还是在家庭教育工作的计划和监督机制方面，都存在不到位的现象

家庭教育工作的相关政策是社区开展相关工作在方向和内容上的重要参考。本次调研发现有超过五分之二的社区工作者对家庭教育相关政策缺乏了解。以妇联系统牵头发布的《全国家庭教育指导大纲（修订）》《家长家庭教育基本行为规范》《关于进一步加强家长学校工作的指导意见》三个家庭教育

相关文件为例，只有三分之一左右的工作者不仅知道文件，还了解其中的具体内容，超过二分之一的工作者知道文件，但是不了解其中的具体内容，相关文件的宣传、解读和推进工作在社区层面还不够理想，如何使发布的文件真正落地还需要进一步探讨。

计划与监督机制不仅体现着社区对家庭教育工作的重视程度，而且关系着家庭教育指导服务工作的落实情况。从调研结果中可以看到，目前有67.0%的社区有年度或阶段性的工作计划，有33.0%的社区没有相关工作计划，尤其是农村社区，有60.0%以上没有制定家教工作计划，而目前社区所在市均有市级家庭教育工作计划，这一方面反映出目前社区家庭教育工作缺乏计划性，随机性较大；另一方面也在一定程度上反映出市里对工作计划以及相关文件的解读和推进落实情况不够理想，对社区层面的指导和管理工作存在不足。

3. 在社区家校社协同育人的人力条件方面，问题仍然比较突出

从调研结果中可以看到，社区家庭教育工作人员队伍建设仍是重点和难点。在社区工作者、志愿者、师资这三大队伍现状中均反映出这一问题。

有70.0%的社区工作者在近五年开始从事家庭教育工作，有84.1%是以兼职为主，也就是目前社区几乎还没有专门的工作人员负责相关工作；在队伍建设方面，来自单位和上级单位组织的培训是社区工作者提升自己家庭教育相关工作能力的主要途径，目前面对工作者的相关培训还比较薄弱。

志愿者队伍是缓解专兼职人员不足的有效途径，从调研中可以看到，网格员是社区家庭教育工作发动组织的主要力量，城市社区的家庭教育志愿者以网格员和“五老”队伍为主，农村社区的家庭教育志愿者以网格员和父母为主。

目前家庭教育指导服务工作中的师资队伍情况并不理想，有75.0%的社区师资力量不足，已成为社区开展家庭教育工作所面临的第二大困难，是影响社区家庭教育工作顺利开展的重要因素之一。

4. 在社区家校社协同育人的资源保障方面，经费问题比较突出

在经费保障方面，城市社区和农村社区在家校社协同育人工作中的自筹经费比例在60.0%以上的社区均达到了40.0%，其中有超过四分之一的社区开

展家庭教育工作的经费需要全部自筹；农村社区自筹经费比例在20.0%以下的社区占到了41.0%，城市社区为35.9%，从整体上看，农村社区开展家庭教育工作的经费情况在一定程度上要好于城市社区。

第三，社区“家校社协同育人”实施过程中的机制正处在逐步探索和形成阶段。

1. 城市社区和农村社区在家校社协同育人的组织形式方面有所不同

在时间安排上，和城市社区工作者（40.6%）相比，农村社区工作者（53.0%）更倾向于将集体性家庭教育活动的时间安排在双休日或节假日的白天，显著高于城市社区（$p<0.001$）；同时，倾向于安排在双休日或节假日晚上的农村社区工作者也显著多于城市社区（$p<0.001$）。

在组织形式上，城市社区和农村社区的家教指导服务均已形成线下线上途径相结合、形式多样化的常态，并已有各自的特点。有86.3%的社区向居民提供了家庭教育个体指导服务，社区采用线上线下不同方式为居民提供家庭教育个体指导服务，传统的社区接待、家访以及电话联系仍是目前社区开展个体指导服务的主要方式，这些方式被采用的比例分别为66.3%、65.4%、64.4%，采用线上方式的有40.9%；农村社区比城市社区更多采用家访的方式提供个体指导服务。

集体指导活动中所采用的活动方式从高到低依次为：专题讲座、亲子文体活动、家长经验交流、社会实践活动。城市社区在专题讲座、亲子文体活动以及社会实践活动这三种方式上，使用比例都显著高于农村社区。家长在这些活动形式中的参与度各不相同，参与度由高到低依次是亲子文体活动、家长经验交流、专题讲座、社会实践活动，也就是说，在社区组织的集体活动中，家长更愿意参与的是互动性活动，比如亲子文体活动、家长经验交流。本次调研发现的一个比较有意思的现象是，家长经验交流的方式在农村社区的使用比例和家长参与度都显著高于城市社区。

2. 目前社区家校社协同育人的主题内容和活动在上级单位统一安排的同时，也在自主探索着适合社区开展的活动

本次调研发现社区的主题内容主要来自上级要求，社区工作者自主安排

的较少：按照上级单位提出的具体的指导服务内容（75.3%）、根据家长的实际需求选择指导服务内容（61.7%）、《全国家庭教育指导大纲》中的内容（43.2%）、工作者自定（29.6%）、外包单位安排（12.2%），也就是说，上级单位要求、家长的实际需求是目前社区开展家庭教育活动主题的主要来源。

社区开展德育工作主要是在环境和活动中融入“立德树人”的相应内容。在本次调研中，大部分社区都比较注重在环境中弘扬社会公德、宣传家庭美德以及社会成员的优良品德。除此以外，还会围绕“立德树人”为儿童组织各种不同的主题活动，比如，在中国传统节日或纪念日组织教育实践活动，组织社区志愿劳动实践，组织法治、安全、健康主题教育实践活动等，可以看出，大部分适合社区组织的活动，或者说社区擅长组织的活动主要是那些贴近生活的活动。

3. 家校社协同育人的宣传沟通渠道是影响社区家庭教育工作顺利开展的重要环节

目前社区普遍具备基本的家庭教育指导服务宣传沟通渠道，但是沟通渠道的充分利用及效果还需要加强。有63.2%的社区认为在家庭教育指导服务工作中，社区与家长的沟通渠道还是比较顺畅的。

有74.4%的社区有向家长宣传和推送文化、娱乐、社会支持等服务信息的有效渠道。例如，有69.9%的社区有家庭教育宣传栏，向家长宣传家庭教育相关政策、科普育儿知识、推送社区活动信息等；有76.0%的社区有收集家长的需求或建议等信息的有效渠道，社区通常采用2—3种方式与居民建立连接，农村社区较多使用电话联系和在日常社区生活中了解的方式，城市社区较多使用问卷调查的方式。

4. 社区整合学校和其他社会资源协同的能力有限，协同实践机制的建立正处于探索阶段

在“社校协同”方面，大部分社区都有过主动寻求学校资源的行动，超过二分之一的工作者认为与学校的合作并不容易。工作者认为最需要与学校协同的前三项内容依次是师资、活动的宣传组织、借助学校的场地。这个结果既反映出目前社区“家校社协同育人”实践中对“人”和“场地”的实际

需求，也反映出社区在组织家长方面存在一定困难，需要与学校协同。

在“社社协同”方面，有将近90.0%的社区主动寻求、招募社会力量（社会团体、企事业单位等）共同开展家庭教育相关活动，但是约70.0%的工作者认为与社会力量的合作不太容易。目前有84.0%的社区在以委托或外包的形式引入社会机构负责开展家庭教育工作，从中也可以看到对规范的、科学的第三方机构的需求。与社区协同开展过活动的位列前三的公共服务资源有家庭教育服务站、公共图书馆、公共体育馆。可见，协同社会教育资源不仅能有效缓解场地不足的压力，还能在一定程度上获取内容和管理资源。

可以看到，目前我国社区整合资源的能力十分有限，有协同的意愿和客观需求，但是在实践中遇到的困难比较多，很难有持续性。

5. 在家校社协同育人工作中，家长参与是体现活动实施有效性以及指导服务质量的客观指标之一

目前有二分之一左右的工作者认为组织家长参与社区家庭教育指导服务活动困难较大或非常困难；有80.0%以上的社区家长活动参与率不足60.0%；目前社区活动对家长的黏度比较小，只有11.7%的社区中有60.0%以上的家长能参与一半的社区活动；能为社区家庭教育活动出谋献策的家长也非常少，只有不足10.0%的社区中能为社区活动出谋献策的家长比例在60.0%以上。

可见，目前家长参与的现状并不理想，社区参与家庭教育的积极性没有被激活。一方面，家长参与会受到许多因素的影响。比如，指导服务活动的知晓度、内容选择的针对性、活动方式的适当性、沟通机制的顺畅性、家长对社区教育的态度等；另一方面，家长参与情况也会对社区工作者开展相关活动的积极性产生影响，如何将社区工作的特点和优势与家长的需求和特点相结合，是推进社区“家校社协同育人”的重点和难点之一。

第四，社区“家校社协同育人”需要建立更有激励性的评价工作机制。

在本次调研中发现，有一半以上的社区和工作者从没有因为家庭教育工作而受到过单位或上级组织的表彰。也就是说，在实践过程中，一方面个人表彰和集体表彰在较大程度上同时并举；另一方面，有一半以上的个人和集体从未受过任何鼓励，现阶段的激励标准有待完善，覆盖面有待提高。从结

果中也可以看到，那些经常受到表彰的社区，也更加重视在活动后收集家长的反馈信息；经常收集家长满意度的社区，在一定程度上，对家长满意度的自评也会更加积极。可见，激励机制能够直接或间接地促进工作的开展，未来需要逐步建立更完善的激励措施。

从上述调研结果中可以看到，我国已基本达到《中国儿童发展纲要（2011—2020年）》中提出的“适应城乡发展的家庭教育指导服务体系基本建成”目标，目前社区“家校社协同育人”工作的科学理念传播和一些基本的服务工作已经基本覆盖到社区层面，但是受人员、经费、场地等基本保障条件以及相关管理机制还没有完全建立的限制，工作推进的系统性、计划性和效果仍然有很多需要改进的地方。一方面需要更具体和有力的措施来加强各级政府的政策支持和组织保障，持续探索实践工作机制，针对实践过程中的重点、难点各个击破；另一方面社区要找到自己的优势和特点，能够在联动协同的过程中，与学校和家庭形成共赢的合力，才有可能长期开展并获得长效的教育效益。总之，我国社区“家校社协同育人”工作目前仍应继续保持“保基本、强基础、建机制”的基本思路。

（二）建议

第一，引导各级工作者充分认识社区参与家庭教育工作的重要意义，发挥主观能动性，发挥社区优势，突破社区“家校社协同育人”实践中的重点和难点。

党的十九届四中全会明确提出，构建基层社会治理新格局要发挥家庭家教家风的重要作用，首次将家庭家教家风纳入基层社会治理体系之中。基层社会治理是对街道乡镇、社区（村）一级的治理，特点是细、实、杂、难，直接对着人、事、家庭，处理好“家事”既可以提高基层社会治理能力，更能凸显基层社会治理的特点。“家事”涉及家庭家教家风，影响着社区的公共秩序和文化生态，是基层社会治理的工作重点。

要把培育和践行社会主义核心价值观作为社区家庭教育工作的中心任务，

努力弘扬中华民族家庭美德、倡导良好家风家教，借助社区与居民的密切关系，组织多种形式的、切近生活的活动，营造良好的社区“大家庭”和居民“小家庭”的氛围。发挥社区优势，提高社区在儿童早期家庭教育指导服务，留守、残疾、离异等困境家庭服务的能力。

第二，保障社区开展“家校社协同育人”工作的物质和经济条件、重视工作计划、监督和评估等组织管理和评价机制的建设，持续推动阵地建设。

1. 切实建立覆盖城乡的家庭教育指导服务体系，不停留于形式上的覆盖率

农村社区“家校社协同育人”工作在工作对象、需求、组织管理等方面都有着与城市社区不同的特点和难点。农村社区家长学校建设可因地制宜，采取多种形式。目前很多农村地区人口大量外流，农村规模急剧缩小，在农村社区家长学校建设中，可以采用多种方式，如中心村辐射模式，即在人口较多或交通便利的村设立指导站点，辐射服务周围多个人口数量少的村（屯）。

2. 不断加强保障机制

拓宽经费投入渠道，各地要建立健全政府投入、社会捐赠、家长合理分担等多种渠道筹措经费的社区家庭教育投入机制。推动将家庭教育工作经费纳入地方财政预算，加大对家庭教育的支持力度，不断拓宽社区家庭教育经费来源渠道，确保“有钱干事”。

县级以上地方人民政府及有关部门可以采取政府补贴、奖励激励、购买服务等扶持措施，培育家庭教育服务机构，推动社区教育服务社会化，探索通过政府购买、项目外包、委托管理等形式，吸引专业性社会组织和民办社会工作服务机构参与社区家庭教育。鼓励社会资本通过兴办实体、资助项目、赞助活动、提供设施等方式支持社区教育发展。鼓励自然人、法人或其他组织捐助社区家庭教育，并依法享受有关政策优惠。

3. 完善计划、监督和评价机制

省、市家庭教育主管部门要牵头做好家庭教育发展规划、相关政策的制定和完善工作，建立目标责任和考核机制，在各省、市家庭教育工作计划及考核评估标准的基础上，县（区）、街道（乡镇）、社区（村）根据各自的特

点制定家庭教育指导工作的计划，并有清晰的考核评估标准。把开展家庭教育工作作为考核社区工作的重要内容，如将家庭教育纳入精神文明建设和未成年人思想道德建设工作测评体系。科学制定社区家庭教育评价标准，加强对社区家庭教育发展状况基本信息的收集和分析。探索建立社会第三方对社区家庭教育发展的评价与反馈机制，定期开展社区居民对社区家庭教育满意度的测评，接受社区居民的监督和反馈。

第三，进一步从政策上推动“社校”“社社”资源链接机制的发展，从实践上发挥政府搭桥通路的作用，打通家庭教育“最后一公里”，保证“家校社协同育人”中的三个主体能够在政策的要求和保障下先建立起连接，再逐渐优化、探索有效的运行模式。

1. 制定具体的激励政策，发挥幼儿园、中小学校对所在社区家庭教育工作的支持作用

学校所拥有的资源是懂儿童发展、懂教育规律的教师。在协同育人体系中，学校有着天然的育人软实力。各地教育部门和中小学、幼儿园要与相关部门密切配合，推动街道、社区（村）家长学校或家庭教育指导服务站点工作的开展。有条件的中小学、幼儿园可以根据具体情况与社区（村）共享共建，比如，可以与社区（村）共同策划和组织系列社会实践活动；或是安排教师定期到街道、社区（村）家长学校或家庭教育指导服务站点为家长提供家庭教育指导服务。

2. 从政策上推动公共文化机构与社区的联动，充分体现公共服务的社会性、公共性、公平性和动态性

《家庭教育促进法》中社会协同部分提出，“图书馆、博物馆、文化馆、纪念馆、美术馆、科技馆、体育场馆、青少年宫、儿童活动中心等公共文化服务机构和爱国主义教育基地每年应当定期开展公益性家庭教育宣传、家庭教育指导服务和实践活动，开发家庭教育类公共文化服务产品”。从法律和政策上保障最大限度提高社会公共服务资源的利用率，将有限资源转化成服务产品，覆盖更多家庭。

3. 完善出台社会机构的筛选和准入制度，指导鼓励相关社会组织为儿童

和家庭提供常态化、规范化的家庭教育指导服务

由市级组织相关部门和专业人士筛选优秀的社会机构，完善准入和监管评估机制，建立合作规范以及相关的鼓励机制，推进家庭教育社会组织规范有序的发展，逐步培育形成家庭教育社会支持体系。

第四，建立起自上而下、不同层级、不同职能分工合作的社区“家校社协同育人”机制，是切实推动社区参与“协同育人”的有效措施，统筹协调能够有效解决或是缓解社区家庭教育实践中所面临的师资力量、经费场地、活动内容三大困难。

1. 建立健全社区家庭教育支持网络

通过整合资源，建立健全城乡一体的社区家庭教育县（市、区）、乡镇（街道）、社区（村）三级网络。各省、市（地）可依托高校科研院所、家庭教育学（研究）会、妇女儿童活动中心等机构设立省级、市（地）家庭教育研究指导机构，协助家庭教育工作主管部门，统筹指导本区域社区家庭教育工作的开展，研究制定本区域社区家庭教育工作的指导性要求。

2. 明确社区家庭教育工作的职责定位

县（市、区）家庭教育指导服务中心负责指导课程开发、指导示范、业务指导、人员培训等。乡镇（街道）家长学校负责组织开展本区域家庭教育指导活动，并指导社区（村）家长学校或指导站点的工作。社区（村）指导站点利用县级家庭教育指导中心开发的课程资源包，在乡镇家长学校指导下为居民提供便捷的指导服务。

县级及以上家庭教育指导中心为社区指导服务开展提供专业支持。在指导服务网络中，社区负责接收上级机构研发、设计的指导服务，并将这些服务输出给本社区家长。上级家庭教育研究指导中心需要收集社区需求，开发成系列的指导活动或培训课程，社区根据本社区家长需要进行“点单”，并做好家长的组织和管理，具体的指导服务由社区以上的指导机构与社区共同来完成。

3. 推动各类家庭教育学习型组织建设，满足家长和家庭学习的多元需求

广泛开展学习型社区、学习型家庭等各类学习型组织创建活动。鼓励和

引导社区居民自发组建形式多样的家庭教育学习团队、小组等学习共同体，实现家长的自我组织、自我教育、自我管理、自我服务。

4. 创新社区家庭教育指导服务的形式

创新家庭教育指导形式，除了继续开展家庭教育讲座、亲子活动、家长沙龙、读书沙龙等多种形式社区教育活动，逐渐发展“四点半课堂”“社区自习室”“社区阅览室”等更亲民的形式，为家长和家庭提供服务支持等。充分利用新媒体平台开展家庭教育指导服务。充分利用互联网平台和各类新媒体平台建立网络家长学校，推进家庭教育数字化学习资源的建设与共享，为家长提供线上线下多种形式的学习支持服务。

5. 建立资源列表制度，为重点人群的家庭教育提供支持

家长需要能满足其个性化需求的个别指导。根据有特殊需求儿童的家庭，市级、区级层面要开发提供专业资源列表，并推送给社区，使社区能够帮助辖区内有特殊需求的家庭、家长，找到正规、科学的组织或机构，从而获取需要的服务。

第四部分　家校社协同育人的区域典型案例

家庭教育、学校教育、社会教育在儿童教育中分别居于不同的位置，各自发挥自己的独特功能，无法相互替代。可惜的是这一基本原理在实际中常常被忽视，举例来说，在激烈的考试竞争当中，家长往往会选择放弃一些与孩子人生幸福有关的长远目标，集中精力帮助孩子突破升学关。这时候，家庭教育很容易丧失自身的独立性，家庭很容易变成学校的附庸，家长很容易变成教师的副手。这些都会造成家庭功能的紊乱甚至丧失。

基于相互扶持视角的"家校社协同育人"工作，目标不在于寻求和扩大家庭、学校、社区的交叠区域，不在于缩小甚至取消家校社之间的差异。在相互扶持视角下，工作重点在于鼓励家庭、学校、社区做富有个性的努力：一方面，要在加强沟通、加强协作的基础上，扩大相互扶持的空间；另一方面，要在沟通和协作的同时，保持家庭、学校、社区的独立性。强调家、校、社各自的独特性，同时又重视寻找"家—校""社—家""社—家—校"相互扶持的空间，探索各种不同的工作形式，这是在相互扶持视角指导下"家校社协同育人"工作的前景。

国内在实践领域已经涌现出许多生动活泼的家校社协同育人案例。这些案例来自教育、妇联、精神文明建设等不同系统，既涉及社区、学校等基层单位，也有区县乃至省市级单位。家校社协同育人的区域性案例，不仅提供了一些值得借鉴的方法，而且初步探索出了一些此前尚未得到重视的努力方向，一些在家校社协同育人问题上得到检验的、行之有效的工作机制蕴藏其中。

一、家校社协同育人的保障机制

围绕“家校社协同育人”区域性经验的保障机制，从观念更新、制度设计、人力条件、资源保障四个方面对12家单位的家校社工作进行了梳理，结果如表4-1所示。

表4-1　家校社协同育人的保障机制

维　度	典型案例
观念更新	✓ 江苏省妇联，在项目设计上，引入专家资源，专家全程指导，以此来规避工作中的惯性思维。 ✓ 成都市青羊区政府，拔高了家庭教育的定位，让这项工作得到政策支持、人力保障。家庭教育不再只是个别专员的工作。 ✓ 杭州市上城区教育局，重视理念引领，鼓励家长学习。在潜移默化中告诉家长，做家长也是一门学问、家庭教育有东西可学。 ✓ 海南晨阳社会工作发展中心，引入中国儿童中心的专业力量，在相关项目中积极探索和传播儿童友好的理念。
制度设计	✓ 中山市家庭教育指导服务中心，争取政府支持，获得家庭教育的专项经费支持。同时，把家庭教育纳入公务员培训和教师培训体系。 ✓ 湖州市安吉县人民政府，通过“五位一体”家庭教育指导服务体系，贯通了县、乡镇（街道）、村、社区（学校）各级力量。 ✓ 海南晨阳社会工作发展中心，探索转变政府职能、委托第三方管理的运营体制。
人力条件	✓ 中山市家庭教育指导服务中心，在“雁阵飞”项目中培养了大量“领头雁”家长。这部分家长在各个家长互助微组织当中成了骨干力量。 ✓ 上海市嘉定区妇联、静安区妇联，引入社会力量支持“家中心”的运转。 ✓ 成都青羊区政府，在辖区内成立了四级家委会，同时组织和培训家庭教育指导师团队，丰富了家庭教育指导的人员力量。 ✓ 北京市海淀区紫竹院学区，让学区管理中心本身成为一个行动主体，在学区内组织超越学校规模的活动。 ✓ 北京市海淀区紫竹院学区，成立了学区家委会，让家长实现跨学校、学段的联系。 ✓ 湖州市安吉县人民政府，通过家庭教育种子指导者的选拔和培养，形成一批“安老师”。他们是本地专家，拥有学校教育经验，对家庭教育抱有热情。 ✓ 四川凉山彝族自治州盐源县达祖小学，让学校作为本地家庭的指导者。学校在家校社当中，成为一个更有行动能力的主体。

（续表）

维　度	典型案例
资源保障	✓北京市海淀区紫竹院学区，打通学区内政府部门、企事业单位、中小学校，打通与各资源单位的联系，盘活学区内家庭教育资源。 ✓湖州市安吉县人民政府，把家庭教育指导服务送到家门口。通过村级家庭教育指导站的建立、“安老师”项目等，让家长就近获得家庭教育指导服务。 ✓联合国儿基会，强调对农村贫困地区的干预，以缓解部分地区家庭教育资源富集、部分地区家庭教育资源匮乏的状况。 ✓中国儿童中心，邀请所在地的新街口街道共同参与工作。结合本地力量，整合地方资源，形成富有地方特色的教育活动。 ✓上海嘉定区、静安区妇联，重视公共阅读空间的打造。“我嘉书房”“宁的书房”已经成为当地的一个文化名片。 ✓海南晨阳社会工作发展中心，设置各类活动空间，为所在社区居民提供无偿（或低收费）服务。

（一）家校社协同育人的观念更新

在家校社协同育人问题上，同样存在观念更新的必要。“分段影响”、“交叠影响”以及“相互扶持”三种理论视角，在实际中都有一定的受众。比如，有的家长认为，孩子年龄小的时候，家长的角色更重要；等到孩子上了学，教师和同伴的作用就变得更加重要起来。在他们的认识当中，学龄期儿童的家长主要就是要做好学龄儿童的后勤保障工作，至多再加入一点监督和管理的角色，而把更多的教养责任托付给了学校。又比如，一些家长关心的只是自己如何说孩子才会听话，不关心对自身生活方式、言行举止的反省。结果，他们在面向学校和社会寻求帮助时，总是缺乏自我生长的空间。

上述区域性实践案例，强调向家长普及正确的学习观、普及家庭教育的定位的重要性，强调家庭教育指导中的儿童友好观念。在观念更新方面，这些案例体现了如下经验：第一，要提升家庭教育的地位；第二，要注重家庭教育中的专业引领；第三，要坚持儿童友好的理念。

（二）家校社协同育人的制度设计

公共生活和私人生活的分化，是中国文化传统中的一个重要标记。家庭教育往往会被认为隶属于私人生活领域，从而更多是家庭或家族内部的事务。

因此，家庭教育往往得不到家庭以外人员的帮助。“家校社协同育人”意图搭建一个全方位协同的育人环境，因此要在制度设计上突破一些壁垒，其中就包含对家庭教育属性的定位问题。政府部门、社会机构应该把家庭教育纳入自己的职责范围，并且通过制度设计，确保家庭教育问题得到日常性的关注。在已有资源、条件不足的情况下，通过灵活的制度安排，把各方力量调动起来。

上述区域性实践案例，在制度设计方面能采取创造性的举措，引起更大范围人群对家庭教育的重视，贯通政府、社区、学校、家庭，使得各方的努力都能有一个相对友善的工作环境。这些案例体现了如下经验：第一，要通过制度设计解决家庭教育的经费投入问题；第二，要打破社会力量参与家校社共育工作的壁垒；第三，要在各级政府机构建立相应的行动主体。

（三）家校社协同育人的人力条件

“家校社协同育人”工作，存在行动主体多元、内容环节多样、管理主体多层的特点。在社会治理形势日益复杂的今天，各级教育管理部门很难有大量专门的人力去从事这项工作。在可预见的一段时间内，“家校社协同育人”只能是相关人员的若干项工作当中的一项，并且是在急迫性排序上相对靠后的一项。平心而论，现在恐怕没有人会说家庭教育不重要。不过，人力上的捉襟见肘，也是时时要面对的问题。面对这个困境，需要对家校社协同育人的行动主体做一个重新定义。在这中间，不能再坚持那种管理者与被管理者、主动干预与被动接受的划分。“家校社协同育人”在人力方面，提出了另一种定义方案：这是一种自助、互助、协助多种形态的组合。要把相关人员，都看作这项工作的行动主体。

上述区域性实践案例，强调通过平台和队伍建设来实现人力困境的化解。要让过去没有机会从事家庭教育工作，但是有能力、有意愿的人都能汇聚起来。这些案例体现了如下经验：第一，要把家长吸收到家校社协同育人工作中来；第二，要建立跨机构人员组成的经常性议事机构；第三，要建立本地专业队伍。

（四）家校社协同育人的资源保障

在家庭教育问题上，怎样从一个家庭的供给，转变为整个社会的供给，这在目前仍是一个难题。原生家庭存在收入水平、文化水平、职业类型等方面的差异。很多时候，这种差异几乎决定了孩子的成长路径。一个公平的社会，会努力突破种种阶层壁垒，尤其是要帮助处境不利人群的子女，保证向上流动的通道始终向他们敞开。社会在教育资源供给上，应该排除家庭背景因素的干扰，确保未成年人有一个丰富、开放、多元的教养环境。这是维持整个社会较高健康水平的一个方案。一些城市在发展过程中，能够注意到不同人群的需求，这标志着城市文明程度的提高。资源问题主要涉及资源的定义、发现以及利用，尤其是社会资源的利用。让家庭和学校有更丰富的社会资源可供利用，这是资源问题要解决的难题。

上述区域性实践案例，体现了如下经验：第一，要充分用好已有资源；第二，要重视公共空间的挖掘和使用；第三，要建立各类资源的整合利用平台。

二、家校社协同育人的过程机制

围绕“家校社协同育人”区域性经验的过程机制，从家校社协同育人的组织形式、目标定位、主题内容、工作方法四个方面对12家单位进行了梳理，结果如表4–2所示。

表4–2　家校社协同育人的过程机制

维　度	典型案例
组织形式	✓成都市青羊区政府，设计家长成长阶段标准，旨在促使家长从“自然家长”到“合格家长”，进而上升为“优秀家长”，最后成长为“智慧家长”。 ✓杭州市上城区教育局，在“星级家长执照”工程中设计了完备的积分管理制度，督促和强化家长学习。 ✓中国儿童中心，重视成果可视化，以此调动相关参与者的积极性，扩大项目的社会效益。 ✓四川成都市成都华德福学校，通过向家长充分开放等方式，赢得家长的了解与认同。

（续表）

维　度	典型案例
目标定位	✓ 四川凉山彝族自治州盐源县达祖小学，在生态农业、环境保护等方面对本地社区有示范和引领作用。学校作为本地社区传统文化保存与发展的中心，在一些方面能引导本地家庭、社区教育的发展方向。 ✓ 中国儿童中心，实施“家园社共育好儿童”幼儿家庭行动计划项目，对“家庭德育”进行探索。 ✓ 四川成都市成都华德福学校，家长自发性地聚居在一处，形成一个在教育理念上富有同质性的小社区。
主题内容	✓ 中山市家庭教育指导服务中心，注意发现和响应家长的实际需求。他们提供的家长培训课程，都基于某些家长群体的实际需求来设计。 ✓ 上海市嘉定区妇联、静安区妇联，关注有特殊需求的家庭，提供妇女维权等有针对性的服务。 ✓ 江苏省妇联，在工作中细分家长类型，发现有价值的工作目标。诸如隔代教养、单亲家庭、留守儿童等，都是他们的工作对象。 ✓ 联合国儿基会，重视育儿科普。避免家长在育儿过程中，受到错误传统习俗的影响，或者受到各种自媒体信息的左右。 ✓ 联合国儿基会，强调早期儿童干预可以带来更大的预期效果。认为在早期教育阶段提供干预，可以实现更大的教育投资回报率。 ✓ 中国儿童中心，重视家庭教育工作的科学性，可以让工作成果更加体系化，避免了家庭活动零散、重操作而轻总结的问题。
工作方法	✓ 江苏省妇联，通过创新工作形式，多次、反复传递家庭教育方面的信息。通过创设一种弥漫性的氛围，在社区生活中时时、处处、事事不忘家庭教育指导。 ✓ 杭州市上城区教育局，积极适应家长年轻化的趋势，采取年轻家长喜闻乐见的方式，开展家庭教育指导。 ✓ 四川成都市成都华德福学校，通过家委会工作，让家长获得陪同孩子成长的参与感。 ✓ 四川成都市成都华德福学校，通过家长培训、入园试读、入学评估等方式，进行家长教育的同时也培养了认同学校理念的家长群。 ✓ 四川凉山彝族自治州盐源县达祖小学，把学校作为本地社区文化生活的中心。

（一）家校社协同育人的组织形式

家庭、学校、社会对儿童教育问题的关注方式，存在若干质的区别。在教育理论上，个人幸福与社会公民一直以来就是两个并不完全一致的教育目的定位。更何况，家长那种持续终身的关注，和学校、社会的阶段性关注，本就不可同日而语。基于这种质性差异以及更多行政文化层面的特征，实际中的家校社协同育人工作更多强调可见、留痕的部分，对一个个具体家庭的日常需求关照得不够，尤其是家长本人都尚未意识到的那些潜在需求。在开展家校社协同育人工作时，要意识并接受这种质性差异的存在，避免工作本位，重视增加家庭的实质性收益。比如，活动式、项目式的组织形式，就需要加强其连贯性、持续性，以免热闹开始、冷淡收场。方向不明和精力涣散，也是组织形式设计当中要解决的难题。

上述区域性实践案例，通过组织形式的设计，实现家庭教育指导的全程化，避免一曝十寒的毛病。这些案例体现了如下经验：第一，要设计家庭教育工作的外部激励形式；第二，要重视理念动员；第三，要重视项目设计的系列化甚至品牌化。

（二）家校社协同育人的目标定位

在相互扶持视角下，“家校社协同育人”工作的目标，不在于寻找和扩大家庭、学校、社区的交叠区域，不在于缩小甚至取消家校社之间的距离。这项工作旨在发现家庭、学校、社区各自那些富有个性的努力：一方面，各方力量要在加强沟通、加强协作的基础上扩大相互扶持的空间。举例来说，学校需要家庭提供什么支持，家长往往有一定的了解。但是，家庭需要学校提供什么支持，却很少见到讨论。家长有没有向学校反映自己独特且合理的教育需求的渠道？学校有没有为家长的家庭教育工作提供个性化支持的意愿和能力？另一方面，各方力量要在沟通和协作的同时，保持家庭、学校、社区的独立性。讲家校社协同育人，很容易出现的一个错误倾向就是一方独大，并且希望另外两方都尽力配合。我们要接受学校、家庭、社会各有不同的出发点，各有不同的目标定位和质量标准，各方都有不可以相互取代的独特之处。因此，强调家、校、社各自的独特性，同时又重视寻找“家—校”“社—家“社—家—校”相互扶持的空间，是相互扶持视角下“家校社协同育人”工作的目标定位。

上述区域性实践案例，在目标定位方面体现了如下经验：第一，要有清晰明确的目标定位；第二，要把家庭教育放在学校和社区工作的核心位置；第三，要寻求工作的产出或收益。

（三）家校社协同育人的主题内容

家校社协同育人的主题内容，解决的是不同行动主体做什么的问题。在这方面有两种常见的倾向是需要通过主题内容的设计来解决的。一个是不作为。家庭应该享有的公共服务缺失，把全部的家庭教育责任交给家长，是学校和社会的缺位。一些城市缺少青少年活动的公共空间，已有的公共空间也不适合儿童自由探索，比如交通事故甚至专门针对青少年的违法犯罪活动，都在破坏家庭对社会公共空间的信任。另一个要解决的问题是乱作为。不是出于对家庭的支援，而是完全从自身立场出发，搞突击式、展示式的活动，在主题内容和形式设计上，不从家庭的实际需求出发。可以说，家校社协同育人要想真正落到实处，主题内容的选择是最关键的。一切的规模、形式，都要基于主题内容本身的适切性来设计。主题内容问题主要解决家庭教育供给上大而空、走过场的毛病。如何发现和满足家长的真实需求，避免为做工作而做工作，是内容问题要解决的难题。

上述区域性实践案例体现了如下经验：第一，要注意主题设计的针对性；第二，要重视教育知识和理念的普及；第三，要在儿童发展的各个阶段及早介入。

（四）家校社协同育人的工作方法

随着90后、00后家长陆续登台，过去旧的家校社协同育人工作方式正在面临补充和更新。新生代家长在教育水平、媒介消费习惯、生活习惯等方面，都有自己的独特性。他们对孩子的期待和教育方式，与上一代家长也有很多差异甚至根本不同。在一些地方，从事家校社协同育人工作的相关人员，实际上会和家长群体存在一个年龄差甚至代差。在这种情况下，如何创新工作形式，以匹配家长的工作类型、生活方式，是一个很重要的问题。当然，工作方法的问题，还会来自中国家庭教育的复杂样态。比如，我们还有广袤的乡村，大量家庭还有隔代教养、留守儿童等现象。适合城市中产阶层的方案，未必适合隔代教养的家庭。因此，在工作方法上并不存在某种绝对高效的方案。不过，只要相关方面能够充分尊重家长，恰当的工作方法就不难发现。

工作方法问题主要解决如何创新工作方式，以匹配不同背景的家长。家长类型多样、需求多样，如何让家庭教育指导易获取、有亲和力，是方式问题要解决的难题。

上述区域性实践案例体现了如下经验：第一，要注意工作方法的可持续性；第二，要重视家长年轻化的趋势；第三，要重视在日常细微处的渗透。

三、家校社协同育人的评价机制

围绕“家校社协同育人”区域性经验的评价机制，从家校社协同育人的工作形式创新、体系化设计、针对一般性问题的做法三个方面对12家单位进行了梳理，结果如表4–3所示。

表4–3　家校社协同育人的评价机制

维　度	典型案例
工作形式创新	✓中山市家庭教育指导服务中心，在“雁阵飞”项目中，培养了大量“领头雁”家长。这部分家长，今后在各个家长互助微组织当中成了骨干力量。 ✓杭州市上城区教育局，在“星级家长执照”工程中设计了完备的积分管理制度，督促和强化家长学习。 ✓湖州市安吉县人民政府，通过家庭教育种子指导者的选拔和培养，形成一批“安老师”。他们是本地专家，拥有学校教育经验，对家庭教育抱有热情。
体系化设计	✓湖州市安吉县人民政府，通过“五位一体”家庭教育指导服务体系，贯通了县、乡镇（街道）、村、社区（学校）各级力量。 ✓成都青羊区政府，在辖区内成立了四级家委会，同时组织和培训家庭教育指导师团队，丰富了家庭教育指导的人员力量。
针对一般性问题做法	✓上海嘉定区、静安区妇联，重视公共阅读空间的打造。“我嘉书房”“宁的书房”已经成为当地的一个文化名片。 ✓北京市海淀区紫竹院学区，成立学区家委会，让家长可以实现跨学校、学段的联系。

2021年11月21日，教育部基础教育教学指导委员会家庭教育专业委员会召开“家校社共育实践案例发布会”，首次发布了全国家庭教育实践十佳案例。成都青羊区建立的“多角色跨领域”家校社协同育人家庭教育指导服务团队榜上有名。从这些得到推广的实践案例来看，在家校社协同育人评价工作上，显现出一些共性。这些共性与我们对于区域性实践案例的选择标准，

往往存在不谋而合的地方。比如，我们在案例选择上，会注重一些富有创造性的设计。仅仅是上传下达、落实到位，尽管也很重要，但是往往不能出彩。又比如，我们在案例选择上，会注重各个案例解决了什么实际问题。在实践领域普遍存在的难题，一旦得到巧妙的化解，就往往可以成为一个优质的实践案例。最后，我们在案例选择上会强调可复制性。我们关注的是那些具有可复制价值的案例。人力、财力投入的要求不太高，受益面较大，且的确反映当前家庭的迫切需求的工作，更能引起我们的注意。

上述区域性实践案例体现了如下经验：第一，要重视工作形式创新，不因循旧做法；第二，要重视对家校社协同育人做体系化的设计，避免把工作寄希望于单个部门甚至一两个核心人物的努力；第三，要实事求是，针对家长普遍感到头疼的一般性问题。

第五部分　构建新时代家校社协同育人实践机制的对策建议

建立健全家校社协同育人机制，构建覆盖城乡家庭教育指导服务体系，是贯彻落实党的十九届四中、五中全会精神，落实立德树人根本任务，办好人民满意教育的重要举措，是贯彻落实党的二十大报告中关于“加强家庭家教家风建设”“健全学校家庭社会育人机制”精神的具体要求。通过调研发现，当前我国学校和社区对于构建协同育人机制的认同度越来越高，通过各种方式整合资源，组建队伍，搭建平台，传播家庭教育知识，开展家庭教育活动，培养儿童好思想、好品行、好习惯，根据家庭教育需要创设出诸多富有时代气息的协同育人的实践模式，出现了不少优秀案例。但是，协同育人机制的构建是一个复杂体系，从外部条件来说，受制于经费、人才和设施等相关配套措施；从内部来说，学校和社区都受制于现有的组织功能结构，需要进行持续变革加以优化。因此，在吸收以往经验基础上，不断丰富和完善学校牵头和社区牵头的协同育人机制，极为重要。现结合本次调研发现，基于《家庭教育促进法》的相关要求，从机制管理、运行、评价等角度就进一步优化家校社协同育人实践机制提出建议。

一、加强政策引领，落实立德树人，明确家庭教育指导的根本方向

全面贯彻党的教育方针，落实立德树人根本任务，培养德智体美劳全面发展的社会主义建设者和接班人，这是党之大计、国之大计，是开展家校社协同育人工作的根本遵循。当前许多教育问题本质上背离了教育根本目标，违背了教育的基本规律，重智轻德、过度功利。这种现象在家庭教育中尤为

突出。因此，家校社协同育人就要按照教育方针政策将学校教育、家庭教育和社会教育转入素质教育的轨道，指导家长树立教育主体意识，端正教育方向，学习育人知识，提高育人能力。

但是，在当前的家庭教育指导服务的实践中，指导者立德树人意识不强，对党和国家教育方针政策以及各种家庭教育相关制度不太了解。本次调查发现，社区相关工作者对《全国家庭教育指导大纲（修订）》《家长家庭教育基本行为规范》《关于进一步加强家长学校工作的指导意见》这三项重要制度安排的知晓率分别只有29.4%、32.3%、33.4%，多数人只是听说但并不知道内容，甚至有些人没有听说过。对校长的调查发现，只有67.8%的校长表示了解家庭教育相关政策，其中，61.1%的校长表示了解《家长家庭教育基本行为规范》，64.5%的校长表示了解《关于进一步加强家长学校工作的指导意见》，而仅有55.0%的校长表示了解《全国家庭教育指导大纲（修订）》。因此，需要大力提升家庭教育指导者的政策素养，提升立德树人的自觉意识。

1. 要明确将落实立德树人根本任务纳入家庭教育指导者专业素养的核心地位

要加强包括校长、社区负责人在内的家庭教育指导机构主要干部的家庭教育政策培训，大力开展学校和社区等机构中家庭教育指导工作者家庭教育政策专项教育，加强指导者对家庭教育政策的理解程度，提高政策的执行力。

2. 要在家庭教育指导大纲和教材中加强立德树人要求

要让家庭教育指导的重点回归到让家长如何理解立德树人根本任务，要在吸收东西方家庭教育智慧基础上构建适合中国特色的家庭教育知识体系。要让家长知晓，如何在平常教育和生活中渗透理解全面发展理念，如何在家庭中开展德智体美劳教育，如何理解成人与成才关系，如何将社会主义核心价值观落小落实落细，如何建立适应新时代的新家风。

二、进一步加强家庭教育指导专业队伍建设

家庭教育指导是一项非常复杂的专业工作，家庭教育指导效果有赖于指

导者队伍。从目前来看，这支队伍主要以兼职队伍为主，主要由教师、社区工作者和社会志愿服务工作者等构成。但是，由于缺乏专门培训，导致队伍建设很难适应工作需求。本次调查发现，目前社区负责开展家庭教育的工作者以社区的普通工作人员为主，占工作者整体的79.3%，社区书记或主任等负责人占工作者整体的14.6%，这支队伍中还有10.8%的社区工作者从来没有参加过家庭教育相关培训。对学校的调查发现，有94.8%的班主任认为对于开展家庭教育指导服务“很需要”或“比较需要”进行专门学习和得到指导，有67.3%的班主任期待“学校为班主任进行培训”。《家庭教育促进法》第27条明确规定：“县级以上地方人民政府及有关部门组织建立家庭教育指导服务专业队伍，加强对专业人员的培养。”现就如何加强家庭教育指导者专业队伍建设提出以下建议。

1. 要确定家庭教育指导者的专业属性

家庭教育指导是国家教育事业重要组成部分，是贯彻党和国家教育方针、培养德智体美劳全面发展的社会主义建设者和接班人的重要组成部分。家庭教育指导者依法依规从事家庭教育指导与服务工作，旨在提高家长教育素质，改善家庭教育环境，促进儿童全面发展。这既与以研究家庭生活、提高家庭生活质量为主要内容的家政学和家政服务有很大不同，也与帮助困境中的人或群体走出困境、社会福利性质的社会工作有很大不同。所以，家庭教育指导者不能划入社会工作者范畴，应该有单独的专业要求。

2. 要明确家庭教育指导的目标与任务

（1）宣传党的教育方针政策，突出立德树人；

（2）帮助家长树立科学的教育理念，掌握正确的家庭教育方法；

（3）指导家长学会与学校沟通，处理家校关系，整合教育资源；

（4）帮助家长不断优化家庭育人环境，构建优良家风；

（5）指导帮助家长诊断家庭教育问题，提出解决方案；

（6）帮助学校、社区、家庭等设计合适的家庭教育活动（亲子活动）；

（7）研究家庭教育问题，开发家庭教育公共产品；

（8）优化家庭关系，帮助提升家庭整体功能；

（9）促进家长履职尽责。

3. 要明确家庭教育指导的工作方式

家庭教育指导包括“教育家长”和“服务家长”两个部分的工作。教育家长就是通过指导者的教育培训，提升家长教育素质，以便更好地胜任家庭教育。服务家长，其实是为家长的家庭教育提供必要帮助，但是这种帮助不是代替家长教育孩子，而是帮助家长厘清教育问题，重构教育观念，反思自我经验，优化成长环境，为家庭赋能；当然，也要对家庭功能缺失的家庭给予专门的支持。

4. 要确立家庭教育指导认证内容

（1）职业信念，即对家庭教育及家庭教育指导意义的认知认同，以便达到“敬业”的境界；

（2）专业情操，即作为家庭教育指导应该秉持的工作态度及恪守的伦理道德底线，以便形成“爱岗”的情怀；

（3）专业知识，即包括从事家庭教育指导工作中应该具有的通识知识、专业基础知识、专业应用知识等，以便正确解释家庭教育基本现象；

（4）专业技能，即从事家庭教育指导时应具有的工作路径、方法、策略知识，以便开展具体工作。

三、构建社区主导下家庭教育指导服务的供给机制

构建覆盖城乡的家庭教育指导服务体系是《家庭教育促进法》的重要内容，写入《中华人民共和国国民经济和社会发展第十四个五年规划和2035年远景目标纲要》之中。总体来说，目前家庭教育指导服务大致有三种基本类型：一是依托公共教育部门供给，属于学校教育活动的一部分，这比较容易理解。二是依托公共文化服务机构或市场主体供给，如博物馆、科技馆、文化馆、关工委等部门供给，从目前来看这不是家庭教育指导的主要形式，也不是本研究关注的重点。三是社区供给，也就是村委会或居委会供给。但是，村（居）委会是居民自治组织，经费、场地和人员都不充分，硬件条件严重

制约指导服务工作。本次调查显示，只有25.6%的社区有专门做家庭教育活动的场地和设备，有32%和42.8%的社区工作者认为师资力量不足或不太充足，认为家庭教育工作经费不足或不太充足的工作者分别占51.2%、34.2%。与此同时，社区开展的家庭教育指导服务活动针对性不够，吸引力不大。为此，现就完善社区家庭教育指导服务机制提出如下对策。

1. 要准确定位

社区是群众性自治组织，社区工作主要服务于群众日常生活，教育服务只是其中部分功能。因此，社区开展家庭教育指导一定要区分于学校，功能不能重叠，要形成自己的特色优势。要把重点放在儿童入学之前、假日期间的指导服务，要重点对个别特殊需求的家庭提供指导服务。

2. 要结合社区文明建设等工作开展家庭教育指导服务

社区开展家庭教育指导要尽可能与自身重点工作相结合，文明社区、文明家庭建设是社区一项重要工作，也与家庭教育息息相关。人手、经费、设备缺乏可能是社区的一种常态，期望专人专项开展家庭教育，在现实中既不可能也无必要。将家庭教育指导与家风建设、文明建设、特殊家庭帮助等工作结合起来，会起到事半功倍的效果。

3. 要搭建平台

社区是居民共同生活场所，也是一个共享共治的平台，在缺乏公共经费和场地设施的前提下，可以挖掘当地资源，联动学校和其他社会资源单位，组建家校社共育联合体，组建社区家委会，或者与学校家委会建立协同关系，通过共享共治，吸纳专业队伍，组建志愿服务队伍，开展力所能及的指导服务活动。

4. 要充分发挥社区居民的主体性

家长在协同育人中地位特殊，既是指导服务的对象，也是协同育人的主体。开展协同育人和家庭教育指导不能仅仅将家长当成受教育者，其实家长群体中的资源是无穷无尽的，智慧在民间。学校和社区要发挥好领头雁和组织者作用，培养好骨干，建立好志愿者队伍，形成“学校、社区正面引领，家长积极配合，家长之间相互影响”的工作局面。

5. 要提高指导服务的精准度

根据《家庭教育促进法》，家庭教育指导应当属于公共文化服务活动范畴，属于公益性产品。但是，与其他公共文化服务产品一样，家庭教育指导也存在服务质量不高问题。为此，社区要建立家庭教育指导供需精准对接机制，“坚持以人民为主体、以群众需求为导向，采取‘自下而上、以需定供’服务模式”[①]，提高服务质量。

四、完善家庭教育学校牵头的协同育人实践机制

经过多年的实践，我国已经形成了学校牵头和社区牵头协同推进家庭教育指导实践模式。比较而言，学校牵头的指导服务机制比较成熟，已经形成以家长教育和家长委员会为主要形式的协同育人机制。但本次调查发现，家委会和家长学校存在两方面问题：一是普及率有待提高。从家长学校状况看，当前还有47.7%的学校没有家长学校，有25.6%的学校没有开过家长培训活动，有14.9%的学校一年只有1次（按规定一年至少2次）；从家委会状况看，按照政策规定所有学校都要成立班级和学校家委会，但只有75.8%的学校成立了班级家长委员会，有55.7%的学校成立了校级家长委员会。二是效果有待提升。以家委会为例，虽然多数学校都成立了校级或班级的家委会，但普遍存在形同虚设（只是个摆设）、功能异化（承担某些不该承担的事务）、活力不足等情况。现就提升家长学校和家长委员会运行机制提出如下建议。

1. 建议将家长学校与家委会适度整合

家长学校是家庭教育指导服务组织，虽然也包括沟通家校社关系，但总体功能比较单一；家委会是家长参与学校的组织，功能包括参与学校管理、参与学校教育、沟通家校关系等功能，也包括家长教育。但是，学校的头绪繁多、人手不足，家长学校和家委会工作有大量交叉重叠，对于学校而言从某种程度上都是家庭教育工作。因此建议二者可以合并，建立家校社合作委

① 杨志纯. 以公共文化服务高质量助力文化强省建设［J］. 群众（思想理论版），2020（5）.

员会，涵盖家长学校和家委会工作。

2. 更加注重家庭教育指导特点

家长是成人，家长教育属于成人教育范畴，要以满足家长需求、解决家庭教育问题为核心，以理解家长行为背后的经验为重点，尽力促使家长在教育过程中深度参与，力求让家长在自我反思中成长，并尽可能照顾到家长学习特点。

3. 紧紧围绕家长教育胜任力开展指导

通过培训，要求家长能够掌握必要的家庭教育知识与技能，明确“第一任老师”的角色定位，形成尊重信任、严慈相济、平等沟通教育态度，关键要端正家长的教育动机。

4. 关键做好课程建设

虽然已经出台《全国家庭教育指导大纲》，但课程建设还远远没有完成，导致学校和社区在开展家庭教育指导中缺乏抓手。在家长课程建设时应该突出以下内容：其一，掌握国家相关法律政策，明确立德树人的道理；其二，理解学校办学理念，学会与学校配合；其三，掌握儿童发展特征，学会因材施教；其四，结合家庭生活掌握必要的方法，如家庭建设、生活设计、学习辅导、关系维护、社会参与等。

五、进一步优化妇联部门在家庭教育指导工作中的功能

根据《家庭教育促进法》第6条规定：“教育行政部门、妇女联合会统筹协调社会资源，协同推进覆盖城乡的家庭教育指导服务体系建设，并按照职责分工承担家庭教育工作的日常事务。”作为主责部门，教育系统主要是围绕日常教育并依托各级各类学校组织开展家庭教育指导工作，其工作渠道、形式和边界比较清晰。关于如何进一步发挥好妇联系统的作用，一直没有进行清晰界定。关于进一步发挥妇联的作用，现提出如下建议。

1. 明确工作路径

《家庭教育促进法》第35条明确规定：“妇女联合会发挥妇女在弘扬中华

民族家庭美德、树立良好家风等方面的独特作用，宣传普及家庭教育知识，通过家庭教育指导机构、社区家长学校、文明家庭建设等多种渠道组织开展家庭教育实践活动，提供家庭教育指导服务。”这里包含两层工作路径：其一，融合路径。妇联开展家庭教育指导，主要是通过发挥妇女作用，结合家风建设和文明家庭建设，宣传家庭教育知识开展家庭教育指导。这是妇联组织自身职责所在。其二，常规路径。通过家庭教育指导机构（主要是妇联设置的）和社区家长学校等渠道开展工作，这是常规渠道。

2. 确立分工原则

按照全面覆盖和有效开展两个工作要求，妇联与教育既要相互配合，又要保持各自职责范围，明确重点工作。首先，通过相互合作，最终要建立协同育人的实践机制，达到家庭教育指导全覆盖和有效覆盖的目标。其次，妇联要在自身工作职责范围并依托自身工作系统开展协同育人和指导服务工作，注重吸收多方资源，搭建合作平台。最后，积极配合教育和其他系统相关工作。总之，妇联在家庭教育指导中既有重点工作又要统筹全局。其工作重点突出体现在儿童入学之前的家庭教育指导服务之中，统筹性体现在儿童入学之后的积极配合作用，以及家庭教育工作的整体影响上。

3. 把握工作重点

（1）在儿童入学之前，家庭教育指导总体上属于社会教育和社会服务范畴，由各级妇联统筹、教育等部门支持。该阶段包括儿童出生前的家庭教育指导和出生后的家庭教育指导，前阶段主要包括婚姻、怀孕准备及孕期的相关指导，后阶段主要包括婴儿期和幼儿期的家庭教育指导。妇联主要通过家庭教育指导机构、社区家长学校等途径开展工作，在工作中应该注重吸收学校和其他社会资源。（2）在儿童入学之后，家庭教育指导基本上应纳入学校教育服务范畴，由学校统筹、妇联等部门参与。教育部门开展家庭教育指导的主要渠道是中小学与幼儿园，应该纳入学校整体工作范围之中，通过家访、家长会、学校家长学校、家长委员会、家长开放日等途径开展工作。

4. 明确工作属性

一方面，家庭教育指导具有社会救济、社会福利等社会工作属性，还与社会治理有很大关系，指导服务应该属于城乡公共服务范畴。《家庭教育促进法》第7条也明文规定："县级以上人民政府应当制定家庭教育工作专项规划，将家庭教育指导服务纳入城乡公共服务体系和政府购买服务目录。"但另一方面，从工作内容和服务对象上看，家庭教育服务应该属于教育服务范畴，尤其当孩子处于6—18岁的中小学教育阶段。因此，在实际工作中，我们大体上应该将家庭教育指导服务分为两部分：其一，由中小学提供的家庭教育指导服务总体上属于学校教育工作的一部分，纳入教育公共服务之中；其二，妇联主导下社区和其他社会机构提供的指导服务属于社会文化服务范畴，应该按照《家庭教育促进法》所说的纳入城乡公共服务体系。

附件：家校社协同育人的区域性案例

截至目前，国内在实践领域已经涌现出许多生动活泼的家校社协同育人案例。这些优秀的实际工作者向我们表明，家校社协同育人完全可以“花小钱、办大事”。下面就逐一报告相关区域性实践案例的具体工作方式、内容、经验，并尝试提炼和总结各案例所体现的运行机制。

一、来自妇联系统的区域性经验

案例一：中山市妇联

中山市家庭教育指导服务中心于2011年8月成立，是全国首个事业单位性质的家庭教育指导服务中心。该中心在推动“家校社协同育人”方面，主要包括三个方面的工作——队伍建设、内容建设以及形式创新。具体来看，有以下做法值得关注。

1. 设立“雁阵飞”家长互助组织“领头雁”培育计划项目

项目以家长为主体，发挥“领头雁”的传帮带作用，按家长实际需求形成家长互助微组织。这样，就在指导中心的努力下形成了一批有组织、有意愿的家庭教育志愿者。接下来，家长志愿者可以实现自我管理、自我服务，设计、实施丰富多彩的家庭教育活动。由于发挥了家长志愿者的主动性，“雁阵飞”项目容易形成规模、形式灵活，对本市其余家长也具有号召力。

2. 成立家庭教育指导师协会

协会的成立，让中心有了一支身边的家庭教育专家队伍。协会组建家庭教育讲师团，开发相应的课程。协会在《广州日报》中山新闻版开辟“家教帮帮帮”专栏，为家长答疑解惑。协会在社区（村）举办各类家庭教育培训，向家长宣传家庭教育的理念、做法，同时也为相关社工组织提供家庭教育的培训和指导。

3. 发现和响应家长的实际需求

举例来说，中心面向新生家长，设计、开展了“新生家长家庭教育培训”，倡导“孩子要入学，家长先上课”，针对幼儿园新生家长、小学一年级新生家长、初中一年级新生家长开展培训。类似地，中心面向农村学校和流动儿童家长开展“万名家长学电脑”活动，倡导家长要跟上孩子的成长步伐。这些活动对家长群体做了细分，能更精准地发现和响应家长需求。

4. 把家庭教育的信息主动送到家长身边

中心通过各种方式，实现家庭教育进学校、进企业、进社区。比如，家庭教育培训被纳入全市公务员培训班的课程内容、全市教师继续教育考核范围。又比如，目前中山已形成了一个覆盖城乡的市、镇街、社区（村）的三级家庭教育指导服务体系，这也为家庭教育的普及提供了便利。

5. 利用各种媒体形式做家庭教育指导

创设“中山家长在线”微信公众号、在报纸开辟“家教帮帮帮”专栏、在地方电视台、交通广播台开设家庭教育栏目等。这些工作平台，横跨传统的纸媒、广播、电视平台，乃至手机端。这在整体上实现了无论家长是在休息、通勤还是在工作，都可以便捷地通过听一听、看一看、读一读的方式获得家庭教育方面的信息。

上述做法包含若干值得借鉴的实践机制。第一，搭建平台、体系，丰富家庭教育的人力资源。家长志愿者队伍的建立、家庭教育指导师协会的成立、三级家庭教育指导服务体系的成型，让中心获得了多个助手，既可以深入社区、接触各个家庭，又有数量丰富的人员储备。第二，创新工作形式，增强家庭教育内容的亲和力。在工作形式上，能匹配不同类型家长的特点，比如读报的家长可能更多的是长者，电台听众可能是在通勤途中。在指导内容上下功夫，能发现和响应特定群体家长的关键诉求。比如面向新生家长、农民工家长的相关工作。第三，寻求制度设计，提升家庭教育的地位。争取政府支持，获得家庭教育的专项经费支持，同时把家庭教育纳入公务员培训和教师考核体系，这在一定程度上唤醒了广大家长对家庭教育的重视。

总的来看，三个方面的实践机制也是有关联的：有了人力，才能解决“谁来做”的问题；有了灵活的内容和形式，才能解决“是不是被需要”的问题；有了制度设计，才能解决“做得对不对”的问题。其中任何一方面的缺失，都有可能妨碍整体的效果。比如，不重视外部制度环境，队伍建设就可能遭遇瓶颈。类似地，内容供给没有抓好，即使有了人力和制度保障，家庭教育指导工作也容易在最后一米止步不前。

案例二：上海市嘉定区妇联、静安区妇联

上海市嘉定区妇联、静安区妇联，在上海市政府方面得到了政策的大力支持。两家单位在推动“家校社协同育人”方面，主要包含三个方面的工作：注重场地建设、引进社会力量以及关注有特殊需求人群。具体来看，有以下做法值得关注。

1. 设置街镇家庭文明建设指导服务中心（“家中心”）

“家中心”由上海市妇联、文明办、民政局联合发文建成，通过项目化推进、社会化运作、品牌化建设、信息化管理等方式，落实深化家庭文明建设、开展家庭教育指导、提供婚姻家庭服务、开展困难家庭帮扶、完善家庭服务项目等任务。每个“家中心”配备至少1—2名专职人员，负责日常管理工作。同时，“家中心”的日常运转，采取社会化运作的方式，以此来弥补专职人员的不足和日常运转经费的缺口。妇联等政府部门的工作，成为调动社会资源活力，吸引各方力量投入社区家庭教育的一个渠道。“家中心”因此可以为社区各个年龄层的居民提供形式多样的服务。

2. 开发高品质公共阅读空间

嘉定区的“我嘉书房”、静安区的“宁的书房”，都是由政府部门牵头，在社区内设置的公共阅读空间。其中，首家“我嘉书房”自2017年1月开始运

行，采取“政企合作、资源共享、内容协同、人人受益”的模式运行，致力于为社区居民提供一个“亲子+阅读+休闲”的综合公共文化空间。书房融合了24小时自助图书室、社区文化空间、市民科创实践基地、志愿者自治基地、公益休闲区域等多元功能，并纳入上海图书馆“一卡通”管理系统，实现图书阅览、自助借还、自助办证等便捷服务功能。居民还能在这里免费申请场地，举办各类活动。目前，“我嘉书房”已在嘉定区布点30家，所在区域、装修风格、藏书类型、功能定位各有特色，但都发挥了支持亲子阅读、家庭教育活动的功能。“宁的书房”位于大宁国际广场内，是静安区大宁路街道图书馆分馆。在“宁的书房”建成之前，大宁商圈找不到一家书店。书房的设立，响应了社区居民的文化生活需求，甚至成为一个网红打卡地。

3. 关注有特殊需求的人群

在妇女维权方面，嘉定区有一些富有特色的项目。例如，“让爱流动”妇女维权服务项目，由专业社会组织上海心翼家庭社工师事务所承接。项目聚焦特殊妇女及家庭、受家暴人员、满天星巾帼志愿者等群体。项目旨在为嘉定区妇女儿童提供暖心服务，提高老百姓对妇联“娘家人”的知晓度；嘉定区婚姻家庭纠纷预防化解项目，通过婚姻家庭纠纷专窗接待综合运用“情、理、法”多维度开展婚姻家庭纠纷调解等工作，预防和化解婚姻家庭纠纷，引导社会公众建立和维护平等、和睦、文明的婚姻家庭关系，进一步增强人民群众的安全感和幸福感，促进社会和谐稳定；“嘉家幸福暖心驿站”免费为遭受家庭暴力侵害、暂时无处安身的受害人，提供临时庇护救助的场所。该项目由上海心翼家庭社工师事务所承接，面向嘉定区女性，全程免费。入住期间，公安、妇联、社会组织、社区等多部门联动，为求助者提供法律、心理等方面的帮助；另外，我们在调研中还拜访了上海品海饭店总经理赵宪珍。2020年7月21日，在习近平总书记主持召开的企业家座谈会上，她是唯一一名女性企业家，也是唯一一名个体工商户代表。她在嘉定区南翔集贸市场里成立了“妇女之家”，为沪漂姊妹“安个家”。这项工作也得到了嘉定区妇联的大力支持。

4. 线上线下结合，提供家庭教育指导服务

比如，静安区妇联致力于家庭教育的“进社区、进企业（园区、楼宇）、进机关”，线下打造了“白领妈妈育儿学堂”“家庭教育公益大讲堂”“快乐玩具吧”等服务品牌，线上则于2020年在“静安女性”微信公众号设立“家庭教育”专栏，推出“静安区妇联家庭教育云课堂”。另外一些工作形式包括“家长赋能工作坊”“亲子阅读体验营”“亲子科技探索营”等。

上述做法，包含若干值得借鉴的实践机制：第一，提供公共空间，才能把家庭教育指导工作落到实处。有了公共空间，包含室内公共空间和室外公共空间，让家长和家长、孩子和孩子有机会聚在一起，就为家庭教育工作创造了无限可能。尤其是在上海这样的超大城市，一个对儿童友好的公共空间显得弥足珍贵。第二，引导社会力量，弥补政府力量的不足，同时有针对性地培育一些有资质的服务机构。这是把行政资源与市场资源结合在一起的一种探索，政府部门不必在市场之外额外开发新的服务项目，而要善于做好质量把控和过程监督。第三，关注有特殊需求的人群，让工作变得有温度。为有特殊需求的家庭和家长提供有针对性的服务，避免那种大而化之、没有针对性的活动。

总的来看，嘉定区妇联和静安区妇联的工作，重点在于解决场地问题、资源问题和对象问题。这三个问题，具有某种本地特殊性。政府通过出台政策和专项经费投入，解决了家庭教育指导所需的公共场馆空间，进而又提供制度空间，允许社会力量进入。本地居民因此有机会获得经过政府认定、得到市场认可的家庭教育服务。

案例三：江苏省妇联

江苏省妇联开展的“社区家庭教育支持行动”，以“孵化一批基地、培育一支队伍、开发一套课程、打造一批示范点”的“四个一”为工作目标，通过推动社区建立完善家庭档案，打造特色系统课程，提升工作队伍专业素养，着力营造“推门可见、社区可感、家家参与”的社区生活化家庭教育氛围，

探索构建社区全域、父母全程、家庭全类型的“三全”家庭教育指导模式。在推动“家校社协同育人”方面，主要包含三个方面的工作：工作重心下移、活动形式创新以及服务范围无死角。具体来看，有以下做法值得关注。

1. 在工作方式上，强调可见、可感、可参与

在社区中不要求家长投入正式的学习，而是采取“贴近”和“融入”的方式。比如，在爱国卫生月、垃圾分类活动、环境整治、文明城市创建活动、人口普查过程、新冠防控工作等过程中，融入家庭教育指导的元素。将家庭教育指导变成社区文化的一部分，从而让整个社区的公共空间都可以随时向家长“说话”。在工作方式上的这些努力，同时体现了工作重心的下移、工作形式的创新乃至服务范围的扩展。比如，要做到可见、可感、可参与，就要求减少面对面的宣讲等工作方式，在一些过去看来与家庭教育无关的工作上渗透家庭教育指导，同时在设计工作方式时考虑不同人群的需求。

2. 在工作对象上，实现家庭教育指导的终身制

“做父母没有有效期”，从组建家庭开始，就有了接受家庭教育指导的需求。江苏省妇联在试点工作中，把家庭教育指导对象扩展到处于不同阶段的家长，比如新婚夫妇、孕期准父母、幼儿父母、学龄儿童父母、成年子女的父母，力争让不同阶段的家长都可以得到家庭教育方面的指导。举例来说，对于青春期孩子的家长，家庭教育指导的主题是“学会与孩子分离”。让家长对孩子独立生活建立信心，同时又能在孩子长大以后保持家长积极向上的生活状态。

3. 关注有特殊需求的家庭

强调家庭教育指导工作要面向“全体家庭”。其中，细分的家长类型包括：有不同学习积极性的家长、单亲家庭的家长、隔代教养中的祖辈、双职工家庭的家长、留守儿童家长。由于细分了不同类型的家庭，在具体设计工作方式、开展工作时，就更加有针对性，思路也更加灵活。比如，给单亲家庭提供走出家门交朋友的机会，避免“关门”育儿的现象；给双职工家庭提

供陪伴、托管服务，减缓家长的时间焦虑；关注留守儿童的精神世界，创造在线沟通的机会等。在工作过程中，他们发起了“社区家庭地图绘制”的工作。这就让社区家庭教育支持行动项目组对全社区的家庭有了概况性的认知。这样有总体、有细节的认识，是细化家庭教育工作的一个前提。

上述做法包含若干值得借鉴的实践机制。第一，专家设计、全程指导，规避工作惯性。“社区家庭教育支持行动”由南京师范大学教育科学学院儿童发展与家庭教育研究中心副主任殷飞团队负责。项目起初在九乡雅苑、麒麟锦城、银亿东城三个较为成熟的小区开展试点，目前“三全”育人家庭教育指导模式已在江苏省各市县全面推行。专家设计、全程指导，在妇联工作的基础上，探索了一些新元素。第二，细分家长类型，发现有价值的工作目标。扩展家庭教育指导中家长概念的内涵，使工作对象的范围突破学龄期儿童家长这个范围。这样，在学龄前、学龄中、学龄后儿童的家长，就都进入了项目工作的服务范围。类似地，因为能考虑到那些有特殊需求的家庭，比如隔代教养、单亲家庭、留守儿童等，也就能更全面地实现对社区家庭教育的有针对性的服务与指导。第三，通过创新工作形式，多次、反复传递家庭教育方面的信息。通过创设一种弥漫性的氛围，在社区生活中时时、处处、事事不忘家庭教育指导。这就在一定程度上让家庭教育指导工作可以实现多次、多渠道、方向统一。

总的来看，江苏省妇联基于“三全”理念实施的“社区家庭教育支持行动”，在指导频率、强度、针对性三个方面体现出了自己的特色。社区居民可以在不投入专门时间的前提下，以耳濡目染的方式得到一些有价值的家庭教育指导。同时，因为这些工作依托于社区已有的软硬件和工作体系，因此在人力、经费、场地等方面也有可能节省一些投入。在生活节奏逐渐加快的城市社区，如何节省家长的学习成本，这是在家庭教育工作中值得关注的一个方向。

二、来自教育主管部门的区域性经验

案例四：成都市青羊区人民政府

青羊区政府长期重视家庭教育工作，2015年12月成立了青羊区家庭教育基地，走“政府、社会、学校、家庭”协同育人之路。在“家校社协同育人”方面，青羊区提出了“两回归、一超越、四愿景”的家庭教育指导服务目标。2021年，教育部基础教育教学指导委员会家庭教育专业委员会召开“家校社共育实践案例发布会”，在会上发布的十个实践案例中，青羊区榜上有名。青羊区在推动“家校社协同育人”方面，做到了三个方面的工作：第一，教育资源的供给侧改革；第二，家庭教育评价；第三，家庭教育人才队伍建设。具体来看，有以下做法值得关注。

1. 家校社协同育人供给侧结构性改革

青羊区政府在家庭教育资源整合方面做了大量工作。通过全域统筹推进家庭教育工作，强化家庭教育的整体供给、精准供给、有效供给，促进家庭教育由碎片化走向集约化、由分散用力走向整合推动。青羊区家庭教育基地成立了协同育人指导中心，推出“两纳入一走进”模式，即纳入社会公共服务体系，纳入学校办学绩效考核评估体系，走进社区服务千家万户，全力保障和畅通家校社协同育人机制。尤其是把家庭教育工作纳入社会公共服务体系，这成为青羊区家庭教育工作的一个突出亮点。青羊区政府组织建立了家庭教育协调领导小组。在专业队伍建设方面，青羊区建起了四支“多角色、跨领域”的家校社协同共育家庭教育指导服务团队，组建四大家校社协同育人团队，即专家团队、志愿者团队、科研团队和家庭教育指导师团队。在培训课程方面，创设“五级课堂、三维平台”。五级课堂即固定课堂、流动课堂、网络课堂、特色课堂、亲子课堂，三维平台即电话与现场咨询相结合的咨询平台、线上与线下相结合的学习平台、学校与社区相结合的培训平台。在品牌建设方面，推出“智慧父母学习沙龙进社区”系列活动。

2. 进行家庭教育评价体系建设

家长不持证上岗，但是家长的教育素养可进行评估。青羊区探索制定家长成长阶段标准，促使家长从“自然家长”上升到“合格家长”再上升为“优秀家长”最后到“智慧家长”转变；创新开展家庭教育星级评价，按照“十个一”评价标准，以校（园）为单位，定期评选星级家长、星级家长学校、星级家委会，形成家庭教育评价星级体系，建立“一年一评”动态星级调整制度；开展“青羊好家风”的评选活动，助推和谐家庭的构建。青羊区制定了“家长行为规范”和“家长核心素养”，以引导家长的日常行为坚持立德树人根本方向，时时处处以身作则，成为孩子的榜样。这项工作的特点在于从区教育局的层面提供了一个示范标准，让渴望得到家庭教育指导的家长知道，自己应该往哪个方向努力。

3. 组建体系完备的家庭教育队伍

全区建立一支高水准的讲师团队，包括专家顾问团、专家讲师团、志愿者讲师团；学校建立一支优秀的家庭教育研发指导团队，做到优秀家长共同参与、专兼职相结合，开展家庭教育研究、探讨、指导工作；建设好四级家长委员会，率先在全省成立区级家长委员会，组建起区、校、年级、班级四级家长委员会，组织开展形式多样的家庭教育指导服务和实践活动。目前，青羊区的家庭教育队伍体系完备，人员力量包含家庭教育讲师、家庭教育志愿者、家庭教育研发指导团队，初步实现每所学校拥有多名家庭教育专业指导师的形势。

上述做法包含若干值得借鉴的实践机制。第一，家庭教育不能只是若干专职人员的工作，对于家庭教育指导工作的定位要拔高。青羊区实现了从政府、学校到社会组织共同关注家庭教育问题的模式。因为拔高了家庭教育的定位，让这项工作得到政策支持和人力保障。第二，家庭教育指导，可以给出家长成长的进步台阶。青羊区设计的相关标准，给家长成长提供了指导性文本。第三，家庭教育指导，需要充分调动相关人力资源。青羊区在辖区内成立四级家委会，同时组织和培训家庭教育指导师团队，丰富了家庭教育指导的人员力量。

总的来看，上述几项实践机制，基础都在于对家庭教育及家庭教育指导工作重要性的认识。在充分认识到这项工作的重要性，了解这项工作在联结政府、学校、社区、家庭等各方力量方面的独特性的基础上，更有可能对家校社协同育人工作进行一些全面性、体系化的努力，避免那种想起来一点是一点、零敲碎打的工作思路。

案例五：北京市海淀区紫竹院学区管理中心

北京市海淀区紫竹院学区管理中心于2015年12月成立，是海淀区教育行政部门下辖的独立法人机构。该中心工作范围涵盖甘家口和紫竹院两个街道，学区内包含多家中央和市属单位、科研院所、高校、文化事业单位及知名企业，同时有国家图书馆、人民教育出版社、北京外国语大学、北京理工大学、中央民族大学、首都师范大学、中国劳动关系学院、李四光纪念馆、张思德纪念馆、紫竹院公园、玉渊潭公园等单位，文化教育资源丰富。辖区内有7所小学、7所中学。紫竹院学区及学区管理中心，是海淀区学区制改革的一个缩影，在推动“家校社协同育人”方面，主要包括三个方面的工作：第一，各教育主体的动员；第二，各类教育资源的统筹；第三，发挥学区管理中心的能动性。具体来看，有以下做法值得关注。

1. 盘活学区内各资源单位的教育资源

学区制改革旨在创新治理体制、机制，完善教育内部治理结构，搭建统筹整合地区内各级各类教育资源的平台，加强学区范围内各类教育资源的整合利用，促进学区内设施、课程和师资等各类资源的共建共享。学区管理中心联合街道政府部门、企事业单位以及所辖中小学，搭建了区域内教育资源的平台。中心走访调研了54家资源单位，并建立优质资源基地、实践基地33家。通过印制资源手册的方式，让学区范围内已有的各个场馆、活动场地、师资等资源实现区域共享；另外，开发区域资源课程，丰富了家校社协同育人的形式和内容。举例来说，中心2017年就已正式推出了《畅游中央电视塔》

和《探秘国家图书馆》两门区域资源课程。本套教材以卡通人物对话和游览视角为线索来串联整个课程内容，图文并茂，让孩子们更容易理解课程内容，更易于接受课程形式。教材还开发了配套微课，利用信息化教学手段，让学生随时随地进行学习。

2. 组织学区层面的家庭教育活动

在紫竹院学区范围内有多家资源单位，但是这些资源单位与学区管理中心并没有直接的隶属关系。管理中心更多是通过加强沟通的方式，争取到各家资源单位的支持。这样就可以以管理中心为行动主体，组织一些家庭、学校无力组织的活动。比如，管理中心组织的“走进李四光纪念馆”活动，参与者就包含7所小学的教学干部、教师代表、学生代表。又比如，管理中心联合紫竹院公园，推出《踏访紫竹院公园》一书，开启了“公园里的科普文化课堂”，该活动可以覆盖8所学校的小学生。其他类似的活动，比如走进万寿寺、漫步南长河活动的组织，都需要相应资源单位的大力支持。管理中心牵头组织，比单个学校组织活动的社会效益更大。对于各家资源单位来说，有管理中心牵线搭桥，也可以更好地实现自身对于所在辖区的教育辐射作用。总之，因为管理中心的工作，在家庭、学校和资源单位之外，额外增加了一个行动主体。一些过往不太可能出现的跨校活动，现在变得更加容易组织了。

3. 成立紫竹院学区家长委员会

这是北京首家学区家委会，成立于2018年3月。这是在辖区内花园村二小家委会经验的基础上进行的一个全新尝试，可以探索如何在学区范围内更好地建立家长与学区的沟通渠道，开辟更加丰富的教育基地。家长通过参与活动可以更加理解学校、学区相关工作的用意，家长、教师及学校之间那堵无形的墙才更容易被打破。第一届学区家委会分别由花园村二小、海淀实验中学、北实小学部、北外附小以及北京实验学校的一位家长组成，按照《家长委员会章程（试行）》来开展工作。这个委员会可以进一步调动学区内的家长资源，发现真实的家庭教育需求，促成管理中心、资源单位、中小学校之间更加紧密的联系和相互谅解。这将有利于统筹和使用好学区内的社会资源，为学生创造更多的机会和平台。

4. 启动“头雁工程”

这是管理中心在学区范围内组织的学区级教师、家长培训项目。家长不像老师，并不是持证上岗。家长忙于工作，平常往往没有时间学习。但是，家庭教育的品质恰恰会深刻制约儿童发展的状况。为此，管理中心遴选了一批种子教师和种子家长，通过管理中心购买服务的方式向他们提供高质量的教育培训课程。然后，再通过他们把一些观念和做法向各个中小学校渗透与普及。“头雁工程”目前设计了6门面向全校教师与学生家长的家庭教育线上精品课，涵盖了“心理素质”“生命安全”“习惯养成”“亲子关系”“家风家训”等24个具体话题在内的150个课时的必修课。除此之外，还有面向教师的家庭教育指导能力提升工作坊，以及相关科研课题、家庭教育论坛、研讨沙龙等。

上述做法包含若干值得借鉴的实践机制。第一，家校社协同育人，首先需要把已有教育资源盘活。大多数中小学校与周边资源单位的联系，还主要停留在偶尔为之、依靠个人情感来维系的水平上。更重要的是，学校教育往往并未有意识地挖掘和利用周边的社区资源。一旦盘活这些资源单位，许多城市都有丰富的本地教育资源。第二，家校社协同育人可以在家庭、学校、企事业单位之外探索更多的行动主体。很多工作单个家庭完成不了，单个学校也很难完成。比如，为了组织一些学区层面的活动，需要联系国家环保总局或者联系国家图书馆、中央电视台等，这些工作对于学区管理中心来说反而有自己的优势。第三，调动家长力量，注重资源共享。学区家委会的成立联合了各校家长，把家长的主动性利用起来。另外，学区层面的很多活动在受益范围等角度都要高于单个学校组织的活动。

总的来看，上述几项实践机制都体现了共享的思路。学区管理中心可以没有资源、没有经费，但是只要作为一个行动主体，就可以统筹甚至盘活大量过去用不上的教育资源。在不同层面上实现资源、人力、智慧的共享，是“家校社协同育人”工作上的一个有价值的方向。

案例六：杭州市上城区教育局

杭州市上城区推行“星级家长执照”，基于数字家长学校学习数据对“父母持证上岗”进行了探索。2017年5月第一份星级家长执照颁发，2020年5月该项目获评全国家庭教育创新实践基地。继上城区之后，四川省成都市成华区推出了“4C”家长培训制度，中山市东区开发了家长学校网上学习平台。家长视频学习学分累计积10分，才能登录新生报名系统。“星级家长执照”是学习认证，而关键的问题仍在于学习成效。在推动“家校社协同育人”方面，我们关注到了上城区的如下三项工作：第一，有针对性的课程开发；第二，搭建全程激励体系；第三，理念引领。具体来看，有以下做法值得关注。

1. 课程开发

“星级家长执照”工程是面向0—15岁儿童家长开展的全方位、多形式的教育活动，在全国开创了“父母持证上岗”的先河。这个工程依托“星级家长执照”学习平台进行。家长在登录以后，可以看到“在线学习”“线下课程”“在线测试”等多个板块。平台根据各年龄段孩子的特点、家庭教育的重点、家长的需求出发，开设“0—3岁”“3—6岁”“6—9岁”“9—12岁”“12—15岁”五个阶段的课程，包含家庭教育指导、家校沟通、亲子活动、传统文化体验等内容。举例来说，在0—3岁的早教阶段，“如何帮助宝宝爱上刷牙”“如何做好幼儿入园准备”就是热门课程。

2. 积分管理

按照孩子年龄段，“星级家长执照”工程分为五个阶段。每个阶段学满获得100分，自动生成一张星级证书。学习内容包含家庭教育指导、家校沟通、亲子活动等，主要采用的是小视频的形式。家长们通过学习、积分、认证、颁证等一系列流程，将从“一星家长”慢慢成长为“五星家长”。星级家长凭积分可以取得上城区“终身教育券”，优先参与读书会等教育活动。这样看来，所谓“星级家长执照”中的“父母持证上岗”，并不是强迫家长学习，而是通过积分管理努力调动家长学习的热情。积分管理的相关做法更可能保障系统、专业地线上学习。“星级家长执照”代表着家长们在“做一名合格的家长”上付出过多少努力、取得了哪些成绩，这是给那些愿意花时间学习先进育儿理念的家长的一种肯定，同时也是在区域内营造一种重视家庭教育的氛围。

3. 理念倡导

“星级家长执照”工程一方面给家长提供了亲子养育方面的服务，另一方面家长教育平台也在倡导一种家长也要学习的理念。当前家庭教育中最难攻克的问题，恐怕就在于家长只乐意听到对策与做法，而不愿意主动成长。家长觉得养孩子是一件小事情、简单的事情，认为是个人就可以教养好孩子，不认为自己有在这个问题上投入时间学习的必要。自满的状态，是无法进步的。上城区的“星级家长执照”工程带动了一股家长学习的风气，打破家长那种自满的情绪，让家长始终对教育的学问保持兴趣，这是该工程更有价值的一项潜在工作。实际上，只要家长开始学习，学习资源就不再是问题。“星级家长执照”工程，让更多家长认真思考家庭教育问题。

4. 线上学习

“星级家长执照”工程大量应用了线上学习的形式，这是匹配年轻一代家长数字媒体消费习惯的一个做法。上城区将信息技术运用于家长教育领域，打造家长学习泛在空间，形成上城家长“人人爱学习、时时在学习、处处能学习、事事讲学习”的新风尚。坚持把家长教育纳入社会基本公共服务体系，由社区学院、青少年活动中心、区家长学校总校牵头，辐射到街道社区分院、各家长学校分校，实现学校、街道、社区三级家长教学点全覆盖。全力搭建、运行与完善“星级家长执照”微信学习平台，前端实现实名制注册、实时记录积分、阶段兑换证书，后台实现积分管理、评价反馈、数据分析等一站式服务功能。当然，上城区在家庭教育方面也有大量线下形式的活动。

上述做法包含若干值得借鉴的实践机制。第一，积极适应家长年轻化的趋势，采取适应年轻家长喜闻乐见的方式，开展家庭教育指导。以在线学习资源的形式，替代集中授课，看来势在必行。第二，家长教育应采取非正规学习的方式，利用琐碎片段的时间。另外，即使是对于那些热爱学习的家长，也不能仅仅寄希望于个人的学习意志，一定形式的外部督促和强化是有必要的。第三，重视理念引领，鼓励家长开始学习。上城区的积分管理方案，把家长的学习投入，转化成可见的数字和证书。在潜移默化当中，传递一种做家长也是一门学问、家庭教育有东西可学的理念。

总的来看，上述几项实践机制都体现了适应加引领的思路。上城区的“星级家长执照”工程因应当代家长特性，挖掘线上学习的潜力，通过积分管理和兑换的策略，普及家长学习的理念。在“家校社协同育人”工作上，如何适应时代特征传递积极正向的教育理念，是一个持续存在的挑战。

案例七：湖州市安吉县人民政府

安吉县家庭教育指导中心于2016年11月成立，2020年4月荣获“全国家庭教育创新实践基地”称号。该中心以“县域城乡一体化”路径形成“全县一盘棋推动家庭教育指导工作”的工作特色。该中心在推动“家校社协同育人”方面，主要做了六个方面的工作：第一，发展规划；第二，管理机制；第三，平台建设；第四，师资队伍建设；第五，课程建设；第六，评估标准建设。具体来看，有以下做法值得关注。

1.“五位一体”家庭教育指导服务体系

安吉县在“县域城乡一体化”方面做到了“管理机制一体化”，保障全县家庭教育指导工作可持续发展。构建了“县家庭教育工作领导小组、县家庭教育指导中心、乡镇（街道）家庭教育指导服务中心、村级家庭教育指导站、社区（学校）家长学校、家长”共同组成的“五位一体”家庭教育指导服务体系。教育局建立家庭教育讲师团、心理咨询团队、志愿服务团队三支队伍，提炼了“机制、师资、课程”三驾马车并驾齐驱式的家庭教育指导服务策略，为家长答疑解惑。

2. 村村拥有家庭教育指导站三年行动

家庭教育指导工作自2017年起开始向基层延伸，开始成立村级家庭教育指导站，个别村改居社区家庭教育指导站被称为“家长学校”。鲁家村是第一个，随后该项目辐射至长乐、灵峰、山河、船村、上墅等13个村（社区）。各指导站从硬件设施、环境布置、常态管理、师资保障、课程设置、经费保障和考核评价七大方面不断提升、规范，为家长们提供家庭教育培训、家庭教育咨询、亲子活动等指导与服务，逐步培育出“一地一韵”的家庭教育品牌。截至2020年11月，全县已建成58个村级家庭教育指导站。安吉县计划通过三年专项行动，着力打通安吉家庭教育“最后一公里”，真正实现家庭教育指导到村头，让家长不出村就能享受家庭教育的专业指导。

3.“安老师”家庭指导者的选拔和培养

自2017年起，安吉县将家庭教育指导培训纳入教师继续教育学习平台，通过系统培训来培养本土的家庭教育指导者。这些家庭教育指导者有一个统一名字，他们都是“安老师”。“安老师”培训分为普适性培训和提高性培训两个层次并行开展。普适性培训的对象为全县所有的在职教师。提高性培训则是针对热爱家庭教育、志愿成为专业家庭教育指导者的群体，将担当起基层家庭教育指导任务。“安老师”的选拔、培养过程包含三个步骤：一是自主申报和审核，从全县甄选优秀教师，赴北京师范大学进行集训；二是在集训结束以后，开始承担所在区域至少一个家长学校的指导任务，与一个村级家庭教育指导站签订结对约定；三是发挥种子作用，每位“安老师”带五六个成员，建立家庭教育指导工作坊，进行理论与实践的常态培训。“安老师”家庭指导者的选拔和培养，为各个村级家庭教育指导站和学校、社区家长学校提供了身边的专业力量。“安老师”出身于一线教师，又对家庭教育有高度热情。这批人经过专业培训，又有机会在实地从事家庭教育指导。

4. 家长学分制

在城区及周边26所学校开启“家长学分制”试点，积极尝试将家长学分制前置到新婚夫妇。通过建立家长学籍，开展线下培训，定期进行网上学习，完成一学年48学分的系统学习，颁发毕业证书。“安吉家庭教育”网络学习平台已成为安吉家长学习如何做个好父母的大平台，目前拥有粉丝3万余人，平台提供0—18岁的系列微课，其中公开视频面向所有家长，“我的专属视频”

供开展家长学分制学习的家长收看。家长收看后产生学习积分。家长学分制项目，推动家长和孩子共同学习、共同成长，走出一条社会组织牵头、各级政府扶持、学校具体实践的运行路径。

上述做法，包含若干值得借鉴的实践机制。第一，把家庭教育指导服务送到家门口。通过村级家庭教育指导站的建立、“安老师”项目等，让家长就近获得家庭教育指导服务。第二，重视本土家庭教育专家的选拔与培养。通过家庭教育种子指导者的选拔和培养，形成一批“安老师”。他们是本地专家，在拥有学校教育经验的同时，又对家庭教育抱有热情，他们能及时了解家长需求，开展贴近式的服务。这是一项非常有创造性的设计。第三，重视上下贯通的家庭教育指导服务体系。安吉县的“五位一体”家庭教育指导服务体系，贯通了县、乡镇（街道）、村、社区（学校）各级力量，确保“安老师”等项目能够更好地发挥作用。

总的来看，上述几项实践机制都体现了本土化的思路。安吉县的“县域城乡一体化”工作在做好制度建设、体系建设、平台建设等工作的基础上，致力于提升本地的家庭教育指导能力。其中，“安老师”项目是安吉教育局的一个创举。

三、来自社会组织的区域性经验

案例八：联合国儿童基金会

联合国儿童基金会儿童早期发展项目通过积极倡导，与政府、研究机构等合作，招募志愿者投身一线教育事业等形式，为全世界儿童早期发展做出了实质性的贡献。从家校社协同育人的角度，也探索出了“以IGO为助力，以政府为主导，以社区为基础，以家庭和幼儿园为主要阵地”的协同育人模式。该项目在推动“家校社协同育人”方面主要包括三个方面的工作：注重科学性、强调活动特色以及重视模式建构。具体来看，有以下做法值得关注。

1. 重视儿童早期教育投资，建设儿童早期发展社区服务中心

在儿童生命的最初几年，是儿童成长和发展重要的“机会窗口期”。在这一时期，为儿童提供良好的营养、早期启蒙、疫苗接种和安全关爱的环境，可以促进大脑的充分发育，帮助儿童发挥他们的最大潜能。为此，在联合国儿童基金会，特别是教育和儿童发展处的支持下，全国妇联在四个省份的城乡交接地区和流动人口集中的城区，试点建立了60个儿童早期发展社区服务中心。项目为各中心配备了故事书、游戏玩具、育儿信息自助服务终端、桌椅及儿童户外活动设施。为了帮助社区志愿者更好地服务社区儿童和家庭，试点项目开发了“儿童早期发展社区家庭支持服务指导丛书”，并以此为基础来培训志愿者，使他们有能力为儿童和家庭提供高质量的支持性服务。这些中心每周开放5天，家长和看护人（通常是祖父母）每周都会带着3岁以下的孩子到中心去几次。在中心，家长／看护人和孩子们或者自由活动玩耍，或者在志愿者的带领下一起做亲子活动。在那里，家长／看护人能够学习到科学的育儿理念和更多儿童养育实践、改善营养以及如何与孩子一起阅读和游戏等。中心志愿者会走访那些0—3岁儿童的家庭，特别是对于那些因为某些原因无法前往社区中心参加活动的家庭，为他们提供一对一的支持。在不能设立中心的社区，志愿者以家庭为中心，每周在不同家庭的临时场所组织活动，允许附近的5—6个家庭和孩子们前来参加活动，并普及科学育儿知识和亲子活动技巧。

2. 对贫困地区开展儿童早期发展综合服务

由联合国儿童基金会和国家卫计委、民政部、全国妇联，国务院扶贫办共同实施，目前已经覆盖贫困地区的80个村庄。鉴于偏远贫困地区村级服务不足的现状，利用流动服务车作为移动资源中心，为偏远贫困地区儿童提供促进儿童早期发展的综合服务。同时，对村级人员进行技术支持和指导，提升以社区为基础的儿童早期发展综合服务水平和质量。此模式以降低儿童面临的家庭风险因素为出发点，对儿童健康、营养、早期启蒙、儿童保护和福利等方面进行全面干预。为村级服务员提供培训和现场技术支持，并对存在可疑发育迟缓和／或发育风险的儿童进行随访及提供转诊服务。在社区层面，

村医和社工使用简单的生长发育监测图，对本社区或本村的儿童进行发育筛查，如发现有高危儿童和疑似发育不良的儿童，根据情况将他们转送到县级医院或县社会福利中心接受更好的服务。另外，两个县还设立了由专业人员提供服务的发育测评门诊。同时，在县级医院还提供贫血治疗服务，以降低儿童发育迟缓的风险。

3. 育儿科普

设立科学育儿网，利用该网站和儿童早期综合发展家长手册让更多家长和看护人能够方便地获得他们需要的儿童早期发展信息，并以此来判断儿童的生长发育是否达到了各年龄段应该达到的标准水平。国家卫计委与联合国儿童基金会共同开发制定家长手册，供农村贫困地区孕产妇和0—3岁儿童看护人使用。科学育儿网涵盖了从出生到6周岁各个年龄段重要的儿童发展问题，包括日常看护、喂养与营养、疾病预防、免疫接种、儿童发育、教育及安全和保护。不识字的家长可以点击图片，系统自动播放相关的内容。组织编写“社区家庭支持服务指导丛书”，该丛书目前共含10个分册，是为资源匮乏地区的3岁以下儿童和他们的家庭开发的，用以指导基层从事儿童早期发展的志愿者和社区干部，使他们有能力提供有质量的服务。丛书编写团队同时也为该项目提供视频资源，用于培训和支持儿童早期发展和科学育儿知识不足的中心志愿者。

上述做法包含若干值得借鉴的实践机制。第一，重视育儿科普。家长的育儿行为往往受制于传统，近年来则容易受到各种自媒体信息的影响。给家长一个科学、权威的参考，可以避免很多育儿上的错误。第二，强调对农村贫困地区的干预，以缓解部分地区家庭教育资源富集、部分地区家庭教育资源匮乏的状况。第三，强调早期儿童干预，可以带来更大的预期效果。基于科学研究的结果，认为在早期教育阶段提供干预，可以实现更大的教育投资回报率。

总的来看，三个方面的实践机制都强调科学性。这为我们做出了一个示范：在进行“家校社协同育人”的项目时，要基于科学研究的发现，来筛选工作对象、设计工作方式，确定工作重点。

案例九：中国儿童中心

中国儿童中心“家园社共育好儿童”幼儿家庭行动计划项目于2019年1月启动。全国首个社区实践基地，落户在北京市西城区新街口街道办事处。迄今，该项目已在2000余名幼儿和家庭中开展了实践研究，探索形成了“6+X”家庭德育实践模式。项目目前已在山西省临汾市尧都区启动试点推广工作。该项目在推动“家校社协同育人”方面，主要包括三个方面的工作：注重科学性、强调活动特色以及重视模式建构。具体来看，有以下做法值得关注。

1.“6+X”家庭德育实践模式

“6+X”是学前儿童家庭德育提出的家园（校）社协同育人实践模式。该模式分别从“实践基础”“实践目标”“实践主体”“实践过程”“结果应用”“保障”等方面进行构建。所谓的“6”指的是家庭德育方式方法的多样化，具体包括“内容引领专业化”“培养目标可视化”“参与主体联动化”“德育过程生活化”“德育结果外显化”“家庭赋能持续化”六个要素。这六个要素相互联系、相互影响，构成了一个协同育人的闭环。现在看来，这项工作是对家庭在儿童道德成长上的作用过程做了结构化的拆分。基于此，学前儿童在家庭中的道德成长，就可以有更为分门别类的干预内容。

2. 重视项目工作的科学性

项目基于教育部《3—6岁儿童学习与发展指南》等文本和中心已有的实践，研究编制了“家园社共育好儿童”幼儿培育指标，将好思想、好品行、好习惯三个维度分解为31个指标、256个典型表现。这些指标进一步被分解至不同的年龄段，通过具体的、可观察的典型表现，帮助教育者明确培养内容。如“爱祖国”这一指标，对于3—4岁儿童来说，重点在于认识国旗、知道国歌；对于4—5岁儿童来说，重点在于知道自己是中国人，在参加升旗仪式时能站好、行注目礼、跟唱国歌；对于5—6岁儿童来说，重点是知道自己的民族，知道中国是一个多民族国家；等等。同时，该项目还进行了一些专项调研，以了解家长的育儿需求、困难或困惑。比如，通过“家庭德育需求家长问卷调查”发现，大量家长认为自己“缺少有效的方法”（50.68%）、“工作忙没时间”（46.05%），认为“社会大环境中有很多不良的现象”（43.32%），这些是家长开展家庭德育的主要困难。“家园社共育好儿童”幼儿家庭行动计划项目，在指标研制和需求调查上，都能重视项目工作的科学性。

3. 探索本地化的特色活动

在家园（校）社协同育人中，幼儿园发挥自身的专业优势，提供专业资源，策划组织活动，增强活动的教育性。社区拥有丰富的教育资源，可以发挥协调社会资源的组织优势。家长带领孩子参与活动、陪伴孩子的同时应发挥自身的个性化优势，贡献力量。比如，在“小脚丫走胡同”项目中，家庭、学校和社区充分挖掘、整合了胡同文化资源，包括革命教育资源、传统文化资源等。这类项目有助于增强儿童对社区的了解，从而培养热爱社区、服务社区的意识，进而激发爱国主义情感。在活动中，幼儿园积极策划活动，社区对接联系相关资源单位向社区儿童和家庭开放，家长作为志愿者、讲解员，陪伴孩子一起了解社区、服务社区。这一过程，实现了学校、家庭、社区、儿童的联动。除此之外，还有诸如“家有好爸爸”系列活动、“街巷小管家”活动等。

4. 强调项目成果清晰可见

“家园社共育好儿童”项目在协同育人过程中编制了《家园社互动手册》，引导家长和儿童将家庭教育活动（比如习惯打卡、欢乐家庭日），以个性化的方式记录下来，如绘画、图片、文字等。教师在手册上呈现儿童在幼儿园期间的表现，通过该手册与家长、儿童互动，分享儿童在幼儿园、家庭生活中的成长表现；儿童之间也会自主分享互动手册上的内容。在项目实施过程中，教师、社区工作人员还将儿童的家庭活动、社区活动画面、故事或作品等展示在幼儿园走廊上、社区宣传栏等处，使他们成为儿童生活环境的一部分。将无形的德育活动以有形的方式呈现出来，会对家庭德育活动产生正强化的作用，既强化着家长的教育理念与行为，也强化着儿童不断萌发的好思想、好品行、好习惯。

上述做法包含若干值得借鉴的实践机制。第一，重视家庭教育工作的科学性，可以让工作成果更加体系化，避免了家庭活动零散、重操作轻总结的毛病。第二，结合本地力量，整合地方资源，可以形成富有地方特色的教育活动。中国儿童中心邀请所在地的新街口街道共同参与工作。第三，成果可视化，能够调动相关参与者的积极性，扩大项目的社会效益。

总的来看，上述几项实践机制都体现了“家园社共育好儿童”项目对于顶层设计的重视。该项目对科学性的强调，也是这种顶层设计效果的一个呈现。“凡事预则立，不预则废。”中国儿童中心在“家校社协同育人”方面的上述做法，为国内其他社会组织做了示范，意味着在家庭教育工作中从一开始就要有清晰、明确的计划，避免工作内容上的涣散、无序。

案例十：海南晨阳社会工作发展中心

海南晨阳社会工作发展中心是在海南省民政厅注册的平台型、支持型社会服务机构，具有非营利组织免税资格。该中心在推动“家校社协同育人”方面，主要包括三个方面的工作：第一，运营体制探索；第二，公共空间设置；第三，儿童友好理念的传播。具体来看，有以下做法值得关注。

1. 儿童友好

该项目由中国儿童中心家校教育部、国际计划（中国）和海南晨阳社会工作发展中心联合研究开发，落地在儋州市那大镇城北社区综合服务中心（该中心入选全国首批“家庭教育创新实践基地”）。整合国际国内在儿童健康、儿童心理、儿童保护、家庭教育等领域的资源，面向0—6岁儿童及家庭提供专业服务。空间有标准的运营和操作模式，可复制、可持续、可监测。儿童友好空间用儿童参与、体验、成长来诠释儿童友好；用对话、链接、协同来诠释空间。项目以儿童为中心、以社区为依托，以保护儿童权利和促进儿童发展为宗旨，通过专职志愿者+专家的模式向儿童及家庭提供营养、健康、回应性照顾、社会心理支持、安全保障、运作儿童空间项目等服务。儿童友好空间面向社区儿童及家庭，尤其是农村留守儿童、城市流动儿童等困境儿童，采用多元化的方式如主题活动、兴趣课程、讲座等，从而进一步提高家庭成员对儿童成长特点及规律的了解和认识，促使其掌握儿童保护基本理念及基本技能、家庭教育理念，促进儿童在认知、社会情感、语言、大运动和小运动方面的发展。

2. 空间设置

中心运营资金主要来源于政府购买服务和社会捐助（基金会、企业和个人捐助），为所在社区居民提供无偿（或低偿）服务。中心所提供服务按服务种类，可分为社会服务、公共服务、便民服务三类，重点服务对象是具有特殊需求的群体，包括但不限于老人、妇女、儿童、青少年、残障人士、退役军人等。社会服务类空间包括“长者之家”“生态餐厅”“爱心超市”“平安小屋”“阳光之家”“文体中心”“智慧小屋”“书画绘画室”等。空间设置方面，还包括“妇儿中心”“青少年水趣馆”“社会组织孵化基地／退役军人创新屋”“社区书屋”“社区防灾中心”。

3. 运营体制

中心建立了一套转变政府职能、购买服务、委托第三方管理的运营体制。第一，通过公开招标，以公开、公平、公正的方式，遴选第三方运营机构。第二，运营机构在需求评估的基础上，制定发展战略、年度计划、服务规范、服务标准和工作程序，组建专业团队进行运营管理。第三，建立第三方监测评估机制，对运营方的服务质量和服务内容全过程进行监督和评估，逐步形成党建引领、政府主导、社会组织运营、社会力量参与的社会化运营机制。在公益服务项目方面，建立由“政府主导、社会参与、专业化运作、群众志愿互助和广泛参与”的综合性社区公益服务项目运营机制。

4. 四点半学校

该项目自2020年运营以来，截至2021年7月，共为所在社区青少年儿童开展节日主题、兴趣培养、体育运动、历奇体验、课业辅导等传统项目活动16场。在此基础上结合当前社会热点，新增环保教育、食品安全教育、节水教育等主题教育活动以及社交、表达能力培养等能力提升类服务活动16场，提升了青少年儿童的生活常识、安全意识、社交能力等。尽管中心的具体活动设计多样、丰富，但是在“家校社协同育人”方面，如何提供日常的教育服务，满足家长急切需求，仍值得相关社会组织关注。在“双减”背景下，更应该重新认识家长，进而提供相匹配的教育服务。

上述做法包含若干值得借鉴的实践机制。第一，有了正确的理念引领，才能确保家校社协同育人工作的方向正确。海南晨阳社会工作发展中心引入中国儿童中心的专业力量，在相关项目中积极探索和传播儿童友好的理念。第二，体制创新是突破资源困局的关键。尤其是在政府和市场的关系处理上，如何通过体制创新激活市场活力，是当前及未来都应该关切的一个话题。换句话说，家庭教育服务资源并不匮乏，关键是如何发现和整合。社会组织在这方面往往有更加敏锐的嗅觉。第三，满足群众对公共空间的需求，是当前“家校社协同育人”工作中亟须解决的一个问题。在城市化过程中，许多地区缺少青少年儿童户外、集中、免费的活动空间。这个发展现状，提出了在家庭周围提供安全、免费公共空间的需求。

总的来看，上述几项实践机制都指向了突破口的问题。在资源有限的前提下，为了做好“家校社协同育人”工作，要求在政策上寻找突破，同时找准家长的“痛点”。海南晨阳社会工作发展中心已经尝试在政府、科研机构、社会组织和社区之间搭建联系。而实际上，这种统合和联络，在别的地方也同样需要。

四、来自学校的区域性经验

案例十一：四川成都市成都华德福学校

成都华德福学校成立于2004年，是国内第一所参考华德福教育理念来办学的学校。该校倡导“国际教育、非常本土”的办学理念，目前办学规模已逾千人。在推动“家校社协同育人”方面，该校主要做了三个方面的工作：第一，家委会工作；第二，家长对学校工作的深度介入；第三，教育共识的建立。具体来看，有以下做法值得关注。

1. 教育理念的普及和统一

全球华德福学校都会接受同一套教育理念，即鲁道夫·史坦纳的教育学说。就国内目前的情况来看，华德福学校主要是采取私立教育的形式。因此，那些选择放弃公立学校入学资格、选择进入华德福学校就读的家庭，在入学之前往往都经过详细考察、慎重选择。因此，华德福家长在教育理念上的共识程度要远远高于一般的公立中小学。尽管如此，成都华德福学校仍通过各种方式进一步向家长普及学校倡导的教育理念。比如，成都华德福学校的家长有机会通过各种冬夏令营活动，在孩子入学前、入学后，在学校现场了解学校的办学情况。在孩子入学后，家长可以通过当志愿者等方式深入学校的日常教学当中去。实际上，学校的理事会至今仍保留着家长席位。在学校的重大决策上，家长的意见一直处于举足轻重的位置。对于家长来说，因为理念共识的存在，看到学校在办自己想要的那种教育，也就更加能够和学校齐头并进。一些幼儿园、小学孩子的家长，甚至会在若干年以后成为华德福学校的教师。这也从另一个侧面表明了成都华德福学校在教育理念普及和统一上的成功。

2. 高度筛选和高度黏着的家长群体

成都华德福学校的条件至今也不能说是最好的，一些同等价位的私立学校，其办学硬件仍要优于它。但是，不少家长在学校发展早期就会很坚定地选择这里。这一方面是因为华德福教育理念的筛选作用，另一方面也是因为这部分家长在华德福学校可以遇到更多同路人。我们在访问过程中听到，有不少后来的家长是因为学校老生家长的风采而被吸引的。换句话说，一旦学校有一个经过高度筛选的、黏着度极高的家长群体，就可以在某种程度上实现自我维护。一些转学来的学生家长，会好奇这种家校关系的状态，并且因为期待自己也拥有这样的家校关系，而选择带孩子在这里做一段时间的尝试。这给我们提出了一个很有意思的研讨课题：是不是同质性的家长群体，更加容易实现家校互动？也许更值得努力的，是在家长群体当中培养更多的共识，而不是设法破坏这样的共识。当然，当家长群体非常团结和强大时，学校与家长之间的关系就变得更加平等了。

3. 家委会有丰富、确定的职能

家委会对家长大会负责，家长大会是和学校的全体教职工大会平行的机构。学校的全部行政工作，都要通过教委会和理事会来确定。就家委会来看，其职能分为：第一，协助学校完成教育教学工作，支持学校发展；第二，成为家校连接，家校沟通的桥梁；第三，为家长活动、成长、互助提供资源和平台；第四，创建美好社群生活，实践和谐社群的理想。这四个方面都落实在日常工作中。例如，学校常见的游学活动需要男性领队、踩点，班上的男家长便会主动请缨陪同师生出游。类似地，成都华德福学校有不少外地生源，他们中的很多人都属于教育移民。成都华德福学校拥有一个高度一致的家长群体，他们的共同特征就是“重视子女教育”，且“认同华德福教育”。结果，家长的聚集往往能形成一个颇具规模的社区。家长彼此之间结成朋友，互通有无、相互支持。

上述做法包含若干值得借鉴的实践机制。第一，公开可以带来信任。通过向家长开放参观、教育观念宣讲、家长培训以及邀请家委会参与学校工作监督等方式，向家长充分展示华德福教育的理念与学校的具体工作，在公开宣传的同时获得家长的了解与认同。第二，筛选可以带来一致。通过家长培训、入园试读、入学评估等方式，在进行家长教育的同时培养认同自身理念的家长群，不认同的家长也能因信息的公开和试读期的存在及时退出，保证入学的家庭具有一定程度的向心力。第三，参与可以带来认同。通过家委会设立的管理体系，家长投入学校具体事务的管理和监督中，即使是管理核心之外的家长，也可以在节庆活动、班级管理等方面参与到学校工作中，这在保证家长权利行使的同时，增强了家长选择华德福教育的获得感和陪同孩子成长的参与感。第四，联系可以生成可能。通过班级管理、家长社团活动等，家庭和家庭间以学校为平台、家委会为组织，形成了跨班级、跨年级甚至跨学段的联系，为家校社群更加紧密、有机的联系提供了关系基础。

总的来看，成都华德福学校的家长组成具有一种高度一致、高度真诚的气质。同时，家长及家长委员会也与学校之间保留一种十分可贵的相互坦诚。在这所学校，教师和家长都知道对方在做自己接受的事情，所以彼此之间有高度信任的关系。上述几项实践机制，共同体现了当教师和家长作为一个同质性群体时的家校关系样貌。

案例十二：四川凉山彝族自治州盐源县达祖小学

达祖小学位于泸沽湖景区内，由台湾爱心团于2005年复建完成，学校主要服务于下辖的六个自然村，生源以纳西人和摩梭人学生为主。以达祖小学为中心，目前已形成六个主要项目，分别是基础教育、扶贫助学、医疗救助、环境保护、文化保护、生态农业和生态旅游。达祖小学是这六个项目中的一部分，但是学校教职员工也会深度介入其余各项工作中去。在推动“家校社协同育人”方面，该校主要做了三个方面的工作：文化保存、生态农业以及免费教育。具体来看，有以下做法值得关注。

1. 传承东巴文化

达祖小学所在村落，以纳西族为主。纳西族有我国现存唯一一种象形文字，同时纳西族也保存了非常完整的东巴文化。达祖小学复建完成以后，在各个年级都开设了东巴文课。同时，学校会将每周五下午的时间用于学习与东巴文化有关的课程，比如骑马、射箭、划船、造东巴纸等。我们在访问过程中旁观了学校的祖母屋课程。学生在课程中研究村落里的房屋构造，进而以项目式学习的方式完成祖母屋模型（占地面积8平方米左右）的拆解和复原。东巴文与汉文的双语指示牌在校园内随处可见，男女学生的常服包含传统民族服饰的元素，比如女生穿的是披星戴月装。学校教师当中，有一位是村落里等级最高的东巴法师。东巴文化课程也是学校承办的外来学生冬夏令营的必备内容。

2. 传承生态农业

达祖小学农场目前占地120亩，设有羊圈、马场、箭亭、菜圃、露营区、烧烤区、茶马古道、生态示范园以及大片薰衣草田。在2020年新冠疫情期间，达祖小学的老师们在这里种了600株苹果树，占地20亩。在种植区，有大片玫瑰花园。农场目前坚持生态种植，应用本地传统的耕种方法，完全不使用农药和化肥。另外，我们看到农场地面几乎未做任何硬化，校方努力维持一种低度开发的状态，以至于被人称为“荒野农场”。除了农场以外，达祖公益还在本地村落倡导生态农业。他们收购农户以生态方式产出的土豆、红豆等作物，再通过达祖公益的渠道售出。目前达祖农场和达祖公益的农产品销售已经产生了经济效益，可以支持学校的一部分办学开支。

3. 重视本地教师

达祖小学目前有一定数量的外来志愿者，但是都只能做辅助工作，学生的授课任务完全由本地的9位教师担纲。这些教师尽管学历水平不高，但是他们主要都是纳西族人，少数是摩梭人，谙熟本地文化，与学生之间没有语言和文化隔阂。达祖公益可以保持这个教师队伍结构，也有在村校共建方面的一些考虑。这部分本地教师同时也是留在村落的知识分子。他们这些人对本地文化的重视，同时也会反映在村民的生活当中。学校在当地建立了一种共识，不希望自己所在的泸沽湖景区未来成为下一个只剩下风景、不再有传统文化的所在。

4. 吸引外界关注

达祖小学通过微信公众号、达祖公益的助学项目以及台湾爱心团等渠道，得到了广泛的社会关注。达祖小学在复建完成以后，在村校共建等方面赢得了巨大的社会声望，先后获得“最美乡村教师奖”（2012）、“中国公益慈善项目大赛金奖”（2020）等奖励和荣誉。目前，达祖小学通过社会捐资助学、达祖农场、冬夏令营等方式，已经在一定程度上实现了办学经费的良性运转。可以说达祖小学的办学不只是为了本地几十名学生，它同时也是一块试验田，帮助人们检验在村校共建工作中传统文化的价值和出路问题。

上述做法包含若干值得借鉴的实践机制。第一，学校可以成为社区生活的中心。尤其是在农村地区，学校更有可能成为本地文化生活的中心。仅仅把村小教师视为看管孩子的教书匠，这就浪费了学校在本地生活当中的潜能。

实际上，村小教师一度是村落里的知识分子，在村落里享有文化上的优势地位。达祖小学的探索在一定程度上恢复了这一传统。第二，学校可以作为本地家庭的指导者。达祖小学所在的泸沽湖景区，目前已经有大量外来资本入驻。旅游经济的发展，一方面改善了就业、提高了收入，另一方面也冲击了本地传统的生活方式。当地人自古就有重视孩子教育的传统，在大家庭生活当中，长辈往往很重视各种传统道德规范的教导。这些东西，学校可以主动保卫和传承。达祖小学的实践表明，在家校社三者的关系格局当中，学校可以成为一个更有行动能力的主体。

总的来看，在处理学校和社区关系方面，达祖小学改变了过去那种学校始终是被服务对象的定位。在达祖小学，村落也有需要学校去看护的一面。村落的家庭，从家长到孩子都高度信赖学校老师，也乐意接受学校老师的指导。这给“家校社协同育人”中的学校角色问题，提供了一个有价值的榜样。

后 记

本书是2020年度国家社会科学基金特别委托项目“中国共产党领导下的促进男女平等和家庭建设制度机制研究（批准号：20@ZH027）”中子课题“构建家庭教育中家校社协同育人的实践机制与研究”的成果。子课题由中国儿童中心主持完成，通过理论研究、现状调研、区域性经验分析三个方面，梳理总结家庭、学校和社会各自的角色、优势和职责，分析在实践工作中存在的重点、难点问题并探索有效的实践机制，旨在为“家校社协同育人”机制的研究和实践工作提供参考。

本书是课题组团队合作的成果，是集体智慧的结晶。全书包括五大部分：第一部分“研究概况”由中国青少年研究中心研究员洪明、中国儿童中心副研究员柳铭心、北京师范大学副教授陈福美、北京师范大学副教授丁道勇共同撰写；第二部分“以家校社协同落实立德树人根本任务的理论研究”由洪明撰写；第三部分“我国‘家校社协同育人’现状调查及问题分析”中第一节、第二节、第三节由陈福美、罗玉晗、罗芮、何然、杨政乾、李昭仪撰写，第四节由柳铭心、任金涛撰写；第四部分“家校社协同育人的区域典型案例”由丁道勇、李云、余跃、侯婷撰写；第五部分“构建新时代家校社协同育人实践机制的对策建议”由洪明、柳铭心、陈福美、丁道勇共同撰写。

课题立项于新冠疫情期间，为课题开展带来了很多全新的挑战，为了能够突破困难、按计划高质量完成课题工作，课题组记不清有多少次挑灯夜战、在线上研讨调研方案，记不清多少次为了一个想法而反复争辩，记不清多少次为了某个地区的数据而紧急连线，但令我们欣喜和自豪的是这些努力和付出没有白费，它们都转化成了严密的理论分析、丰富的实践案例、准确的调研数据呈现在大家面前，对各地家校社协同育人工作开展提供参考和借鉴。

让我们非常感动和感恩的是，课题组还得到了多方的鼎力支持。首先，课题得到了全国妇联及上海、福建、广东、广西、江西、宁夏、黑龙江，江苏、浙江、四川、海南11个省区市妇联的重视，相关的社区、学校、社会机构给予了大力支持。其次，课题研究也得到了很多专家、学者的悉心指导和帮助，教育部关工委常务副主任、《人民教育》杂志原总编、中国家庭教育学会原副会长傅国亮，中国青少年研究中心孙云晓研究员，南京师范大学家庭教育研究院院长缪建东教授，中国教育科学研究院储朝晖研究员，江西师范大学吴重涵教授都对课题提出了宝贵意见。最后，中国儿童中心作为课题组的强大后盾，积极筹措课题经费，整合中心各方面专业资源，全力保证了课题研究的顺利开展。正是在多方支持、帮助和课题组全体成员的努力下，课题才得以顺利完成。在此，课题组全体成员对所有给予我们帮助和支持的领导、专家和同行，表示深深的感谢！

“健全学校家庭社会协同育人机制”是党中央、国务院作出的重要决策部署，本书是我们研究探索的阶段性成果，我们将继续专注于学校家庭社会协同育人方面的理论和实践研究，也期待和教育领域的同人携手，让孩子们在和谐、健康、积极、友好的环境中快乐成长、全面发展。